JEAN ZIEGLER
Die neuen Herrscher der Welt

Buch

Alle sieben Sekunden verhungert ein Kind unter zehn Jahren. 826 Millionen Menschen sind permanent schwer unterernährt. Und dies auf einem Planeten, der vor Reichtum überquillt. Die neuen Herrscher der Welt – die Beutejäger des globalisierten Finanzkapitals, die Barone der transkontinentalen Konzerne, die Börsenspekulanten – häufen ungeheure Vermögen an. Mit ihrem Tun zerstören sie den Staat, verwüsten die Natur und entscheiden jeden Tag darüber, wer sterben muss und wer überleben darf. Willfährige, effiziente Verbündete stehen ihnen zu Diensten, allen voran die Funktionäre der Welthandelsorganisation, der Weltbank und des Weltwährungsfonds. Gegen die mörderische Ordnung dieser Herrscher und ihre absurde Doktrin von der »Selbstregulierung« der Märkte regt sich Widerstand. Überall, auch in Deutschland. Neue Bewegungen wie z.B. »Attac« schießen aus dem Boden. Sie kämpfen gegen die Herrscher für eine menschenwürdige Welt.

Autor

Jean Ziegler, bis 1999 Nationalrat im Schweizer Parlament und derzeit Sonderberichterstatter der UN-Menschenrechtskommission für das Recht auf Nahrung, hat sich als Autor, der unbequeme Wahrheiten ans Licht der Öffentlichkeit bringt, einen Namen gemacht. Seine ebenso unbestechlichen wie engagierten Bücher (u.a. »Die Schweiz, das Gold und die Toten«) haben immer wieder heftige Diskussionen ausgelöst und standen monatelang auf den Bestsellerlisten.

Von Jean Ziegler ist bei Goldmann außerdem erschienen:

Wie kommt der Hunger in die Welt? (15160)
Die Barbaren kommen. (15029)

Jean Ziegler

Die neuen Herrscher der Welt
und ihre globalen Widersacher

Aus dem Französischen
von Holger Fliessbach

GOLDMANN

Die Originalausgabe erschien unter dem Titel
»Les nouveaux Maîtres du Monde et ceux qui leur résistent«
bei Fayard, Paris.

FSC
Mix
Produktgruppe aus vorbildlich
bewirtschafteten Wäldern und
anderen kontrollierten Herkünften
Zert.-Nr. SGS-COC-1940
www.fsc.org
© 1996 Forest Stewardship Council

Verlagsgruppe Random House FSC-DEU-0100
Das FSC-zertifizierte Papier *München Super* für Taschenbücher
aus dem Goldmann Verlag liefert Mochenwangen Papier.

5. Auflage
Vollständige Taschenbuchausgabe Januar 2005
Wilhelm Goldmann Verlag, München,
in der Verlagsgruppe Random House GmbH
© 2003 der deutschsprachigen Ausgabe
C. Bertelsmann Verlag, München,
in der Verlagsgruppe Random House GmbH
© 2002 der Originalausgabe by Jean Ziegler
Umschlaggestaltung: Design Team München
KF · Herstellung: Str.
Druck und Bindung: GGP Media GmbH, Pößneck
Printed in Germany
ISBN 978-3-442-15309-1

www.goldmann-verlag.de

Dieses Buch widme ich dem Gedenken an:
Carlo Giuliani aus Genua, Literaturstudent,
20 Jahre alt, von der Kugel eines
italienischen Carabiniere tödlich in den Kopf getroffen
am Samstag, dem 21. Juli 2001, um 17.30 Uhr
auf der Piazza Gaetano-Alimonda,
als er gegen den G8-Gipfel
in seiner Heimatstadt demonstrierte;
Cornelius Koch, Flüchtlingspfarrer, und
Pierre Bourdieu, Philosoph,
aus der neuen planetarischen Zivilgesellschaft
zu früh verschwunden

JOHANNA:
Eines habe ich gelernt und weiß es für euch
Selber sterbend:
Was soll das heißen, es ist etwas in euch und
Kommt nicht nach außen! Was wißt ihr wissend
Was keine Folgen hat?
[…]
Schnell verschwindend aus dieser Welt ohne Frucht
Sage ich euch:
Sorgt doch, daß ihr die Welt verlassend
Nicht nur gut wart, sondern verlaßt
Eine gute Welt!

BERTOLT BRECHT, *Die heilige Johanna der Schlachthöfe*

Inhalt

VORWORT: Die Weltgeschichte meiner Seele 11

TEIL I: DIE GLOBALISIERUNG – GESCHICHTE UND KONZEPTE

1. Eine Ökonomie des Archipels 21
2. Das Imperium 32
3. Die Ideologie der Herrscher 51

TEIL II: DIE BEUTEJÄGER

1. Blutgeld 77
2. Die Agonie des Staates 95
3. Die Zerstörung der Menschen 103
4. Die Verwüstung der Natur 113
5. Die Korruption 118
6. Das Paradies der Piraten 130

TEIL III: DIE SÖLDLINGE

1. Die WTO als Kriegsmaschine 141
2. Ein Pianist bei der Weltbank 160
3. Die Feuerteufel vom IWF 176
4. Unrentable Völker 193
5. Die Arroganz 212

TEIL IV: DIE WELT DEMOKRATISIEREN

1. Die Hoffnung: die neue planetarische Zivilgesellschaft 221
2. Das Prinzip Großmut 226
3. Die Fronten des Widerstands 238
4. Die Waffen des Kampfes 250
5. Boden und Freiheit 264

Statt eines Nachworts: Morgenröte 277
Danksagung 289

Anmerkungen 291
Personenregister 311
Sachregister 315

Vorwort

Die Weltgeschichte meiner Seele

Der Tag versprach prachtvoll zu werden. Es war ein 3. August, morgens 6.15 Uhr. Die Boeing 747 der Sabena landete pünktlich auf dem Flughafen Brüssel-Zaventem. Eine rote Sonne stieg am Himmel empor. Während die Passagiere, noch den Schlaf in den Augen, die Gangway zu den zwei Bussen hinabstiegen, inspizierte ein Kontrolleur in weißem Overall die Maschine.

Aus dem linken Fahrgestellkasten ragten drei Finger einer Hand hervor, verkrallt in den Rand der Abschottung. Der Kontrolleur trat näher und entdeckte in dem Fahrgestellkasten die Leichen von zwei Jugendlichen, schwarz, feingliedrig, ausgedörrt, die Gesichtszüge von Entsetzen verzerrt. Es handelte sich um zwei Guineaner, Fodé Touré Keita und Alacine Keita, im Alter von 15 beziehungsweise 14 Jahren. Bekleidet waren sie mit einfachen Shorts, Hemd und Sandalen.

Hinter dem Fahrwerkkasten einer Boeing 747 verbergen sich 16 mächtige Laufräder. Das Abteil ist weiträumig und zwei Meter hoch. Die Luke ist nur vom Cockpit her zu öffnen, aber solange das Flugzeug auf dem Rollfeld steht, kann jeder, dem es gelingt, sich mit dem Wartungspersonal einzuschleichen, durch die Luke ins Innere des Fahrwerks klettern.

Bei Erreichen der Reisegeschwindigkeit fliegt eine Boeing 747 in rund 11 000 Meter Höhe; die Außentemperatur beträgt hier oben mindestens minus 50° Celsius.

Die zwei Jugendlichen waren wahrscheinlich bei der Zwischenlandung in Conakry in den Fahrwerkkasten geklettert.

In der Hemdtasche von Fodé fand der Kontrolleur ein sorgfältig gefaltetes Stück Papier, auf dem in ungelenker Schrift stand: »Und wenn ihr seht, dass wir uns geopfert haben und unser Leben aufs Spiel setzen, dann darum, weil wir in Afrika zu sehr leiden und weil wir euch brauchen, um gegen die Armut zu kämpfen und dem Krieg in Afrika ein Ende zu machen. Trotzdem wollen wir studieren, und wir bitten euch, uns dabei zu helfen, damit wir in Afrika so sein können, wie ihr seid...

Schließlich bitten wir euch inständig, uns zu vergeben, dass wir es gewagt haben, diesen Brief gerade an euch zu schreiben, die großen Herrschaften, denen wir so viel Respekt schulden. Vergesst aber nicht, dass ihr es seid, bei denen wir uns für die Unzulänglichkeit unserer Kräfte zu bedanken haben.«[1]

Zu Beginn des neuen Jahrtausends beherrschen die transkontinentalen kapitalistischen Oligarchien die ganze Welt. Ihre tägliche Praxis und ihr Rechtfertigungsdiskurs stehen in radikalem Widerspruch zu den Interessen der übergroßen Mehrheit der Erdbewohner.

Die Globalisierung führt zur forciert fortschreitenden Verschmelzung der nationalen Volkswirtschaften, zu einem kapitalistischen Weltmarkt und einem einheitlichen »Cyberspace«. Dieser Vorgang bewirkt eine gewaltige Steigerung der Produktivkräfte. Alle Augenblicke werden immense Reichtümer geschaffen. Die kapitalistische Produktions- und Akkumulationsweise zeugt von einer wahrhaft verblüffenden und gewiss auch bewunderungswürdigen Kreativität, Vitalität und Kraft.

In weniger als einem Jahrzehnt hat sich das Weltsozialprodukt verdoppelt und das Welthandelsvolumen verdreifacht. Und was den Energieverbrauch betrifft – er verdoppelt sich im Durchschnitt alle vier Jahre.

Zum ersten Mal in ihrer Geschichte genießt die Menschheit einen Überfluss an Gütern. Der Planet bricht schier unter seinen Schätzen zusammen. Die verfügbaren Güter übertreffen um ein Vieltausendfaches die nicht einschränkbaren Bedürfnisse der Menschen.

Aber auch die Leichenberge wachsen.

Die vier apokalyptischen Reiter der Unterentwicklung heißen Hunger, Durst, Seuche und Krieg. Sie zerstören jedes Jahr mehr Männer, Frauen und Kinder, als es das Gemetzel des Zweiten Weltkriegs in sechs Jahren getan hat. Für die Menschen der Dritten Welt ist der »Dritte Weltkrieg« in vollem Gange.

Tag für Tag sterben auf unserem Planeten ungefähr 100 000 Menschen an Hunger oder an den unmittelbaren Folgen des Hungers.[2] 826 Millionen Menschen sind gegenwärtig chronisch und schwer unterernährt. 34 Millionen von ihnen leben in den wirtschaftlich entwickelten Ländern des Nordens; der weit größere Teil, 515 Millionen, lebt in Asien, wo er 24 Prozent der Gesamtbevölkerung ausmacht. Betrachtet man jedoch den prozentualen Anteil der Opfer, so ist es das Afrika südlich der Sahara, das den größten Tribut zu leisten hat: Hier sind 186 Millionen Menschen dauernd schwer unterernährt, das heißt 34 Prozent der Gesamtbevölkerung. Die meisten von ihnen leiden an dem, was die FAO »extremen Hunger« nennt; ihre tägliche Lebensmittelration liegt im Durchschnitt 300 Kalorien unter der Menge, die zum Überleben unter erträglichen Bedingungen nötig ist. Die am stärksten von extremem Hunger betroffenen Länder liegen im subsaharischen Afrika (achtzehn Länder), in der Karibik (Haiti) und in Asien (Afghanistan, Bangladesch, Nordkorea, Mongolei).

Alle sieben Sekunden verhungert auf der Erde ein Kind unter zehn Jahren.

Ein Kind, das von seiner Geburt bis zum fünften Lebensjahr angemessene Nahrungsmittel in ausreichender Menge entbehren muss, hat sein Leben lang an den Folgen zu leiden. Einen Erwachsenen, der vorübergehend unterernährt war, kann man mithilfe komplizierter, unter ärztlicher Aufsicht vorgenommener Therapien in ein normales Leben zurückführen. Bei einem Kind unter fünf Jahren ist das unmöglich. Unzulänglich ernährt, haben seine Gehirnzellen bereits irreparable Schäden davongetragen. »Von Geburt an Gekreuzigte« nennt Régis Debray diese Kinder.[3]

Hunger und chronische Fehlernährung stellen einen Erbfluch dar: Jahr für Jahr bringen Hunderte von Millionen schwer unterernährter Mütter Hunderte von Millionen unheilbar geschädigter Säuglinge zur Welt. Alle diese unterernährten Mütter, die trotzdem Leben schenken, erinnern an jene verdammten Frauen bei Samuel Beckett: »Sie gebären rittlings über dem Grabe, der Tag erglänzt einen Augenblick, und dann von neuem die Nacht.«[4]

Eine ganze Dimension menschlichen Leidens fehlt noch in diesem Bild: die erstickende, unerträgliche Angst, die jeden Hungernden peinigt, sobald er erwacht. Wie wird er an diesem neuen Tag den Lebensunterhalt für die Seinen sichern und sich selbst ernähren können? In dieser Angst zu leben ist vielleicht noch furchtbarer, als die mannigfachen Krankheiten und körperlichen Schmerzen zu erdulden, die den unterernährten Körper befallen.

Die Zerstörung von Millionen Menschen durch Hunger vollzieht sich täglich in einer Art von eisiger Normalität – und auf einem Planeten, der von Reichtümern überquillt.

In dem Stadium, das die Erde durch ihre landwirtschaftlichen Produktionsmittel erreicht hat, könnte sie 12 Milliarden Menschen normal ernähren, anders gesagt, sie könnte für jeden einzelnen eine Ration von 2700 Kalorien pro Tag bereitstellen.[5] Doch wir sind heute nur etwas über 6 Milliarden Menschen auf der Erde, und trotzdem leiden Jahr für Jahr 826 Millionen von ihnen an chronischer, krank machender Unterernährung.

Die Gleichung ist einfach: Wer Geld hat, isst und lebt. Wer keines hat, leidet und wird invalide oder stirbt.

Ständiger Hunger und chronische Unterernährung sind von Menschen gemacht. Verantwortlich für sie ist die mörderische Ordnung der Welt. Wer auch immer an Hunger stirbt – er ist Opfer eines Mordes.

Über zwei Milliarden Menschen leben in »absoluter Armut«, wie es das Entwicklungsprogramm der Vereinten Nationen (UNDP) nennt: ohne feste Einkünfte, ohne regelmäßige Arbeit, ohne angemessene Behausung, ohne medizinische Versorgung, ohne ausreichende Ernährung, ohne Zugang zu sauberem Wasser, ohne Schule.

Das Recht über Leben und Tod dieser Milliarden von Menschen üben die Herren des globalisierten Kapitals aus. Durch ihre Investitionsstrategien, ihre Währungsspekulationen, die politischen Bündnisse, die sie eingehen, entscheiden sie Tag für Tag darüber, wer das Recht hat, auf diesem Planeten zu leben, und wer dazu verurteilt ist, zu sterben.

Der von den Oligarchien seit Beginn der Neunzigerjahre errichtete Apparat der weltweiten Herrschaft und Ausbeutung ist von äußerstem Pragmatismus geprägt. Er ist stark gegliedert und weist nur einen geringen strukturellen Zusammenhalt auf. Auch ist er von außerordentlicher Komplexität und von zahlreichen inneren Widersprüchen gekennzeichnet. Verfeindete Fraktionen bekämpfen sich intern. Ein verbissenes Konkurrenzdenken durchzieht das ganze System. Untereinander liefern sich die Herrscher der Welt homerische Schlachten.

Ihre Waffen sind Zwangsfusionen, feindliche Übernahmeangebote, die Errichtung von Oligopolen, die Vernichtung des Gegners durch Dumpingpreise oder Kampagnen zur persönlichen Verunglimpfung. Mord ist seltener, aber gegebenenfalls scheuen die Herren auch davor nicht zurück.

Wird aber das System insgesamt oder in einem wesentlichen Teil bedroht oder auch nur dagegen demonstriert – wie etwa beim G8-Gipfel in Genua im Juni 2001 oder beim Weltsozialforum in Porto Alegre im Januar 2002 –, so schließen die Oligarchen und ihre Söldlinge die Reihen. Umgetrieben vom Willen zur Macht, von Gier und vom Rausch ihrer schrankenlosen Befehlsgewalt, verteidigen sie die Privatisierung der Welt mit Zähnen und Klauen. Denn die verschafft ihnen außerordentliche Privilegien, zahllose Pfründen und astronomische Privatvermögen.

Zu den Zerstörungen und Leiden, die den Völkern durch die Oligarchien des globalisierten Kapitals, sein militärisches Imperium und dessen Söldlinge, die Handels- und Finanzorganisationen, zugefügt werden, kommen noch jene, die durch Korruption und Untreue im Amt hervorgerufen werden, wie sie in zahlreichen Regierungen zumal der Dritten Welt in großem Stil gang und gäbe sind. Ohne die aktive Mittäterschaft und Korruption der Regierungen vor Ort kann nämlich die Weltordnung des Finanzkapitals nicht funktionieren. Walter Hollenweg, der angesehene Theologe von der Universität Zürich, fasst die Situation treffend zusammen: »Die besessene, schrankenlose Gier unserer Reichen, verbunden mit der Korruption der Eliten in den so genannten sich entwickelnden Ländern, bildet ein gigantisches Mordkomplott. ... Überall auf der Welt und Tag für Tag wiederholt sich der Kindermord von Bethlehem.«[6]

Wie kann man die Macht der Oligarchen definieren? Welches ist ihre Struktur, ihre historische Perspektive? Welches sind ihre Strategien, ihre Taktiken?

Wie gelingt es den neuen Herrschern der Welt, sich an der Macht zu halten, wo doch die Unmoral, die sie leitet, und der Zynismus, der sie erfüllt, für niemanden zweifelhaft sind? Worauf beruht das Geheimnis ihrer Verführungskraft und ihrer Macht?

Wie kann es sein, dass auf einem mit Reichtümern gesegneten Planeten Jahr für Jahr Hunderte Millionen von Menschen Opfer von äußerster Armut, gewaltsamem Tod und Verzweiflung werden?

Aber dieses Buch hat noch ein anderes Ziel.

Am 25. Juni 1793 verlas der Priester Jacques Roux vor dem Pariser Konvent das Manifest der *Enragés*, in dem er eine wirtschaftliche und soziale Revolution gegen die Handelsfreiheit und das Privateigentum forderte: »Die Freiheit ist nur ein eitles Hirngespinst, wenn eine Klasse die andere ungestraft aushungern kann. Die Gleichheit ist nur ein eitles Hirngespinst, wenn der Reiche mithilfe seines Monopols über Leben und Tod seiner Mitmenschen entscheidet.«[7]

Heute wird erneut überall auf der Welt der Ruf nach Revolution laut. Eine neuartige Zivilgesellschaft ist im Entstehen begriffen – unter Konfusion und äußersten Schwierigkeiten. Gegen die Herrscher der Welt sucht sie den Widerstand zu organisieren. Im Namen der Bedrängten sucht sie nach einem Weg, verkörpert sie Hoffnung. Unsere Analyse soll die Waffen für diesen bevorstehenden Kampf liefern.

Aminata Traore erzählt von einem schönen Brauch der Bambara, die an den Ufern des Niger in Mali leben. An den Festtagen der Tabaski und des Ramadan statten Verwandte, Freunde und Nachbarn einander Besuche ab und tauschen Glückwünsche aus. Wenn der Besucher über die Schwelle des Hauses tritt, spricht er eine bestimmte Formel, die sich seit grauer Vorzeit nicht geändert hat: »Feindeswünsche, Freundeswünsche ... Mögen sich deine eigenen Wünsche erfüllen.«[8] Ich habe nie eine schönere, genauere Definition der Idee von Demokratie gelesen. Einzig der Mensch selbst kann wissen, was er sich in seinem Innersten für sich, seine Angehörigen und seinesgleichen wahrhaft wünscht.

Die Demokratie existiert nur dann wirklich, wenn alle, die die Gemeinschaft ausmachen, ihre innersten Wünsche frei und kollektiv, in der Autonomie ihrer persönlichen Sehnsüchte und in der Solidarität ihrer Koexistenz mit anderen, äußern können und wenn es ihnen gelingt, das, was sie als den individuellen und kollektiven Sinn ihres Daseins erkennen, in Institutionen und Gesetze zu verwandeln.

Franz Kafka hat den rätselhaften Satz geschrieben: »Fern, fern geht die Weltgeschichte vor sich, die Weltgeschichte deiner Seele.«[9]

Ich bin der Andere, der Andere ist Ich. Er ist der Spiegel, der es dem Ich erlaubt, sich zu erkennen. Seine Zerstörung zerstört die Menschheit in mir. Sein Leiden, selbst wenn ich mich dagegen wehre, macht mich leiden.

Heute nimmt die Not der Elenden immer mehr zu. Die Arroganz der Mächtigen wird unerträglich. Die Weltgeschichte meiner Seele gerät zum Albtraum. Aber auf den Flügeln der Taube naht die Revolution. Indem ich schreibe, kann ich dazu beitragen, die Dogmen der neuen Herrscher der Welt zu entkräften.

Dieses Buch besteht aus vier Teilen. Der erste untersucht die Geschichte der Globalisierung und die Rolle, die das amerikanische Imperium und die Ideologie der Herrscher der Welt darin spielen.

Der Beutejäger ist die zentrale Figur auf dem globalisierten kapitalistischen Markt, und seine Gier ist dessen Motor. Er akkumuliert das Geld, zerstört den Staat, verwüstet die Natur und die Menschen und korrumpiert die Beamten, die er in den von ihm beherrschten Völkern für seine Dienste einspannt. Er unterhält Steuerparadiese, deren Nutzung allein ihm vorbehalten ist. Die Umtriebe dieser Beutejäger sind Gegenstand des zweiten Teils.

Der Raubtierordnung dieser Beutejäger dienen ebenso ergebene wie schlagkräftige Söldlinge. Es sind die zu Feuerwehrleuten gemachten Feuerteufel vom Internationalen Währungsfonds und die fanatischen Parteigänger der Weltbank und der Welthandelsorganisation. Der dritte Teil des Buches ist der Analyse ihrer Aktivitäten gewidmet.

Eine neuartige planetarische Zivilgesellschaft, verbunden in einer geheimnisvollen Bruderschaft der Nacht, erhebt sich aus den Trümmern des Nationalstaats. Sie stellt das Imperium der Beutejäger radikal infrage. Sie organisiert den Widerstand. Sie setzt sich aus den mannigfaltigsten Fronten der Verweigerung zusammen. Diese Kämpfe lassen eine ungeheure Erwartung lebendig werden. Der vierte Teil des Buches analysiert sie.

José Martí hat geschrieben:
Es la hora de los hornos
Y solo hay que ver la luz.
[Es ist die Stunde der Brände – wir müssen nur aufschauen zu ihrem Licht.]

TEIL I

Die Globalisierung – Geschichte und Konzepte

> Wir brauchen keinen Hurrikan
> Wir brauchen keinen Taifun
> Was der an Schrecken tuen kann
> Das können wir selber tun.
>
> BERTOLT BRECHT, *Aufstieg und Fall der Stadt Mahagonny*

1. Eine Ökonomie des Archipels

In den zehn Jahren seit 1990 hat sich die Welt abrupt verändert. Es geschah mit der Unvorhersehbarkeit eines Erdbebens, das die Experten erwarten, ohne doch im Voraus seine Stärke, seine Begleitumstände oder den Zeitpunkt seines Auftretens zu kennen. Das 20. Jahrhundert, dieses Jahrhundert des Völkerbunds und der Vereinten Nationen, wurde durch eine Unzahl von Kriegen verunstaltet: zwei schreckliche Weltkriege, in denen die Nationalstaaten miteinander um die Vorherrschaft und die Eroberung von Märkten rangen; eine größere Zahl von Konflikten zwischen den Gebietern der Kolonial- und Postkolonialreiche einerseits und den Kombattanten der nationalen Befreiungsbewegungen andererseits; dazu totalitäre Weltanschauungen, grauenhafte Völkermorde und blutige innerethnische Konflikte.

Gleichzeitig war das abgelaufene Jahrhundert beseelt vom Atem der Schöpfung; es gab naturwissenschaftliche Entdeckungen, demokratische und soziale Fortschritte, Friedensinitiativen und die Weiterentwicklung der Menschenrechte. Gewiss, die globalen Utopien, die es aufbauen wollte, sind letzlich gescheitert. Aber der Kolonialismus wurde besiegt, und die Diskriminierungen nach Maßgabe von »Rasse« und »Volk« sind in Misskredit geraten, weil sie jeder biologischen Grundlage entbehren. Die Beziehungen zwischen den Geschlechtern sind zwar noch überall ungleich, wurden aber zum Gegenstand von Kämpfen und Grundsatzdebatten um die Zukunft der Gesellschaften und die großen Schöpfungsmythen des Planeten. Die Beziehungen zwischen den Kulturen sind ebenfalls noch ungleich, aber auf dem Weg der gegenseitigen Anerkennung. Und nun, am Ende dieses »Zeitalters der Extreme«[1], wie eine

Umwälzung die Globalisierung! Auf dem ganzen Globus hat dieses Erdbeben niemanden kalt gelassen.

In Wirklichkeit hat es schon seit der europäischen Entdeckung des südlichen Afrika, Australiens, Ozeaniens und Amerikas im 15. und 16. Jahrhundert diverse Formen der »Globalisierung«, besser gesagt: der Europäisierung der Welt, gegeben. Fernand Braudel hat für diese Epoche den Begriff »Weltwirtschaft« geprägt und gleichzeitig die Grenzen aufgezeigt, die aus dem Gegensatz zwischen der Entwicklung des Fernhandels durch die reihum die Handelsexpansion und die Finanzströme beherrschenden Stadtstaaten und den Hinterländern mit ihren riesigen Gebieten einer ländlicher Selbstversorgung resultieren.[2] Immanuel Wallerstein hat die von Europa ausgehende kapitalistische Weltwirtschaft anhand ihrer politischen Zersplitterung, dieses Fleckenteppichs von Staaten, charakterisiert und analysiert, wie sich diese Ökonomie im 20. Jahrhundert unter dem Imperium der Vereinigten Staaten als der Erben Europas und unbeeindruckt vom Schock zweier Weltkriege wahrhaft globalisiert hat.[3]

Aber mit welchen Folgen für die schwächsten Länder? In seiner Eigenschaft als Generalsekretär der Handels- und Entwicklungskonferenz der Vereinten Nationen war Rubens Ricupero der Architekt der Weltkonferenz über die am wenigsten entwickelten Länder, die vom 14. bis 20. Mai 2001 in Brüssel stattfand. Zusammen mit Juan Somavía, dem antifaschistischen Intellektuellen aus Chile und gegenwärtigen Generaldirektor der Internationalen Arbeitsorganisation, ist Ricupero derzeit innerhalb des Systems der Vereinten Nationen eine der großen Figuren des Widerstands gegen die zügellose Globalisierung. Am Abend des 16. März 2000 hielt Ricupero in der Salle Piaget der Universität Genf einen Vortrag mit dem Titel »Brasilien fünfhundert Jahre danach: Identität, Wachstum und Ungleichheiten«. Er vertrat darin eine erstaunliche These.

Eine der globalisiertesten Gesellschaften, die die Geschichte kennt, war das lusitanische (portugiesische) Vizekönigreich Brasilien. Vom frühen 16. Jahrhundert bis zum zweiten Jahrzehnt des 19. Jahrhunderts war das Vizekönigreich nahezu vollständig in den

Weltmarkt integriert. Fast die gesamte Zucker-, Kaffee-, Kakao-, Tabak- und Erzproduktion wurde exportiert. Eingeführt wurde im Gegenzug alles, was die herrschenden Klassen für ihr Leben benötigten. Einen Binnenmarkt gab es in Brasilien fast gar nicht, und die interne Kapitalakkumulation war sehr schwach. Die Landwirtschaft gründete auf riesigem Latifundienbesitz, die nationale Industrie war stockend. Was das Volk betraf, so war es politisch nicht existent. Das Arbeitskräfteheer rekrutierte sich im Wesentlichen aus Sklaven. Schlussfolgerung Ricuperos: Ein Maximum an Integration der nationalen Wirtschaft in den Weltmarkt führt zu einem Maximum an Destrukturierung der globalisierten nationalen Gesellschaft.

Ricuperos Theorie, gewonnen aus den Erfahrungen des einstigen lusitanischen Vizekönigreichs Brasilien, ist genauso gut auf das heutige Brasilien anwendbar, desgleichen auf viele andere Länder der südlichen Hemisphäre. In »Groß«-Rio de Janeiro leben sechs Millionen Menschen. Im südlichen Stadtgebiet, in Ipanéma, Leblon, São Conrado, Tijuca, grenzen Villen und luxuriöse Grundstücke an den Atlantik. Bewacht werden sie von Privatmilizen und Sicherheitskräften, die mit modernster Kommunikationstechnik, Überwachungskameras, Patrouillenfahrzeugen und natürlich Schnellfeuerwaffen ausgerüstet sind. Unmittelbar hinter den Traumstränden, über den Steilhängen der *morros* – dieser für Rio so typischen Hügel –, in den Senken und bis an die Umfassungsmauern der vom Meer am weitesten entfernten Wohnungen erstreckt sich die *favela* de la Rocinha, ein Elendsviertel unter vielen anderen, in dem mehr als 350 000 Menschen zusammengepfercht leben.

Das weiße Johannesburg mit seiner schwarzen Vorstadt Soweto, Lima mit seinem Gürtel aus *barilladas*, die Festungen der Reichen in Karatschi, die sich in einem Meer von erbärmlichen Hütten verlieren, Manila mit seinen scharf bewachten Wohnvierteln und den von Ratten verseuchten Verschlägen, die sich zu Zehntausenden am Fuß der *smokey mountains* hinziehen, der Müllberge, von denen die Armen leben – sie alle bieten kein anderes Bild.

In einem anderen Beitrag[4] untersucht Rubens Ricupero die Zusammenhänge zwischen der gegenwärtigen Allmacht der Beherrscher des globalisierten Finanzkapitals und der Unterwerfung der proletarischen Nationen. Diese Verbindungen sind alt und komplex und werden zu selten verstanden.

Die zu Beginn des 21. Jahrhunderts herrschenden Oligarchien, bekanntlich von der nördlichen Hemisphäre unseres Planeten stammend, verfügen über schier unbegrenzte finanzielle Mittel, während ihre Opfer häufig von allem entblößt sind, unfähig, Widerstand zu leisten. Wie ist diese Ungleichheit zu erklären? In ihren überseeischen Kolonien haben diese Herren seit Ende des 15. Jahrhunderts systematische Plünderung betrieben. Sie liegt der ursprünglichen Akkumulation des Kapitals in den Ländern Europas zugrunde.

Karl Marx schreibt: »Überhaupt bedurfte die verhüllte Sklaverei der Lohnarbeiter in Europa zum Piedestal die Sklaverei sans phrase in der neuen Welt. [...] Wenn das Geld, nach Augier, ›mit natürlichen Blutflecken auf der Backe zur Welt kommt‹, so das Kapital von Kopf bis Zeh, aus allen Poren, blut- und schmutztriefend.«[5]

Und noch einmal Karl Marx: »Die Entdeckung der Gold- und Silberländer in Amerika, die Ausrottung, Versklavung und Vergrabung der eingebornen Bevölkerung in die Bergwerke, die beginnende Eroberung und Ausplünderung von Ostindien, die Verwandlung von Afrika in ein Geheg zur Handelsjagd auf Schwarzhäute, bezeichnen die Morgenröte der kapitalistischen Produktionsära. [...] Den aufschießenden Manufakturen sicherte die Kolonie Absatzmarkt und eine durch das Marktmonopol potenzierte Akkumulation. Der außerhalb Europa direkt durch Plünderung, Versklavung und Raubmord erbeutete Schatz floss ins Mutterland zurück und verwandelte sich hier in Kapital.«[6]

Hauptsächlich waren es die Afrikaner – Frauen, Männer und Kinder –, die seit dem frühen 16. Jahrhundert und unter Bedingungen von unsäglicher Grausamkeit mit ihrem Blut und ihrem Leben für die erste europäische Kapitalakkumulation bezahlten.

Um den Rhythmus dieser Akkumulation zu veranschaulichen, will ich nur ein einziges Beispiel geben: 1773/74 zählte man auf Jamaika mehr als 200 000 Sklaven auf 775 Plantagen. Eine einzige dieser mittelgroßen Plantagen beschäftigte 200 Schwarze auf 600 Hektar, davon 250 Hektar Zuckerrohr. Nach den sehr genauen Berechnungen von Marx zog England allein 1773 aus seinen Plantagen in Jamaika Nettogewinne von über 1,5 Millionen damaliger Pfund.[7]

Im Laufe der vier Jahrhunderte zwischen dem Aufbruch des ersten Negerschiffes nach Kuba und der Abschaffung der Sklaverei im letzten Land des amerikanischen Kontinents wurden über 20 Millionen afrikanischer Männer, Frauen und Kinder aus ihrer Behausung verschleppt, über das Meer geschafft und zur Sklavenarbeit gezwungen.[8]

Dank des in den Kolonien akkumulierten Kapitals konnte Europa seit dem 18. Jahrhundert seine rasche Industrialisierung finanzieren. Es konnte der Landflucht begegnen und die friedliche Verwandlung seiner Bauern in Arbeiter herbeiführen. Edgar Pisani bemerkt, dass »das Ineinandergreifen von Landflucht und industriellem Wachstum« die Grundlage des Entwicklungsmodells bildet, das heute die Stärke Europas ausmacht.[9]

Die Männer, Frauen und Kinder aus den Ländern der Peripherie sind sogar in doppelter Hinsicht Opfer. Aufgrund der in der Vergangenheit erlittenen Verwüstungen und der Ungleichheit der Entwicklung zwischen ihren Gesellschaften und denen der alten Kolonialmetropolen der nördlichen Hemisphäre sind sie heute – in der Zeit der Globalisierung als des alleinigen Wirtschafts- und Denkmodells – unfähig, den neuen Angriffen des transkontinentalen Kapitals zu widerstehen. Viele Länder Asiens, Afrikas, Lateinamerikas und der Karibik wurden durch die von den Handelsniederlassungen praktizierten Dreiecksgeschäfte, Tauschhandel, Kolonialbesatzung, Ausbeutung und Plünderung ausgeblutet. Kurzum, die Globalisierung trifft mit voller Wucht einen bereits stark geschwächten und seiner Immunkräfte beraubten sozialen Körper.

Ein zweiter Faktor ist in Betracht zu ziehen, wenn man die zeitgenössische Form der Globalisierung verstehen will: die Demografie.

Denn gerade auf diesen preisgegebenen Kontinenten, die heute den Angriffen der Beutejäger des globalisierten Kapitals praktisch schutzlos ausgeliefert sind, kommen die meisten Menschen zur Welt: Jede Minute werden 223 Kinder geboren, davon 173 in den 122 Ländern der so genannten Dritten Welt.[10]

Im Jahre 2025 wird die Erde 8 Milliarden Bewohner zählen, Afrika 1,3 Milliarden, das heißt 16 Prozent der Weltbevölkerung.[11]

Zwischen 1997 und 2025 wird sich die Bevölkerung Schwarzafrikas fast verdoppelt haben. 1997 betrug die Geburtenziffer weltweit 24 Neugeborene auf 1000 Einwohner, in Schwarzafrika 40 auf 1000. 1997 waren 15 Prozent aller Geburten weltweit afrikanische, 2025 werden es 22 Prozent sein. Alle diese Kinder werden auf einem Kontinent geboren, der immer tiefer im Meer des Elends versinkt.

Betrachten wir einen Augenblick den Planeten als ganzen: Wenn sich das gegenwärtige Bevölkerungswachstum fortsetzt, wird die Erde im Jahre 2015 von 7,1 Milliarden Menschen bevölkert sein, von denen über 60 Prozent in einer urbanen Umwelt leben werden. In Lateinamerika wohnen schon heute über 70 Prozent der Bevölkerung in Städten, größtenteils unter widrigsten Umständen: *barilladas* in Peru, *favelas* in Brasilien, *poblaciones* oder *calampas* in Chile. In Lateinamerika ist jedes dritte Kind unter fünf Jahren schwer und chronisch unterernährt.

Heute (2002) leben 36 Prozent der Afrikaner in Städten. 2025 werden es über 50 Prozent sein. Mit mathematischer Sicherheit wird diesen afrikanischen, lateinamerikanischen und asiatischen Megalopolen dann die nötige Infrastruktur fehlen, um diesen armen Familien ein anständiges, vor Mangel geschütztes Leben garantieren zu können.

Viele dieser riesigen Agglomerationen der Dritten Welt sind schon heute wahre Müllhalden. Aus Mangel an öffentlichem oder privatem Kapital zur Aufnahme, Unterbringung, Ernährung, Ausbildung und medizinischen Versorgung der Menschen, die vor der Globalisierung (oder Naturkatastrophen usw.) fliehen, verwandeln sich die Randbezirke der großen Agglomerationen in Leichenhäuser.

Konstitutiv für die kapitalistische Produktionsweise ist die Tendenz zur Monopolisierung und Multinationalisierung des Kapitals: Von einem bestimmten Entwicklungsniveau der Produktivkräfte an wird diese Tendenz gebieterisch, sie drängt sich als unabweisbare Notwendigkeit auf.

In der Epoche, als die Welt in zwei antagonistische Blöcke zerfiel, standen der Globalisierung Hemmnisse entgegen. Im Osten reklamierte ein militärisch mächtiges Imperium für sich eine Ideologie des Schutzes aller Werktätigen und der Völkerfreundschaft. Die kapitalistischen Oligarchien des Westens waren angesichts von Arbeitskämpfen gezwungen, Zugeständnisse zu machen, ein Mindestmaß an sozialer Sicherung und gewerkschaftlicher Freiheit zu gewähren und sich auf Lohnverhandlungen und demokratische Kontrolle der Wirtschaft einzulassen, weil um jeden Preis die kommunistische Option im Westen verhindert werden musste. Die sozialdemokratischen Parteien des Westens und ihre Gewerkschaftszentralen handelten ihrerseits wie einst die Alchimisten im Mittelalter, die versuchten, aus Blei Gold zu machen. Sie verwandelten die Furcht der Kapitalisten vor einer Expansion des Kommunismus in soziale Vorteile für ihre Klientel. Gleichzeitig führten die kolonisierten und unterworfenen Völker, gedeckt durch das Glacis des Sowjetblocks, erfolgreich ihre Befreiungskämpfe.

Mit dem Fall der Berliner Mauer, dem Auseinanderbrechen der UdSSR und dem partiellen Abgleiten der chinesischen Bürokratie in die Kriminalität konnte die kapitalistische Wirtschaft ihren ungehemmten Aufschwung nehmen. Und mit ihr die Gefährdung der Arbeitsplätze und der Abbau der so mühsam errungenen sozialen Sicherungen. Viele sozialdemokratische Parteien, beispielsweise die Sozialistische Partei Italiens, haben sich aufgelöst. Andere sind furchtbar geschwächt oder haben jede Glaubwürdigkeit eingebüßt. Die englische Labour Party hat sich in eine reaktionäre Partei verwandelt, die die Ideologie des Neoliberalismus hochhält und in allen Angelegenheiten um den Beifall der Gebieter des amerikanischen Imperiums buhlt. Alle bekamen die Zielstrebigkeit des globalisierten Markts mit voller Wucht zu spüren. Die Sozialistische Internationale ist implodiert. Die Gewerkschaften sind mit einem dramatischen Rückgang ihrer Mitgliederzahlen konfrontiert. Die kapitalistische Produktionsweise breitet sich über die ganze Erde aus, ohne auf ihrem Weg noch auf nennenswerte Gegenkräfte zu stoßen.

Das Gesetz der Verhältnismäßigkeit von Produktions- und Distributionskosten setzt sich überall durch. Jedes Gut, jede Dienstleistung wird dort produziert, wo die Kosten am geringsten sind. So wird der ganze Planet zu einem gigantischen Marktplatz, auf dem Völker, Klassen und Länder zueinander in Konkurrenz treten. Aber auf einem globalisierten Markt kommt das, was die einen verlieren – Stabilität des Arbeitsplatzes, Mindestlohn, Sozialleistungen, Kaufkraft –, nicht automatisch den anderen zugute. Die Familienmutter im südkoreanischen Pusan, die unterbezahlte Arbeit verrichtet, der indonesische Proletarier, der sich für einen Hungerlohn in einer Montagehalle in der Freizone von Djakarta abrackert, sie verbessern ihre Lage nur mäßig, wenn der Mechaniker in Lille oder der Textilarbeiter in Sankt Gallen von Arbeitslosigkeit bedroht ist.

Die fortschreitende Verschmelzung der einzelnen nationalen Volkswirtschaften, die von einer gewissen Mentalität, einem kulturellen Erbe, besonderen Handlungs- und Vorstellungsweisen geprägt waren, zu einem einheitlichen planetarischen Markt ist ein vielschichtiger Prozess.

Die beeindruckende Reihe von technologischen Revolutionen, die in den letzten dreißig Jahren auf dem Gebiet der Astrophysik, der Informatik und der optischen Elektronik eintraten, hat das Instrument für diese Wende geliefert: den »Cyberspace«, der den Planeten eint. Die ersten Satellitenkommunikationssysteme, Intelsat und Intersputnik, wurden Mitte der Sechzigerjahre installiert. Heute erfolgt die Kommunikation rund um die Welt mit Lichtgeschwindigkeit (300 000 km/s). Die Unternehmen wickeln ihre Angelegenheiten ohne Verzögerung ab, Sekunde für Sekunde und in absoluter Gleichzeitigkeit. Ihre Kampfplätze – das heißt die Orte der Preisbildung für Finanzkapital – sind die Wertpapierbörsen und, in geringerem Umfang, die Rohstoffbörsen. Diese Stätten sind Teilnehmer eines planetarischen Netzes, das ständig in Aktion ist: Wenn Tokio schließt, öffnen Frankfurt, Paris, Zürich und London, dann übernimmt New York. Die Geschwindigkeit des Informationsumlaufs lässt die Welt schrumpfen und beseitigt die einst für Zivilisationen charakteristische Bindung der Zeit an den Raum.

Wir wohnen also der Konstituierung einer virtuellen Welt bei, die an die herkömmliche geografisch-historische Welt nicht assimilierbar ist. Das zirkulierende Kapital selbst ist virtuell; derzeit übertrifft es um das Achtzehnfache den Wert sämtlicher Güter und Dienstleistungen, die während eines Jahres auf dem Planeten produziert werden und verfügbar sind. Die so entstehende Dynamik zeugt von einer ungeheuren Vitalität, verstärkt aber auch nachdrücklich die Ungleichheiten: Die Reichen werden im Nu immer reicher, die Armen sehr viel ärmer. In den USA ist das Vermögen von Bill Gates genauso groß wie das der 106 Millionen ärmsten Amerikaner zusammen. Es gibt inzwischen Einzelpersonen, die reicher sind als ganze Staaten: Der Besitz der fünfzehn vermögendsten Menschen der Welt übertrifft das Bruttoinlandsprodukt aller Länder des subsaharischen Afrika außer Südafrika.[12]

Werfen wir kurz einen Blick auf die Entstehung der Terminologie!

»Globalisierung« *(globalisation)* ist ein Anglizismus, der in den Sechzigerjahren von dem kanadischen Medientheoretiker Marshall McLuhan und dem amerikanischen Experten für »Probleme des Kommunismus« an der Universität Columbia, Zbigniew Brzezinski, lanciert wurde. McLuhan zog die Lehren aus dem Vietnamkrieg, dem ersten Krieg, der unmittelbar im Fernsehen zu verfolgen war, und glaubte, dass die Allgegenwart und Unbestechlichkeit der Fernsehbilder bewaffnete Auseinandersetzungen erschweren und die noch nicht industrialisierten Länder dem Fortschritt entgegenführen werde. Er prägte auch das Schlagwort vom »globalen Dorf«. Brzezinski sah in der Heraufkunft der elektronischen Revolution die Weihe der amerikanischen Supermacht zur »ersten globalen Gesellschaft der Geschichte« und führte die These vom »Ende der Ideologien« ein.[13]

Die französische Entsprechung, *mondialisation*, ist ein Neologismus, der freilich schon alt ist. Bis 1992 gebrauchte man zur Bezeichnung dieser Tendenz die Begriffe »multinational«, »transnational«, Ausdrücke wie »Unternehmen ohne Grenzen«, »Globalisierung des Finanzsektors«, »*mondialisation* der Märkte«, »weltweiter Kapitalismus«. Um in der Erdbebenmetaphorik vom Anfang dieses Kapitels zu bleiben: Der erweiterte Gebrauch dieser Begriffe entsprach der geologischen Bewegung der Platten: Nach dem Golfkrieg von 1991 konnte Washington die Geburt einer »neuen Weltordnung« verkünden. Der Ausdruck bezeichnete bald die neue Ordnung der internationalen Angelegenheiten und harmonierte mit den neuen Begriffen »Globalisierung« und »*mondialisation*«, die nun allein, ohne ergänzendes Nomen, gebraucht wurden. Als 1994 die Welthandelsorganisation (World Trade Organization, WTO) gegründet wurde, waren die neuen Einträge im Wörterbuch der Wirtschaft schon auf der ganzen Erde gängige Münze.[14]

Philippe Zarifian, Verfasser eines hellsichtigen Essays über die »Entstehung des Eine-Welt-Volks«, konstatiert: »Die Globalisierung [...] entspricht jenem Satellitenblick auf den Globus, den die Bosse der Großunternehmen begründet haben. [...] Von oben gesehen, erscheint die Erde als eine: Nationen, Staaten, Grenzen, Regelungen, Volkscharaktere, Rassen, politische Regimes, alles verfließt ineinander, ohne doch zu verschwinden. [...] Der große Traum vom All-Einen, der die platonischen Philosophen umgetrieben hat, ist endlich verwirklicht. Das All-Eine ist das Hoheitsgebiet des zeitgenössischen Kapitalismus.«[15]

Aber der »Satellitenblick« der Kapitalisten trügt. In Wirklichkeit sind heute immer mehr Weltregionen im Zerfall begriffen. Ganze Länder verschwinden so aus der Geschichte. Wie Geisterschiffe verlieren sie sich in der Nacht. Namentlich in Afrika sind Somalia, Sierra Leone, Guinea-Bissau und viele andere in Auflösung begriffene Länder kaum mehr als die Beschriftung auf einer Landkarte. Als organisierte nationale Gesellschaften haben diese Länder aufgehört zu existieren.

Die Globalisierung oder *mondialisation* ist daher weit davon entfernt, einer wahrhaft globalisierten wirtschaftlichen Entwicklung zu entsprechen. Vielmehr führt sie zur streng lokalisierten Entwicklung von Geschäftsvierteln, wo die großen Unternehmen, Banken, Versicherungen, Vermarktungs- und Vertriebsdienstleister und Finanzmärkte angesiedelt sind. Pierre Veltz hat gezeigt, wie sich rund um diese Wirtschaftszentren riesige Bevölkerungszonen erstrecken, deren Menschen es zum Teil gelingt, unter Einsatz ihrer Intelligenz und ihrer Beziehungen von den vielen Kleinstaktivitäten zu leben, die bei den »globalisierten« Angelegenheiten in ihrer nächsten Umgebung abfallen. So überzieht die Globalisierung den Planeten mit einem gerippeartigen Netz, das einige große Agglomerationen miteinander verbindet, zwischen denen »die Wüste wächst«. Wir treten in die Epoche der »Ökonomie des Archipels« ein.[16] Dieses Modell der »verschiedenen Geschwindigkeiten« treibt alle in der Vergangenheit bekannten Arten von Gesellschaften und Gemeinschaftsbildungen in den Untergang und markiert wohl auf lange Zeit das Ende des Traums von einer endlich geeinten, mit sich selbst versöhnten, in Frieden lebenden Welt.

Die Realität der globalisierten Welt besteht in einer Kette von Inseln des Wohlstands und des Reichtums, die aus einem Meer des Völkerelends herausragen.

2. Das Imperium

Der August 1991 ist ein Achsendatum. In diesem Monat implodierte die UdSSR.

Bis zu diesem Zeitpunkt lebte jeder dritte Mensch auf der Erde in einem so genannten »kommunistischen« Regime. Die zwei Imperialismen standen einander in einer Haltung gegenüber, die man »Kalter Krieg« nannte. Wie ist der unerwartete und brutale Zusammenbruch der UdSSR und ihrer Satelliten zu erklären? Dafür gibt es viele Gründe, hauptsächlich wirtschaftlicher Art. Da der totalitäre Charakter des politischen Apparats und die Korruption jede Privatinitiative lähmten, ging es mit der Produktivität der sowjetischen Wirtschaft immer mehr bergab. Außerdem war die Sowjetunion seit Beginn der Achtzigerjahre von der Reagan-Administration in ein überaus kostspieliges Wettrüsten verstrickt worden, das vor allem den Bau eines Raketenabwehrschildes in der Stratosphäre betraf. Das hielt die UdSSR nicht durch.

Das Ende der bipolaren Welt weckte enorme Hoffnungen. Millionen Männer und Frauen überall auf dem Planeten glaubten ernsthaft, dass nun die Freiheit triumphiere und sich die Morgenröte einer zivilisierten, demokratischen, nach Recht und Vernunft geordneten Welt ankündige. Wenn auch mit fünfzigjähriger Verspätung.

Das faschistische Ungeheuer war im Frühjahr und Sommer 1945 in Fernost wie in Europa besiegt worden. Die siegreichen Nationen hatten gemeinsam die Charta der Vereinten Nationen proklamiert und drei Jahre später die Allgemeine Erklärung der Menschenrechte angenommen. Dort heißt es zum Beispiel:

»Alle Menschen sind frei und gleich an Würde und Rechten geboren. Sie sind mit Vernunft und Gewissen begabt und sollen einander im Geiste der Brüderlichkeit begegnen.

[...]

Jeder Mensch hat das Recht auf Leben, Freiheit und Sicherheit der Person.«[17]

Die Menschenrechte, die Rechte auf Selbstbestimmung und auf

Demokratie, wie sie in der Allgemeinen Erklärung von 1948 – und fünfzehn weiteren sie präzisierenden und konkretisierenden internationalen Abkommen – formuliert sind, stellen eine wesentliche Errungenschaft der Zivilisation dar. Sie definieren den Hoffnungshorizont der Völker: eine Gesellschaft, die würdiger, gerechter und freier wäre.

Boutros Boutros-Ghali, bis 1995 Generalsekretär der Vereinten Nationen, schreibt: »Als Bezugspunkte stellen die Menschenrechte die gemeinsame Sprache der Menschheit dar, mit deren Hilfe alle Völker einander verstehen und zugleich ihre eigene Geschichte schreiben können. Die Menschenrechte sind *per definitionem* die eigentliche Norm jeder Politik. […]. Es sind ihrem Wesen nach Rechte, die in Bewegung sind. Ich will damit sagen, dass sie das Ziel haben, unveränderliche Gebote auszudrücken und gleichzeitig einen Moment des historischen Bewusstseins zu formulieren. Sie sind daher in ihrer Gesamtheit absolut gültig und zugleich zeitgebunden.«[18]

Boutros-Ghali schreibt weiter: »Die Menschenrechte sind nicht der kleinste gemeinsame Nenner aller Nationen, sondern das, was ich das irreduzible Humanum nennen möchte, die Quintessenz aller Werte, durch die wir gemeinsam bekräftigen, dass wir eine einzige menschliche Gemeinschaft sind.«[19]

Den Philosophen Hegel paraphrasierend, füge ich hinzu, dass die Menschenrechte – die bürgerlichen und politischen Rechte ebenso wie die wirtschaftlichen, sozialen und kulturellen Rechte – das Absolute in seinem Verhältnis, das konkrete Allgemeine darstellen. Sie sind ganz aktuell der Horizont unserer Geschichte.

Was die Gleichheit zwischen den Staaten und Völkern betrifft, so gibt Régis Debray dazu diesen Kommentar: »Die Souveränität der Staaten ist eine Methode, um ein Stück Gleichheit zwischen ungleichen Ländern herzustellen. Burundi hat dieselbe Souveränität wie die Vereinigten Staaten. Ist das verrückt? Jawohl, es ist verrückt. Ist es unnatürlich? Allerdings, es ist unnatürlich. Und es ist das, was man Kultur nennt.«[20]

Fünfzig Jahre lang hatten die Zwietracht unter den Nationen und die tödliche Feindschaft der Supermächte eine auch nur partielle, vorsichtige, zögernde Verwirklichung der in der Charta der Vereinten Nationen und der Allgemeinen Erklärung der Menschenrechte enthaltenen Grundsätze unmöglich gemacht. Die Verwirklichung der Menschenrechte behaupteten die UdSSR und ihre Verbündeten durch Kommunismus und Diktatur des Proletariats zu verwirklichen, die Amerikaner und ihre Verbündeten durch Kapitalismus und Demokratie. In Wirklichkeit hat der Kalte Krieg über fünfzig Jahre lang jedes kollektive Menschheitsprojekt gelähmt.

Die 1991 aufkeimende Hoffnung war daher gewaltig. Doch die seither siegreichen Oligarchien des Finanzkapitals haben damals eine Entscheidung getroffen, deren Folgen noch heute unabsehbar sind: Sie lehnten es ab, zur Organisation der neuen, globalen Gesellschaft auf die bestehenden multilateralen Organisationen wie die UNO mit ihren 22 Sonderorganisationen oder die noch älteren zwischenstaatlichen Organisationen (Schiedsgerichtshof in Den Haag, Interparlamentarische Union usw.) zurückzugreifen.

Statt auf die multilaterale Organisation der kollektiven Sicherheit haben die Gebieter des Kapitals auf die militärische Schlagkraft der amerikanischen Supermacht gesetzt. Anstelle einer internationalen schiedsgerichtlichen Schlichtung von Konflikten zwischen Staaten haben sie das Diktat des amerikanischen Imperiums gewählt. Und weit davon entfernt, die Produktion und Verteilung der Güter des Planeten einer normativen Wirtschaft anzuvertrauen, welche den elementaren Bedürfnissen der Erdbewohner Rechnung trüge, haben sie sie der »unsichtbaren Hand« des integrierten Weltmarkts übertragen, den sie perfekt kontrollieren. Binnen weniger Monate haben sie so die Hoffnungen zerstört, die seit dem Westfälischen Frieden von 1648 im kollektiven Bewusstsein verwurzelt waren: die Hoffnung auf einen allgemeinen Gesellschaftsvertrag zwischen Staaten und Völkern von unterschiedlicher Größe, aber gleich an Rechten; die Hoffnung, dass die Gewalt des Stärkeren der Herrschaft des Rechts weicht; die Hoffnung schließlich, dass internationale Schiedsgerichtsbarkeit und kollektive Sicherheit den Krieg bannen.

Mit ihrer Entscheidung für das amerikanische Imperium und gegen die planetarische Demokratie haben die Gebieter der Welt die Menschheit um mehrere Jahrhunderte zurückgeworfen.

Von all den verschiedenen Oligarchien, die in ihrer Gesamtheit das Kartell der Herrscher der Welt bilden, ist die nordamerikanische bei weitem die mächtigste, kreativste und lebendigste. Schon lange vor 1991 hatte sie sich den Staat unterworfen und aus ihm ein wertvolles und wirksames Hilfsmittel bei der Durchsetzung ihrer privaten Interessen gemacht.

Es ist Unsinn, die Vereinigten Staaten als einfachen »National«-Staat zu betrachten. Die USA sind ein Imperium, das mit seinen Streitkräften – zu Wasser, zu Lande, in der Luft und im Weltraum –, internationalen Abhörsystemen und gigantischen Spionage- und Aufklärungseinrichtungen die ständige Expansion der oligarchischen Weltordnung garantiert. Ohne dieses Imperium und seine militärische und polizeiliche Schlagkraft könnte das Kartell der Gebieter der Welt nicht überleben.

Die militärische Macht, die einst aufgebaut wurde, um der Sowjetunion Paroli zu bieten, dient gegenwärtig dazu, die Ordnung des globalisierten Finanzkapitals zu schützen. Dieser kolossale imperialistische Apparat entwickelt gleichsam ein Eigenleben. Er hat seine eigenen Gesetze und eine einzigartige Dynamik. Diese Hinterlassenschaft des Kalten Krieges kommt zu neuen Ehren, indem sie ihre eigene Gewalt der Gewalt des Kapitals hinzufügt.

Schon vor zweitausend Jahren verkündete Mark Aurel: *Imperium superat regnum* («das Imperium überbietet das Reich«, das heißt, es steht höher als alle anderen Gewalten) – eine Lektion, welche die römischen Kaiser vielen Völkern des Westens wie des Ostens erteilten. Die kapitalistischen Oligarchien von heute verfahren genauso. Ihr Imperium hat den Vorrang vor allen anderen Gewalten. Die imperialistische Ordnung zerstört zwangsläufig die Nationalstaaten und jede andere Souveränität, die es wagen sollte, sich ihr zu widersetzen.[21]

Die Arroganz des amerikanischen Imperiums ist grenzenlos. Hören wir, was es uns zu sagen hat: »Wir sind das Zentrum, und wir müssen es bleiben [...]. Die Vereinigten Staaten müssen als leuchtendes Beispiel vorangehen und als moralische, politische und militärische Führungsmacht die Fackel von Recht und Ordnung in die Welt tragen.«[22]

Wer sagt das? Ein unbekannter Fanatiker von einer jener zahllosen fremdenfeindlichen und rassistischen Sekten, von denen es in den USA nur so wimmelt? Ein protofaschistisches Mitglied der John Birch Society oder des Ku-Klux-Klan? Weit gefehlt! Der Mann heißt Jesse Helms und war von 1995 bis 2001 Vorsitzender des Auswärtigen Ausschusses im amerikanischen Senat. In dieser Eigenschaft hat er die Außenpolitik Washingtons wesentlich mitbestimmt.

Der Kolumnist Charles Krauthammer schlägt in dieselbe Kerbe: »Amerika überragt die Welt wie ein Koloss [...]. Seit Rom Karthago zerstörte, hat keine andere Großmacht solche Höhen erklommen wie wir.«[23]

Noch unverblümter äußert sich Thomas Friedman, ehemaliger Sonderberater der Außenministerin Madeleine Albright unter der Regierung Clinton: »Wenn die Globalisierung funktionieren soll, darf sich Amerika nicht davor fürchten, als die unüberwindliche Supermacht zu handeln, die es in Wirklichkeit ist [...]. Die unsichtbare Hand des Markts wird ohne sichtbare Faust nicht funktionieren. McDonald's kann nicht expandieren ohne McDonnel Douglas, den Hersteller der F-15. Und die sichtbare Faust, die die globale Sicherheit der Technologie des Silicon Valley verbürgt, heißt US-Armee, US-Luftwaffe, US-Kriegsmarine und US-Marinekorps.«[24]

Das ultraliberale Dogma, dessen Loblied die Herrschenden in Washington und an der Wall Street singen, speist sich aus einem ungeheuren Egoismus, der fast totalen Ablehnung jedes Gedankens einer internationalen Solidarität und dem unbedingten Willen, allen Völkern des Planeten die eigenen Ansichten aufzuzwingen.

So haben die USA die Welt mit ihrer Weigerung schockiert, das internationale Übereinkommen über das Verbot der Herstellung, der Verbreitung und des Verkaufs von Antipersonenminen zu ratifizieren.

Ebenso sind sie schon im Prinzip gegen eine internationale Justiz. Keine amerikanische Unterschrift unter dem Römischen Statut von 1998, das die gerichtliche Bestrafung von Völkermord, Verbrechen gegen die Menschheit und Kriegsverbrechen vorsah! Der Internationale Strafgerichtshof? Die USA sind dagegen!

Der Internationale Strafgerichtshof ist ein ständiges Gericht mit der weltweiten Gerichtsbarkeit über Personen, die sich schwerer Menschenrechtsverletzungen schuldig gemacht haben. Er wird im Gegensatz zum Internationalen Gerichtshof, dessen Gerichtsbarkeit sich ausschließlich auf Staaten erstreckt, die Fähigkeit haben, Einzelpersonen zu belangen. Und im Unterschied zu den internationalen Ad-hoc-Gerichten für Ruanda und für das ehemalige Jugoslawien wird seine Zuständigkeit weder geografisch noch zeitlich beschränkt sein. Zum ersten Mal in der Geschichte kann jeder politisch oder militärisch Verantwortliche für Verstöße gegen rechtliche Bestimmungen zur Rechenschaft gezogen werden.

Hinter der amerikanischen Weigerung, das Statut von 1998 zu unterzeichnen, stehen zwei verschiedene Beweggründe. Der erste: Das Imperium ist der Auffassung, dass seine Generäle, Soldaten und Geheimagenten über jedes Völkerrecht erhaben sind. Sie werden je nach den Umständen dazu veranlasst, an jedem Ort auf dem Planeten zu intervenieren, aber Rechenschaft sollen sie nur den amerikanischen Instanzen ablegen, die sie kontrollieren. Die Raison des Imperiums steht also über dem Völkerrecht. Und der zweite Beweggrund: Auf der ganzen weiten Welt hat allein das Imperium das Recht zu entscheiden, wer bestraft werden muss und wer Gnade verdient. Allein das Imperium soll das Recht haben, zu bombardieren oder eine Wirtschaftsblockade zu verhängen, mit einem Wort: nach Gutdünken zu schlagen, zu töten oder durchzuführen, was ihm gut scheint.

Ein anderes Charakteristikum der Außenpolitik des Empire ist seine Doppelzüngigkeit.

In Palästina praktiziert die Regierung Scharon selektiven Mord an führenden arabischen Politikern, die massive Zerstörung von Obstgärten, Brunnen und Wohnhäusern, willkürliche Verhaftungen und »Verschwindenlassen«, die systematische Folterung von Inhaftierten. Regelmäßig werden durch die Armee der israelischen Regierung palästinensische Städte und Dörfer in den Autonomiegebieten angegriffen oder besetzt, obwohl sie durch die Abmachungen von Oslo geschützt sind. Unter den Trümmern der von Apache-Helikoptern bombardierten oder von Panzern zerschossenen Häuser und Gebäude ringen schwer verletzte Männer, Frauen und Kinder manchmal tagelang mit dem Tod. Doch die blinde Repression Scharons – die mit den Grundsätzen der Humanität und Toleranz der israelischen Staatsgründer nichts zu tun hat – profitiert von der stillschweigenden Billigung Washingtons.

Auf der anderen Seite legten sich die USA mächtig ins Zeug, um bei der 57. Sitzung der UNO-Menschenrechtskommission im April 2001 ihre Resolution zur Verurteilung der Verbrechen der Ayatollahs von Teheran durchzubringen. Und damit hatten sie natürlich Recht. Gleichwohl verliert ihre Verurteilung der von den Ayatollahs verübten Verbrechen durch die Billigung der Verbrechen Scharons jegliche Glaubwürdigkeit.

Im Januar 2000 ließ der russische Präsident Wladimir Putin auf dem gesamten Gebiet Tschetscheniens, begleitet von wahllosen Bombenabwürfen, seine schauerlichen »Bärenzwinger« anlegen. Große, in die Erde grabene Löcher, rund fünf Meter tief, in die man zivile Geiseln, willkürlich festgenommene Personen, verwirrte Männer, Frauen und Kinder stürzte. Die Gefangenen mussten aufrecht stehen, trotz Regen und Schnee. Maskierte Männer der OMO, der dem Innenministerium unterstehenden Sondereinheit, warfen ihnen in regelmäßigen Abständen einen Bissen zu essen, eine Flasche Wasser zu. Neben den »Bärenzwingern« wurden so genannte »Filtrierungs«-Lager errichtet. Dort prügelten Putins Schlächter Verdächtige zu Tode, folterten Menschen, die an Straßensperren aufgegriffen worden waren, mit Stromstößen und verstümmelten Halsstarrige mit Messerstichen. In dieser Zeit verweigerte Putin sämtlichen Organen der UNO, dem Internationalen Komitee vom

Roten Kreuz und allen nicht gouvernementalen Organisationen den Zutritt in die gepeinigte Republik. Trotzdem beschlossen die Herren in Washington und an der Wall Street, ausgerechnet zu diesem Zeitpunkt ein Drittel der russischen Auslandsschulden zu annullieren.

Von der ungeheuren Arroganz des amerikanischen Imperiums zeugen auch zwei andere Entscheidungen. Die eine ist sein kategorisches Nein zu einer Liberalisierung der Preise für pharmazeutische Produkte, konkreter gesagt, die Weigerung, den armen Ländern freien Zugang zu den Arzneimitteln gegen Aids zu verschaffen. Die andere betrifft seine Weigerung, auch wirtschaftliche, soziale und kulturelle Rechte als Menschenrechte anzuerkennen.

Die 1993 in Wien abgehaltene Weltmenschenrechtskonferenz der UNO hat durch einmütige Erklärung der Staaten (mit Ausnahme der USA) dem Begriff der wirtschaftlichen, sozialen und kulturellen Rechte ganz klar einen neuen Stellenwert gegeben. Einen Menschen, der hungert, kümmern seine demokratischen Rechte nicht. Seinen Stimmzettel kann man nicht essen. Für einen Analphabeten ist Pressefreiheit sinnlos. Aus diesem Grund besteht zwischen den zivilen und politischen Rechten und den wirtschaftlichen, sozialen und kulturellen Rechten – wie es in der Wiener Erklärung von 1993 heißt – ein Verhältnis der »Nichtselektivität«, der »Interdependenz« und der »Reversibilität«.

In diesem Sinne stimmen die USA in der Menschenrechtskommission der Vereinten Nationen konsequent gegen alle Maßnahmen, die der Konkretisierung der wirtschaftlichen, sozialen und kulturellen Rechte dienen sollen, namentlich gegen das Recht auf Ernährung, gegen das Recht auf Unterbringung, gegen das Recht auf Bildung, gegen das Recht auf Gesundheit, gegen das Recht auf Trinkwasser und wohlgemerkt auch gegen das Recht auf Entwicklung.

Die Argumente der USA zeugen von ihrem bewährten Egoismus: Sie sagen, es könne keine »öffentlichen Güter« geben. Allein der Markt entscheide über Zuteilung, Preis, Nahrungsmittel, Wohnungen, Schulbildung, Medikamente usw. Mehr als zwei

Milliarden Menschen leben in äußerster Armut? Diesem Übelstand kann nur wirtschaftliches Wachstum abhelfen – das seinerseits durch größtmögliche Liberalisierung des Handels und der Märkte herbeigeführt wird. Bis dahin werden sich die Armen schon zu helfen wissen...

Seit seiner Wahl zum Präsidenten der Vereinigten Staaten im November 2000 und seinem Amtsantritt im Januar 2001 legt George W. Bush bewundernswerten Eifer und Einsatz an den Tag, wenn es darum geht, unter allen Umständen die planetarischen Interessen der Oligarchien zu verteidigen, die ihm zur Wahl verholfen haben.

Am Freitag, dem 9. November 2001, legte ich der Generalversammlung der Vereinten Nationen meinen ersten Bericht als Sonderberichterstatter der Vereinten Nationen für das Recht auf Ernährung vor. Am Vortag hatte mich der »Editorial Board« der *New York Times* zu einem informellen Treffen eingeladen. Der Gedankenaustausch fand im 5. Stock des ehrwürdigen Verlagsgebäudes an der 43. Straße, Nr. 229 West, statt.

Rund um den Tisch saßen einige der scharfsinnigsten und einflussreichsten Kommentatoren der amerikanischen Politik. Mit von der Partie war auch Roger Normand, Leiter des »Center for Economic and Social Rights«. Nach meinem Vortrag und der anschließenden Diskussion ergriff ich die Gelegenheit, meinerseits einige Fragen zu stellen, namentlich diese: »Wie muss man die Bush-Administration verstehen?« Ohne ein Sekunde zu zögern, gab Roger Normand zur Antwort: »*It's oil and the military* (es geht um die Macht des Erdöls und der Rüstungsindustrie).« Zustimmendes Kopfnicken rund um den großen Holztisch.

Die wichtigsten Führungskräfte und grauen Eminenzen der Bush-Administration – die meisten von ihnen Multimilliardäre – sind unmittelbar aus der texanischen Erdölindustrie hervorgegangen. Viele von ihnen unterhalten nach wie vor enge Beziehungen zu ihren ehemaligen Chefs von den großen Erdöl fördernden, verarbeitenden und transportierenden transkontinentalen Gesellschaften. Der Krieg, den sie in Afghanistan führen, ihre Bündnisse in der arabischen Welt und ihre Nahostpolitik erklären sich fast ausschließlich aus diesen Verbindungen.

Dank der Ölgesellschaften konnten der gegenwärtige Präsident George W. Bush, sein Bruder Jeff, Gouverneur von Florida, und der Vater der beiden ihr kolossales Vermögen anhäufen. Vizepräsident Dick Cheney, Verteidigungsminister Donald Rumsfeld sowie die Verantwortliche im Nationalen Sicherheitsrat, Condoleezza Rice, sind ehemalige Generaldirektoren texanischer Erdölgesellschaften. Am 31. Dezember 2001 ernannte Präsident Bush einen Sonderbeauftragten für Afghanistan, Zalmay Khalizad. Er trägt den Titel Botschafter und ist der ranghöchste Muslim in der ganzen Administration Bush. Khalizad war Angestellter bei der Erdölgesellschaft Unocal. Heute ist freilich Diskretion die Regel: Als die Erdölgesellschaft Chevron einen ihrer neuen Riesentanker auf den Namen ihrer früheren Generaldirektorin Condoleezza Rice taufen wollte, legte das Weiße Haus sein Veto ein.[25]

Die Politik des Präsidenten George W. Bush, dessen Wahlkämpfe bisher alle massiv von amerikanischen und ausländischen Erdölmilliardären finanziert worden sind, verkörpert auf geradezu ideale Weise die Privatisierung des Staats durch sektorale Interessen.[26]

Seit Bushs Einzug ins Weiße Haus muss man auch feststellen, dass sich die Politik des Imperiums durch gewaltige Heuchelei auszeichnet. So arbeiten beispielsweise die in der OECD[27] zusammengeschlossenen Industriestaaten seit Jahren an der Ausarbeitung eines Übereinkommens zur Kontrolle und allmählichen Austrocknung von Steuerparadiesen. Diese Paradiese, auch »Offshore-Zentren« genannt, dienen im Wesentlichen der Steuerflucht und der Geldwäscherei für Vermögenswerte illegaler Herkunft.[28] Sie erlauben es den Herren der Welt aber auch, hier, im totalen Schummerlicht und geschützt vor jeder staatlichen Kontrolle, ihre Finanzholdings anzusiedeln. Doch die Bush-Administration verweigerte 2001 ihre Unterschrift unter das Übereinkommen und machte damit den Kampf gegen Steuerparadiese praktisch wirkungslos.

Genauso verhält es sich beim Übereinkommen über das Verbot biologischer Waffen. Dieses bisher von 143 Staaten unterzeichnete und ratifizierte internationale Abkommen verpflichtet die Vertragsstaaten, keine bakteriologischen (biologischen) oder toxischen Waffen einzusetzen, herzustellen oder zu lagern und vorhandene Bestände an solchen Waffen zu vernichten. Dieses 1975 in Kraft getretene Übereinkommen sieht jedoch im Gegensatz zum Übereinkommen über das Verbot chemischer Waffen keine Verifikationsmechanismen vor. Aus diesem Grund ist am 19. November und 8. Dezember 2001 im Palais des Nations in Genf eine internationale Konferenz abgehalten worden, um ein Zusatzprotokoll zu dem Übereinkommen auszuarbeiten, das auf dem Hoheitsgebiet der 143 Vertragsstaaten die Errichtung eines Inspektionssystems für die zur Produktion biologischer Waffen geeigneten Einrichtungen vorgesehen hätte. Nun, die Vereinigten Staaten, jeden Gedanken an Kontrolle von sich weisend, haben die Unterschrift unter das Protokoll verweigert und die Konferenz scheitern lassen.

Recherchen der *New York Times* hatten kurz zuvor enthüllt, dass die CIA und das Pentagon ihre Forschungen zur Entwicklung neuer bakteriologischer Waffen wieder aufgenommen hatten.[29]

Aber nicht genug damit, dass die amerikanische Administration das Übereinkommen über das Verbot biologischer Waffen verletzt, das sie selbst unterzeichnet hat, und das Zusatzprotokoll mit dem Ziel der Überwachung seiner Einhaltung ablehnt, sie wirft sich auch noch zum Vorreiter des internationalen Kampfs gegen die Entwicklung, Herstellung und Verbreitung biologischer Waffen auf und beschuldigt viele andere Staaten, gegen das Übereinkommen zu verstoßen! Die Zeitung *Le Monde* fasst die Situation trefflich zusammen: »Laut Washington erstrecken sich die amerikanischen Forschungen nur auf die Mittel zur Verteidigung gegen biologische Waffen, was nach dem Übereinkommen zulässig ist. In Genf hat die amerikanische Delegation es abgelehnt, diesbezügliche Fragen der Journalisten zu beantworten. Die große Mehrzahl der Fachleute, auch in den USA, ist jedoch der Auffassung, dass diese Forschungen gegen das Übereinkommen verstoßen. ›Wenn man das mächtigste Land der Erde ist‹, analysiert ein europäischer Diplomat, ›hat man Pflichten, darunter auch die, keine geheimen Forschungen am Rande des vertraglich Erlaubten zu betreiben. Wie könnte man sonst später beispielsweise den Iran daran hindern, dasselbe zu tun?‹ Die Ablehnung eines Inspektionssystems und das Betreiben von Forschungen über diese Waffen erleichtern nämlich die diesbezüglichen Bemühungen, die ›Schurkenstaaten‹, aber auch Russland oder China unternehmen könnten. Die amerikanische Haltung verwundert um so mehr, als die Staaten, denen Washington öffentlich vorwirft, biologische Waffenforschung zu betreiben – Irak, Nordkorea, Iran, Syrien und Sudan, namentlich genannt vom amerikanischen Delegationschef John Boulton in seiner Rede am 19. November –, technologisch auf schwachem Niveau sind.«[30]

Ein weiteres Beispiel für amerikanische Arroganz: Kaum an die Macht gelangt, kündigte Präsident George W. Bush im Januar 2001 einseitig das Protokoll von Kyoto. Letzteres sieht die allmähliche Reduktion und internationale Kontrolle des CO_2-Ausstoßes in die Atmosphäre vor. Bekanntlich ist die Luftverschmutzung Jahr für Jahr Auslöser von Krebserkrankungen, Lungenkrankheiten u.a.m., die Millionen von Menschen heimsuchen. 24 Prozent der luftverschmutzenden Gase werden auf dem Gebiet der Vereinigten Staaten freigesetzt. Eine zwingend vorgeschriebene Reduktion, von einer internationalen Instanz überwacht, ist natürlich mit Kosten für die transnationalen Automobil- und Erdölgesellschaften verbunden. Daher die Entscheidung von Bush.

Das Protokoll von Kyoto war am 11. Dezember 1997 in Japan angenommen worden. Bis zum 31. Dezember 2001 hatten es 84 Staaten unterzeichnet und 46 ratifiziert. Trotz der hohen Zahl von Unterzeichnerstaaten – unter ihnen die wichtigsten europäischen Staaten – gefährdet der einseitige amerikanische Rückzug den Kampf gegen die Luftverschmutzung durch Industrie- und Autoabgase.

Und wer hätte vergessen, dass George W. Bush im Dezember 2001 einseitig den Vertrag über die Kontrolle und Begrenzung von

Interkontinentalraketen (ABM-Vertrag) kündigte, der am 26. Mai 1972 zwischen den USA und der UdSSR geschlossen worden war? Als treuer Diener des amerikanischen militärisch-industriellen Komplexes konnte Bush die durch den Vertrag auferlegten Beschränkungen nicht tolerieren. Und in der Tat wurde durch den ABM-Vertrag die Möglichkeit zum Bau hochentwickelter Waffensysteme stark beschnitten. Er gestattete nämlich jedem Vertragsstaat lediglich die Aufstellung von (1.) nicht mehr als hundert Antiraketen, nicht mehr als hundert Abschussrampen und nicht mehr als sechs komplexen Radaranlagen zum Schutz der jeweiligen Hauptstadt; (2.) nicht mehr als hundert Antiraketen, nicht mehr als hundert Abschussrampen und nicht mehr als zwanzig Radaranlagen zum Schutz einer Zone für die Installation von als strategisch eingestuften Angriffsraketen (den interkontinentalen Boden-Boden-Raketen). Für die amerikanischen Rüstungsfabrikanten sind all diese Beschränkungen unerträglich.

Am Morgen des 11. September 2001 krachten zwei amerikanische Linienmaschinen, gesteuert von Terroristen und beladen mit Passagieren und Hunderten von Tonnen Kerosin, im Abstand von kaum einer Stunde gegen die zwei Türme des World Trade Center in New York. Der Brand und der Einsturz der Türme kosteten fast 3000 Menschen mit 62 verschiedenen Nationalitäten das Leben. Im Laufe desselben Vormittags raste ein drittes Selbstmordflugzeug in den Ostteil des Pentagons in Washington und brachte über hundert Menschen den Tod. Ein viertes entführtes Flugzeug stürzte über einem Feld in Pennsylvania ab und riss Terroristen wie Passagiere in den Tod.

Diese entsetzlichen Verbrechen, begangen an einer unschuldigen Bevölkerung, müssen mit der größten Entschiedenheit verurteilt werden. Für sie kann es weder Entschuldigungen noch mildernde Umstände geben.

Für die Massaker wurden muslimische Fundamentalisten verantwortlich gemacht, Fanatiker des *dschihad* gegen die Ungläubigen. Nun weiß aber jedermann, dass der religiöse Fanatismus, der

Integralismus jeglicher Provenienz – sei er christlich, jüdisch, islamisch, hinduistisch oder was immer –, sich aus Elend und Ausgrenzung speist. Der Kampf gegen den Terrorismus ist daher zwangsläufig auch ein Kampf gegen äußerste Armut, Rechtsverweigerung, Hunger. Wie aber reagiert Präsident George W. Bush? Gegen den Terrorismus, diese Frucht des Elends, setzt er auf Krieg, auf die Einschränkung der Grundrechte, aber auch auf die Forcierung der Privatisierung, auf die Ausweitung der Liberalisierung der Märkte, auf eine noch drastischere Reduktion der Maßnahmen zur Umverteilung des Reichtums durch die öffentlichen Instanzen.

Am 9. November 2001 wurde in Doha, der Hauptstadt des Emirats Katar, vor 2500 Delegierten aus 142 Staaten die Welthandelskonferenz eröffnet. Zehn Tage zuvor hatte Präsident George W. Bush versucht, den amerikanischen Kongress zur Annahme des Gesetzes über die so genannte *Trade Promotion Authority* zu bewegen.[31] Sein schockierendes Argument lautete: »Die Terroristen haben das Welthandelszentrum angegriffen. Wir werden sie besiegen, indem wir den Welthandel ausweiten und begünstigen.«[32] Robert Zoellick, der Vertreter Bushs bei der Welthandelsorganisation (WTO[33]), unterstützte seinen Präsidenten: »Freihandel ist nicht nur eine Frage der wirtschaftlichen Leistungsfähigkeit. Er fördert auch die Werte der Freiheit.«[34]

Seit der Ausrufung des »weltweiten Kriegs gegen den Terrorismus« wecken die Erklärungen Bushs finstere Erinnerungen: Entweder ihr seid mit uns und damit Parteigänger der Privatisierung der Welt, oder ihr seid gegen uns und werdet bombardiert.

Das amerikanische Imperium wählte also statt der Diplomatie die Bekräftigung seines militärischen Supremats, mit dem Ergebnis, dass die Militärausgaben und damit die Gewinne der multinationalen Rüstungsunternehmen explodieren. 2002 entfallen allein auf die USA über 40 Prozent der globalen Summe der Militärausgaben, die von allen Staaten der Welt insgesamt getätigt werden. Im Jahre 2003 wird sich der ordentliche Haushalt des Pentagons auf 379 Milliarden Dollar belaufen. Die von Präsident Bush 2002 geforderte und erwirkte Erhöhung des Haushalts (für 2003) beläuft sich auf 48 Milliarden Dollar, die stärkste Erhöhung der Militärausgaben in den letzten zwanzig Jahren.[35]

Besonders ein Aspekt des von Präsident Bush beantragten pharaonischen Militärhaushalts hat die Aufmerksamkeit der Kommentatoren erregt: Eine der Firmen, die am unmittelbarsten und massivsten von den neuen Krediten profitieren werden, ist nämlich die Carlyle Group, eine Gesellschaft, die vor allem auf dem Sektor der schweren Rüstung, der Kampfflugzeuge und der militärischen Kommunikation tätig ist. Als Investitionsfonds konstruiert, hält die Carlyle Group wichtige Anteile an den mächtigen militärisch-industriellen Konglomeraten wie etwa Lockheed Martin oder General Dynamics. Ihre drei wichtigsten »Lobbyisten« (Interessenvertreter beim Kongress) sind der Vater des Präsidenten, George Bush, der ehemalige Außenminister James Baker und der ehemalige Verteidigungsminister Frank Carlucci. Dank Bush junior werden also alle diese Mittelsmänner demnächst viele Millionen Dollar verdienen. Der Harvard-Professor Paul Krugman sagt dazu: »Die ganze Sache ist legal ... aber sie stinkt.«[36]

Unter den Großaktionären der Carlyle Group figurieren die Prinzen der saudischen Königsfamilie, aber auch die Familie bin Laden. Im April 2002 ereignete sich in einem großen Genfer Hotel ein lustiger Zwischenfall. Die Carlyle Group gab eines ihrer üblichen Diners zu Ehren von Genfer Privatbankiers und einigen ihrer handverlesenen Kunden. Mit von der Partie war George Bush senior. Vor der Tür stand Yeslam bin Laden, ein Halbbruder Osamas. Er berief sich auf seine Eigenschaft als Aktionär und wies eine Einladung vor. Panikartig verwehren ihm die Türsteher den Zutritt.[37]

In den USA akzeptieren Presse, Fernsehketten, Rundfunksender und elektronische Zeitschriften ohne großes Murren, ja oft sogar mit Begeisterung die Zensur, die ihnen die Befehlsgewalt des Militärs auferlegt.

Die Opfer aber gehen anonym zugrunde. Wie etwa die Tausende von Männern, Frauen und Kindern in den Städten und Dörfern

Afghanistans, die zwischen dem 7. Oktober und 31. Dezember 2001 von amerikanischen Bomben zerfetzt wurden.

In Khost wurden 150 betende Muslime von amerikanischen Bomben getötet, die über der Moschee abgeworfen worden waren. Anfang Oktober bombardierte die U.S. Air Force zweimal hintereinander das durch ein rotes Kreuz auf weißem Grund gekennzeichnete, riesige Zentraldepot des Internationalen Komitees vom Roten Kreuz (IKRK) in Kabul. 12 Millionen Lebensmittelrationen gingen in Flammen auf. Verantwortliche des IKRK sind überzeugt, dass diese Zerstörung vorsätzlich erfolgte. Es ging darum, die Bevölkerung der Nahrung zu berauben, um sie zur Erhebung gegen die Regierung der Taliban anzustacheln. Allein der Umstand, dass 25 Prozent der Beitragszahlungen zum IKRK von der Regierung in Washington kommen, hinderte die Organisation daran, einen schärferen Protest einzulegen.

Auch nach dem Sturz des Talibanregimes und der Inthronisation der neuen Regierung unter Hamid Karzai Mitte Dezember 2001 gingen die amerikanischen Bombenangriffe weiter. Diesmal handelte es sich um die Zerstörung der von den Taliban aufgegebenen Waffenlager. Da sich jedoch verschiedene dieser Lager in Marktflecken und Dörfern befanden, war es wiederum die Zivilbevölkerung, die zu leiden hatte. Allein in der ersten Woche des Jahres 2002 wurden durch die satellitengesteuerten B-52-Bomber 32 Zivilisten in einem Dorf im Osten des Landes massakriert. Kurz zuvor hatten dieselben Bomber einen anderen Marktflecken in Brand geschossen und 52 Menschen getötet – 25 Kinder, 10 Frauen und 17 Bauern.[38]

In der überregionalen amerikanischen Presse ist kein einziger kritischer Artikel über diese Massaker oder Terrorbombardements erschienen.

Die »weltweite Koalition gegen den Terror«, die das Imperium mehr als sechzig Staaten aufgezwungen hat, wirft prächtige Dividenden ab. So hat das Imperium von den Nachrichtendiensten dieser Staaten verlangt und erwirkt, ihm sämtliche Informationen zu liefern, über die sie verfügen, einschließlich der Identität der Quellen.

Außerdem legitimiert der »weltweite Krieg gegen den Terror« noch die äußerste Brutalität. In der Türkei steckten die Generäle Dutzende von kurdischen Dörfern in Brand. In Palästina setzt die Regierung Scharon Staatsterrorismus ein, um die arabischen Widerstandskämpfer zu ermorden und die Zivilbevölkerung Kollektivbestrafungen zu unterwerfen. In Tschetschenien darf die russische Armee ungestraft die Bewohner dieser kleinen, gepeinigten Republik massakrieren, foltern, vergewaltigen und ausplündern.

Insbesondere während seines Afghanistanfeldzugs hat das Imperium die Anwendung der (gleichwohl von ihm unterzeichneten) Genfer Konventionen praktisch ausgesetzt. Während des Gefechts bei Kunduz im November 2001 lehnte Verteidigungsminister Donald Rumsfeld zweimal das Übergabeangebot der Taliban-Kombattanten an die mit den USA verbündeten tadschikischen Befehlshaber ab. Rumsfeld verlangte ihre Tötung.

Wie sieht die Definition von »Terrorismus« und »Terroristen« aus, die das Empire gibt? Sie ist von rührender Schlichtheit: Als terroristisch gelten alle Menschen, alle Organisationen und alle Unternehmen, die wir so nennen. Ein Schweizer Leitartikler – ansonsten den Strategien des Imperiums seit jeher treu ergeben – gibt folgenden besorgten Kommentar zur aktuellen Lage: »Der Fall der Berliner Mauer hatte uns unserer Orientierungspunkte beraubt. Der 11. September gibt sie uns zwölf Jahre später wieder. Aber das Ziel der USA ist in Wirklichkeit nicht die Zurückdrängung des Terrorismus (das ist unmöglich, irgendwo wird es ihn immer geben, man denke heute nur an den korsischen, baskischen, irischen oder amerikanischen Terrorismus – die Milzbrandangriffe sind wahrscheinlich Yankee-Werk –, ein halbes Hundert weiterer Fälle rund um den Globus nicht zu vergessen). Augenscheinlich ist es vielmehr das Ziel der USA, den Terrorismus fortan als moralisch und politisch unschlagbares Argument zu benutzen, um die Welt so einzurichten, wie es ihnen genehm ist. Sie berufen sich auf ihn, um einseitig aus Verträgen auszusteigen, die ihnen nicht passen, der ganzen Welt ihre summarische Justiz aufzuzwingen oder lästige Handelskonkurrenten loszuwerden. Nur ein Beispiel: Das amerikanische Verteidigungsministerium macht Druck auf die Europäer, darauf zu verzichten, ihr Satellitennavigationssystem Galileo auf seine Umlaufbahn zu bringen, angeblich weil die Gefahr besteht, dass ›der terroristische Feind‹ davon Gebrauch machen könnte, in Wahrheit aber wohl eher, um die Europäer zu zwingen, auf unbestimmte Zeit das amerikanische GPS (*Global Positioning System*) zu nutzen. Der Terrorismus hat die USA zutiefst verwundet. Aber diese Wunde, geschickt ausgebeutet, ist im Begriff, den USA gute Dienste bei der Vereinfachung und Neuordnung der Welt und der Wahrnehmung ihrer Interessen zu leisten.«[39]

Bei den Haushaltsberatungen 2002 im amerikanischen Kongress (über den Militärhaushalt 2003) verkündete Donald Rumsfeld die neue amerikanische Militärdoktrin: Künftig werden die Streitkräfte der USA imstande sein, an jedem Punkt der Erde zwei große Kriege (*full wars*) gleichzeitig auszutragen, mehrere kleinere Kriege (*low intensity wars*) zu kontrollieren und die lückenlose militärische Verteidigung des nationalen Territoriums zu gewährleisten.

Paul Kennedy, Professor für Zeitgeschichte an der Universität Yale, hat diese neue Doktrin sowie die mit ihr verbundenen gigantischen finanziellen Investitionen und das ihr zugrunde liegende technologische Wissen analysiert. Sein Resümee: »*The eagle has landed* (der Adler ist gelandet).« Mit anderen Worten: Künftig halten die Vereinigten Staaten den Planeten fest in ihren Klauen.

Auch andere Imperien haben zu ihrer Zeit die Welt in ihren Klauen gehalten, namentlich Rom und das Weltreich Alexanders. Aber erst dem amerikanischen Imperium ist es gelungen, sich seine Aggressionskriege von seinen Verbündeten und seinen Opfern bezahlen zu lassen. Ein Beispiel unter anderen: der Golfkrieg von 1991.

Voller Bewunderung schreibt Paul Kennedy: »*Being the number one at great cost is one thing: being the world's single superpower on the cheap is astonishing* (unter großen Kosten die Nummer eins zu sein ist eine Sache; mit wenig Kosten die einzige Supermacht der Welt zu sein ist erstaunlich).«[40] Dieses Kunststück haben weder Rom noch Sparta, noch Alexander vollbracht.

Nachschrift über Europa

Pierre Moscovici war fast fünf Jahre lang ein ausgezeichneter Europaminister in der Regierung Lionel Jospin. In seinem Buch *L'Europe, une puissance dans la mondialisation*[41] gelangt er zu dem Schluss: »Europa hat es in der Hand, eine demokratische, friedliche Macht zu werden, die imstande ist, die Globalisierung zu organisieren. Es kann aber auch, der Dominanz des amerikanischen Modells unterworfen, zu einer Freihandelszone ohne Regeln und Legitimität verkommen.«

Moscovicis Buch ist 2001 erschienen. Inzwischen ist mithilfe des »weltweiten Kriegs gegen den Terrorismus« die zweite der von Moscovici angesprochenen Möglichkeiten Realität geworden – eigentlich schon seit geraumer Zeit. So trägt Europa heute durch seine Untätigkeit zum Martyrium des tschetschenischen, des kurdischen, des palästinensischen, des irakischen Volkes bei. Gestern hat es ohne Not die Hilferufe der bosnischen, der kosovarischen, der afghanischen Nation überhört.

Gleichwohl stellt die Europäische Union (EU) dank der von ihrem Gebiet aus operierenden transkontinentalen Privatgesellschaften eine beachtliche Wirtschafts- und Handelsmacht dar. Sie hat jedoch weder eine schlüssige Außen- noch eine glaubwürdige Verteidigungspolitik. Und einige ihrer wichtigsten politischen Führer, wie etwa der englische Premierminister Tony Blair oder – mit gelegentlichen Einschränkungen – der deutsche Bundeskanzler Gerhard Schröder, finden Gefallen an der Unterwürfigkeit gegenüber dem Imperium.

3. Die Ideologie der Herrscher

Guy Debord schreibt: »Zum ersten Mal sind dieselben Leute Herr über alles, was wir tun, und über alles, was wir darüber sagen.«[42]

Die Gebieter beherrschen das Universum ebenso sehr durch ihre ideologischen Aussagen wie durch den wirtschaftlichen Zwang oder die militärische Dominanz, die sie ausüben. Der ideologische Leitstern ihres Tuns trägt einen unverfänglichen Namen: »Konsens von Washington«. Es handelt sich dabei um ein Bündel von informellen Abmachungen *(gentlemen's agreements)*, die im Laufe der Achtziger- und Neunzigerjahre zwischen den wichtigsten transkontinentalen Gesellschaften, diversen Wall-Street-Banken, der amerikanischen Notenbank und internationalen Finanzorganisationen (Weltbank, Internationaler Währungsfonds usw.) getroffen wurden.

1989 wurde der »Konsens« durch John Williamson, Chefökonom und Vizepräsident der Weltbank, formalisiert. Seine Grundprinzipien sind zu jedem historischen Zeitpunkt, in jeder Volkswirtschaft und auf jedem Kontinent anwendbar. Sie zielen auf raschestmögliche Liquidierung jeder – staatlichen oder nichtstaatlichen – Regulierungsinstanz, die totale und raschestmögliche Liberalisierung aller Märkte (für Waren, Kapital, Dienstleistungen, Patente usw.) und, unter dem Stichwort *stateless global governance*, auf die Errichtung eines einheitlichen, sich selbst regulierenden Weltmarkts.[43]

Der Konsens von Washington bezweckt die Privatisierung der Welt.[44] Er beruht auf den folgenden Grundsätzen.

1. In jedem Schuldnerland ist eine Reform des Steuersystems unter zwei Gesichtspunkten notwendig: Absenkung der steuerlichen Belastung der höchsten Einkommen, um die Reichen zu produktiven Investitionen anzuregen, und Ausweitung der Zahl der Steuerpflichtigen; im Klartext: Abschaffung von steuerlichen Vergünstigungen für die Ärmsten im Interesse einer Erhöhung des Steueraufkommens.

2. Möglichst rasche und vollständige Liberalisierung der Finanzmärkte.
3. Garantierte Gleichbehandlung von inländischen Investitionen und ausländischen Investitionen, um die Sicherheit und damit das Volumen der Letzteren zu steigern.
4. Möglichst weit gehende Zerschlagung des öffentlichen Sektors; zu privatisieren sind namentlich alle Unternehmen, die im Besitz des Staats oder eines halbstaatlichen Gebildes sind.
5. Weitestgehende Deregulierung der Volkswirtschaft des betreffenden Landes, um das freie Spiel der Konkurrenz unter den verschiedenen wirtschaftlichen Kräften zu garantieren.
6. Verstärkter Schutz des Privateigentums.
7. Förderung der Liberalisierung der Handelsbeziehungen im schnellstmöglichen Rhythmus, mit dem Minimalziel einer jährlichen Senkung der Zolltarife um 10 Prozent.
8. Da der freie Handel durch Ausfuhren gefördert wird, ist vorrangig die Entwicklung jener wirtschaftlichen Sektoren zu begünstigen, die zur Ausfuhr ihrer Güter imstande sind.
9. Begrenzung des Haushaltsdefizits.
10. Erzeugung von Markttransparenz: Staatliche Subventionen an private Wirtschaftssubjekte sind überall abzuschaffen. Staaten der Dritten Welt, die die Preise der gängigsten Nahrungsmittel subventionieren, um sie niedrig zu halten, müssen auf diese Politik verzichten. Bei den Staatsausgaben müssen diejenigen Vorrang haben, die dem Ausbau der Infrastruktur dienen.

Die britische Zeitschrift *The Economist* ist nicht eben ein revolutionäres Hetzblatt, aber ihr Kommentar zum Konsens von Washington trieft förmlich von Ironie: *»Anti-globalists see the Washington Consensus as a conspiracy to enrich bankers. They are not entirely wrong.«* [45] (Globalisierungsgegner halten den Konsens von Washington für eine Verschwörung zur Bereicherung der Banker. Ganz Unrecht haben sie damit nicht.)

Als singuläre Gestalt der diskursiven Vernunft mit fernen historischen Wurzeln gibt der Neoliberalismus vor, die »Naturgesetze«, welche das Wirtschaftsgeschehen beherrschen, in symbolische Begriffe zu übersetzen. Pierre Bourdieu hat ihn so definiert: »Der Neoliberalismus ist eine Eroberungswaffe. Er predigt einen wirtschaftlichen Fatalismus, gegen den jeder Widerstand zwecklos erscheint. Der Neoliberalismus ist wie Aids: Er zerstört das Immunsystem seiner Opfer.«[46]

Und noch einmal Bourdieu: »Hinter dem Fatalismus der ökonomischen Gesetze verbirgt sich in Wirklichkeit eine Politik, allerdings eine paradoxe; denn es geht um eine Politik der Entpolitisierung, die darauf abzielt, den ökonomischen Kräften durch Befreiung von jeder Kontrolle und Beschränkung schicksalhaften Einfluss zu verschaffen und gleichzeitig Regierungen und Bürger zur Unterwerfung unter die solcherart befreiten wirtschaftlichen und sozialen Kräfte zu bringen [...]. Von allen Kräften der heimlichen Verführung ist die am unerbittlichsten, die ganz einfach durch die Ordnung der Dinge wirkt.«[47]

Ideengeschichtlich stellt diese fatalistische Ideologie der Gebieter einen erheblichen Rückschritt dar. Das Leben soll auf einem unabänderlichen Fatum beruhen? Eine krasse Lüge, aber eine nützliche: Sie erlaubt den neuen Herrschern der Welt, ihre Verantwortung für das zu verschleiern, was mit den von ihnen unterdrückten Völkern geschieht.

Bourdieu präzisiert: »Alles, was man mit dem zugleich deskriptiven wie normativen Namen ›Globalisierung [*mondialisation*]‹ belegt, ist Ausfluss nicht eines ökonomischen Fatums, sondern einer bewussten und vorsätzlichen Politik, welche die liberalen oder sogar sozialdemokratischen Regierungen einer ganzen Gruppe von wirtschaftlich fortgeschrittenen Ländern verfolgt haben, um sich selbst ihrer Macht zur Kontrolle der ökonomischen Kräfte zu entschlagen [...].«[48]

Die Ideologie der Gebieter ist umso gefährlicher, als sie einen rigorosen Rationalismus für sich in Anspruch nimmt. Sie arbeitet mit einem Taschenspielertrick, der glauben machen soll, dass zwischen wissenschaftlicher Objektivität und der Objektivität der »Marktgesetze« Äquivalenz besteht. »Der Obskurantismus ist wieder auf dem

Vormarsch«, konstatiert Bourdieu. »Aber diesmal haben wir es mit Leuten zu tun, die sich durch ›Vernunft‹ empfehlen.«[49]

Zu dieser Pseudorationalität kommt eine weitere Gefahr: Indem sich die Diktatur des Kapitals hinter blinden und anonymen »Gesetzen des Marktes« verschanzt, zwingt sie uns die Vorstellung von einer geschlossenen und unveränderlichen Welt auf. Sie verwirft jede menschliche Initiative, jedes geschichtliche Handeln, das aus der subversiven Tradition des noch nicht Bestehenden, noch nicht Erreichten, mit einem Wort: der Utopie, hervorgeht.

Sie sperrt die Zukunft aus.

Bei näherer Betrachtung streicht sich die neoliberale Ideologie letzten Endes als Ideologie selbst durch, da sie nichts anderes sein will als die schlichte Transkription der angeblichen »Gesetze«, die jederzeit und überall die wirtschaftliche Zukunft beherrschen.

Genf ist eine kleine Republik, die ich liebe und in der ich seit fast vierzig Jahren lebe. Gleichwohl haben einige meiner Bücher und meiner öffentlichen Stellungnahmen (im eidgenössischen Parlament oder im Fernsehen) die Genfer Privatbankiers zutiefst schockiert. Trotz unserer Divergenzen bestehen gelegentlich noch persönliche Beziehungen. Kürzlich stieg ich in den letzten Zug von Bern nach Genf. Ein Nachtzug, wenig frequentiert. Ein Privatbankier – Kalvinist und eingeschnürt in seine gestrenge Familientradition wie in eine Zwangsjacke – erkennt mich, vergewissert sich, dass niemand sonst im Wagen sitzt, und macht mir ein diskretes Zeichen. Ich setze mich ihm gegenüber. Wir sprechen über die Lage in der Demokratischen Republik Kongo nach dem Tode Laurent Kabilas. Einige Tage vorher hatte ich im Hotel »Président« in Genf dessen Sohn und Nachfolger Joseph Kabila kennen gelernt.

Der Bankier: »Du hast den jungen Kabila gesehen?«

»Ja.«

»Wie ist die Lage im Kongo?«

»Entsetzlich. Hunger und Seuchen sind wieder auf dem Vormarsch nach Kinshasa. Zwischen 1997 und 2000 sind mehr als zwei Millionen Zivilisten umgekommen. Durch das Elend und den Krieg. Und der Staat hat keinen roten Heller in der Kasse.«

»Ich weiß. Einer meiner Brüder ist da unten Missionar... Er hat mir die Lage geschildert, sie ist scheußlich.«

Jetzt kommt mein Frontalangriff: »Mobutu hat mehr als vier Milliarden Dollar auf seine Schweizer Konten verschoben. Ein Teil der Beute soll bei deiner Bank liegen.«

»Du weißt genau, dass ich darauf nicht antworten kann. Bankgeheimnis... Aber unter uns gesagt, Mobutu war ein Halunke. Mein Bruder sagt, für das jetzige Elend ist vor allem die Ausplünderung des Landes unter Mobutu verantwortlich.«

Romont liegt schon lange hinter uns. Über dem Genfer See funkeln die Lichter von Le Lavaux. Ich bohre nach: »Aber warum gibst du dann nicht schlicht und einfach dem jungen Kabila das gestohlene Geld zurück? Du weißt doch genau, dass er nicht die Mittel hat, um vor Schweizer Gerichten auf Herausgabe des Geldes zu klagen...«

Mein Bankier hängt seinen Gedanken nach. An den beschlagenen Scheiben huschen die Lichter vorbei. Endlich sagt er mit fester Stimme: »Unmöglich! Man kann doch nicht in die Kapitalflüsse eingreifen.«

Die Wanderungen des Kapitals? Die planetarische Verteilung der Güter? Die zeitliche Aufeinanderfolge der technologischen Revolutionen und der Produktionsweisen? Man kann sie beobachten, aber man darf nicht hoffen, ihren Gang zu verändern. Denn das alles liegt an der »Natur« der Wirtschaft. So wie der Astronom die Bewegung der Sterne, die wechselnde Stärke von Magnetfeldern oder das Entstehen und Vergehen von Galaxien beobachtet, misst, analysiert, so betrachtet, kommentiert, wägt der neoliberale Bankier die komplizierten Wanderungen des Kapitals und der Güter. In dieses wirtschaftliche, soziale oder politische Feld eingreifen? Wo denken Sie hin, mein Herr! Diese Intervention liefe günstigstenfalls auf die Störung, schlimmstenfalls auf die Blockade der freien Entfaltung der wirtschaftlichen Kräfte hinaus.

Die Naturalisierung der Wirtschaft ist der eigentliche Trick der neoliberalen Ideologie.

Und diese Naturalisierung zeitigt viele schlimme Folgen. Namentlich – aus einem Selbstverteidigungs- oder Rückzugsimpuls heraus – die Entstehung oder Entwicklung von »Identitäts«-Bewegungen in vielen Gemeinschaften. Worum geht es dabei? Um alle Bewegungen, deren Akteure sich ausschließlich über bestimmte objektive, gemeinsame Eigenschaften definieren, die ihnen als Schutzschild, als Unterscheidungsmerkmal, als Widerstandsmotiv dienen: Volk, Stamm, Clan, Herkunftsgemeinschaft, Religion usw. Beispiele hierfür wären die SDS (Srpska Demokratska Stranka), die Partei der Serben in Bosnien, das ursprünglich spanische Opus Dei, die extrem rechtskatholische Fraternité d'Écône (im Wallis), der palästinensische Hamas, die algerische FIS oder die Bewegung des verstorbenen Rabbi Meïr Kahane.

Die Summe der einzelnen kulturellen Zugehörigkeiten in einer Gesellschaft sowie die vielfältigen kulturellen Zugehörigkeiten jedes einzelnen in ihrer Mitte machen den großen Reichtum demokratischer Gesellschaften aus: Der Terror der Mono-Identität zerstört diesen Reichtum der Gesellschaften.[50] Der Mensch aber, der sich weigert, im unerbittlichen Zeichen der Globalisierung einer schlichten Information über irgendeinen Kreislauf zugerechnet zu werden, dieser Mensch sträubt sich, er bäumt sich auf, er revoltiert. Aus den Bruchstücken dessen, was ihm an Geschichte, an alten Glaubensüberzeugungen, an Erinnerung, an gegenwärtigen Wünschen geblieben ist, zimmert er sich eine Identität zurecht, wo er sich unterstellen, vor der völligen Zerstörung schützen kann. Eine Gemeinschafts- und Gruppenidentität bald ethnischen, bald religiösen Ursprungs, fast immer aber eine Quelle des Rassismus. Diese selbstgezimmerte Identität nun, Frucht der Ratlosigkeit und Verwirrung, ist anfällig für politische Manipulationen. Unter dem Vorwand der Selbstverteidigung rechtfertigt sie Gewalt. Die Mono-Identität ist das genaue Gegenteil einer Nation, einer demokratischen Gesellschaft, eines lebendigen sozialen Wesens, das aus der Akkumulation der unterschiedlichen, freiwillig angenommenen kulturellen Zugehörigkeiten und Erbschaften hervorgeht. Unter dem Einfluss der Privatisierung der Welt und der sie begründenden neoliberalen Ideologie stirbt die Gesellschaft Stück für

Stück. Alain Touraine gebraucht dafür ein eindringliches Bild: »Zwischen dem globalisierten planetarischen Markt und der Unzahl von identitären Bewegungen, die an seinen Rändern entstehen, tut sich ein großes schwarzes Loch auf. In diesem Loch drohen der Gemeinwille, Nation, Staat, die Werte, die öffentliche Moral, die zwischenmenschlichen Beziehungen, mit einem Wort: die Gesellschaft, zu verschwinden.«[51]

Jede Ideologie erfüllt eine doppelte Funktion: Sie muss der Welt Sinn geben, und sie muss es jedem Menschen erlauben, seinen Platz in ihr zu kennen. Sie fungiert daher gleichzeitig als Gesamterklärung der Wirklichkeit und als Motivationsstruktur für die einzelnen Akteure.

Die Art und Weise, wie die Gebieter des globalisierten Kapitals sich ihre Praxis vorstellen, stellt offensichtlich keine wissenschaftliche Theorie dieser Praxis dar. Wäre das der Fall, so würde diese Theorie sie jedes Mittels zur Umsetzung ihrer Praxis berauben, weil sie nicht nur angeben würde, auf welchen Markt diese sich bezieht, wie viele Arbeitsplätze sie schafft, was sie einbringt und welche Vorteile sie gegenüber der Praxis der Konkurrenz hat, sondern auch, wie sie funktioniert, wer von ihr profitiert, wen sie ausbeutet, wen sie umbringt, wie sie verschmutzt, wen sie letztlich über ihre Ziele betrügt. Kein Mensch würde mitmachen! Die Oligarchie wartet im Gegenteil mit unvollständigen oder schlichtweg lügnerischen Erklärungen auf, die ihr die Fortsetzung ihrer Praxis erlauben sollen, indem sie sie als logisch, harmlos, natürlich, unausweichlich und ganz und gar im Dienste der Menschheit stehend legitimieren. Wird die Ideologie der Herrschenden den Beherrschten aufgezwungen, belügt sie also nicht nur diese: Sie führt auch jene hinters Licht, die sie propagieren. Es ist nicht einmal selten, dass die Hauptprotagonisten der Globalisierung selbst an ihre segensreiche Mission glauben. Aber wie dem auch sei, die reale Praxis der Oligarchie, unter deren Herrschaft die Globalisierung vonstatten geht, wird nach Parametern als *gut* beurteilt, die auf falschen Angaben beruhen.

Eine hehre Ideologie! Der Neoliberalismus arbeitet bevorzugt mit dem Wort »Freiheit«. Pfui über die Schranken, die Trennungen zwischen Völkern, Ländern und Menschen! Totale Freiheit für jeden, Gleichheit der Chancen und Glücksperspektiven für alle. Wer wäre nicht dafür? Wer ließe sich nicht von so glücklichen Perspektiven verführen?

Soziale Gerechtigkeit, Solidarität und Komplementarität unter den Menschen? Das universelle Band unter den Völkern, Gemeinwohl, freiwillig akzeptierte Ordnung, ein befreiendes Recht, Verwandlung der unreinen Einzelwillen durch die gemeinschaftliche Regel? Lauter alte Hüte! Archaisches Gestammel, über das die effizienten Jungmanager multinationaler Banken und anderer globalisierter Unternehmen nur lächeln können.

Der Gladiator wird zum Helden des Tages. Alle Bemühungen früherer Zivilisationen waren darauf gerichtet, die kriegerischen, gewalttätigen, zerstörerischen Instinkte der Menschen zu bändigen und unter ihnen Bande der Solidarität, der Komplementarität und Reziprozität zu knüpfen. Anders gesagt: Wenn die Piraten von der Wall Street und ihre Söldlinge von der WTO und vom IWF den Gladiator als soziales Rollenmodell preisen und die hemmungslose Konkurrenz unter den Menschen glorifizieren, dann behandeln sie ganze Jahrtausende geduldiger zivilisatorischer Bemühungen als *quantité négligeable*.

»Das Glück des Schwachen ist der Ruhm des Starken«, verkündet Lamartine in seinen *Méditations poétiques* von 1841. Albernheiten! Für die Starken (aber auch für die Schwachen, die zu ihnen aufzuschließen hoffen) besteht das Glück von jetzt an einzig und allein im Genuss eines Reichtums, dessen Quelle die Vernichtung des anderen ist, aus Börsenmanipulationen, immer gigantischeren Firmenfusionen und beschleunigter Akkumulation des Mehrwerts unterschiedlichster Herkunft. Jüngste Erfindung dieser Gesellschaft der Gier: die Patentierung des Lebendigen. Es geht in Zukunft darum, sich die ausschließliche Nutzung und Kommerzialisierung dieser oder jener exotischen Pflanze, dieser oder jener lebenden Substanz, dieser oder jener Zellstruktur zu sichern. Diese neue, bisher übersehene Goldgrube birgt die Chance zu grenzenloser Bereicherung.

Für die Länder des Südens, wo 81 Prozent der heute 6,2 Milliarden Erdbewohner leben, aber auch für die des Nordens ist das Zeitalter des Dschungels angebrochen.

Margaret Thatcher, die ehemalige Premierministerin von Großbritannien, predigte gerne den Kirchenleuten. Vor Bischöfen und Diakonen der Church of Scotland sagte sie am 21. Mai 1998: »*If a man will not work, he shall not eat*« (wer nicht arbeiten will, soll auch nicht essen) – eine Mahnung des Apostels Paulus an die Christen in Thessaloniki (2. Thess. 3, 10).

Paulus lebte im 1. Jahrhundert nach Christus. Im 21. Jahrhundert beherrschen die kapitalistischen Oligarchien den Planeten. Sie organisieren die Massenarbeitslosigkeit. 900 Millionen Erwachsene sind heute dauernd ohne Arbeit.[52] Für sie läuft das Rezept der grimmigen Margaret auf ein Todesurteil hinaus.

In einer anderen Rede sagte Margaret Thatcher: »Es gibt keine Gesellschaft, es gibt nur einzelne Menschen.«[53] Selten wurde die neoliberale Hoffart mit so gelassener Arroganz formuliert wie hier.

Praktisch alle Theoreme, auf denen die Ideologie der Globalisierung beruht, werden von der Realität widerlegt. Hierfür einige Beispiele.

1. *Die Globalisierung nutzt allen.* Glaubt man den Pharaonen und ihren Handlangern, den Intellektuellen vom Weltwirtschaftsforum, so genügte es, den Planeten zu privatisieren, jede beschränkende soziale Norm abzuschaffen und die *stateless global governance* zu errichten, um alle Ungleichheiten und alles Elend ein für alle Mal zu beseitigen. In Wirklichkeit häufen die Gebieter des Finanzkapitals persönliches Vermögen in einer Größenordnung an, wie es vor ihnen kein Papst, kein Kaiser und kein König jemals geschafft hat.

So kommt es, dass die 225 größten Privatvermögen der Welt sich zusammen auf 1000 Milliarden Dollar belaufen. Diese Summe entspricht den gesamten Jahreseinkünften der 2,5 Milliarden ärmsten Menschen des Planeten, das sind rund 40 Prozent der Weltbevölkerung.

Die von den 15 reichsten Menschen der Erde gehaltenen Vermögenswerte übertreffen das Bruttoinlandsprodukt (BIP) sämtlicher subsaharischer Staaten mit Ausnahme Südafrikas.

Der Umsatz von General Motors ist höher als das BIP von Dänemark, der von Exxon Mobil höher als das BIP von Österreich.

Der Umsatz jeder einzelnen der 100 mächtigsten transnationalen Privatgesellschaften der Erde übertrifft den Gesamtexport der 120 ärmsten Länder.

Die 200 mächtigsten multinationalen Gesellschaften kontrollieren 23 Prozent des Welthandels.[54]

Wohin man auch blickt, ist krasseste Ungleichheit an der Tagesordnung. In meiner Heimat, der Schweiz, verfügen 3 Prozent der Steuerpflichtigen über ein persönliches Vermögen, das dem der übrigen 97 Prozent entspricht. Die 300 reichsten Personen häufen zusammen einen Besitz von 374 Milliarden Franken an. Im Jahr 2000 haben die 100 reichsten Bewohner der Schweiz ein Wachstums ihres Vermögens um 450 Prozent erlebt.[55]

In Brasilien halten gerade einmal 2 Prozent der Grundbesitzer 43 Prozent des Ackerlandes. 4,5 Millionen Familien von Landlosen irren, elend und erniedrigt, auf den Straßen dieses riesigen Landes umher.[56]

Im Jahre 2002 vereinnahmten 20 Prozent der Weltbevölkerung über 80 Prozent der Reichtümer der Erde, besaßen über 80 Prozent der in Betrieb befindlichen Kraftfahrzeuge und verbrauchten 60 Prozent der genutzten Energie. Die unteren 20 Prozent, mehr als 1 Milliarde Männer, Frauen und Kinder, müssen sich 1 Prozent des weltweiten Einkommens teilen.

Zwischen 1992 und 2002 ist das Pro-Kopf-Einkommen der Bewohner in 81 Ländern zurückgegangen. In manchen Ländern – beispielsweise Ruanda – beträgt die Lebenserwartung weniger als 40 Jahre. In Afrika beträgt sie im Durchschnitt (nicht getrennt nach Männern und Frauen) 47 Jahre. In Frankreich 74 Jahre. In der Dritten Welt macht die Armut ungeheure Fortschritte: In nur einem Jahrzehnt ist die Zahl der »extrem Armen« um fast 100 Millionen gestiegen.[57]

Die zunehmende Ungleichheit, die den Planeten beherrscht, zeigt sich in einer disproportionalen Kaufkraftverteilung. Zu deren schmerzlichsten Aspekten gehört die Ungleichheit in puncto Gesundheit. So machen die Länder der Dritten Welt, die 85 Prozent der Bevölkerung des Planeten aufweisen, nur 25 Prozent des pharmazeutischen Weltmarkts aus.

Zwischen 1975 und 1996 wurden in pharmazeutischen Laboratorien 1223 neue Moleküle entwickelt. Ganze elf von ihnen betrafen die Behandlung von Tropenkrankheiten. Doch Malaria, Tuberkulose, Schlafkrankheit, Kala-Azar (Leishmaniasen) sind äußerst zerstörerische und schmerzhafte Krankheiten. Die meisten von ihnen waren während der Siebziger- und Achtzigerjahre praktisch schon verschwunden, nicht zuletzt dank massiver interkontinentaler Kampagnen (zum Beispiel der WHO) zu ihrer Ausrottung und Verhütung. Heute sind sie wieder auf dem Vormarsch: Die Schlafkrankheit hat 2001 über 300 000 Menschen getötet, die Tuberkulose 8 Millionen. An Malaria ist 2001 alle 30 Sekunden ein Kind gestorben.

Die alten Heilmittel wirkten praktisch nicht mehr gegen die Malaria, weil die Überträger resistent geworden waren. Und die neuen Medikamente sind für die mittellosen Populationen Afrikas und Asiens unerschwinglich. Heute sind 40 Prozent der Weltbevölkerung in über 100 Ländern von der Malaria bedroht.

Mehr als 25 Millionen Afrikaner, darunter Kinder in zartestem Alter, sind mit dem Aids-Virus infiziert. 2,5 Millionen von ihnen benötigen dringend antivirale Medikamente, aber nur 1 Prozent haben Zugang zu ihnen.

In Brasilien, Indien, Bangladesch und Nepal fordert die Kala-Azar jährlich über 500 000 Opfer. In Europa waren es 2001 tausend Opfer. Eine wirksame Behandlung ist seit fünfzig Jahren bekannt, aber die meisten ihrer Opfer in der südlichen Hemisphäre haben keinen Zugang zu ihr.

Das Gleiche gilt für einen Krankheitserreger namens Trypanosoma, der durch die Tsetsefliege übertragen wird. Er dringt ins Gehirn ein und verursacht den Tod. In den einkommensstarken Ländern ist er besiegt, aber in den Ländern der Dritten Welt wütet er unvermindert weiter.[58]

2. *Die Globalisierung der Finanzmärkte eint den Planeten.* Auf einer Erde ohne Grenzen würden künftig, so heißt es, die Menschen ungehindert hin und her reisen. Ideen würden frei ausgetauscht werden. Wie aber sieht die Realität aus, die diese Menschen täglich erleben?

Ich erinnere mich an einen schönen Herbstnachmittag vor zehn Jahren. Es war in Paris, in der stillen Wohnung an der Place du Panthéon, wo Max Gallo lebt und arbeitet. Gegenüber dem großen Glasfenster, in dem sich die letzten Strahlen der Abendsonne brachen, erhebt sich die östliche Mauer des einstigen Gotteshauses, in welchem heute die Philosophen der Aufklärung und einige Akteure der Französischen Revolution ruhen. Max Gallo ist nicht nur ein bedeutender Schriftsteller, sondern auch ein feiner, leidenschaftlicher und gebildeter Historiker. Wir stritten uns nun schon seit über einer Stunde. Ich kritisierte an ihm den ethnozentrischen europäischen Intellektuellen – weiß, wohlgenährt und Herr seines Schicksals. Gallo wiederum verdross an mir die Arroganz des lutherischen Predigers, die Naivität des verbohrten Dritte-Welt-Apostels. Plötzlich sagte er: »Weißt du, wo sich die Weltgeschichte in Zukunft abspielen wird? In einem kleinen Dreieck zwischen Tokio, New York und Stockholm. Dort wird sich das Schicksal der Menschheit entscheiden. Nirgendwo sonst.«

Heute hat sich Gallos Prophezeiung bewahrheitet. Die Globalisierung hat die Welt nicht globalisiert. Sie hat sie fragmentiert.

Ein 3200 Kilometer langer Grenzstreifen, bestückt mit Wachttürmen, Stacheldrahtzäunen und unüberwindlichen Hindernissen, trennt die USA von Mexiko. Nach amtlichen Angaben der amerikanischen *Boarder Guards* sind im Jahre 2001 an dieser Grenze 491 Menschen zu Tode gekommen, davon 116 schon im ersten Quartal. Die meisten dieser Hungerflüchtlinge ertrinken in den reißenden Fluten des Río Bravo, verdursten in der Wüste von Arizona oder werden von den Grenzschützern oder von texanischen Polizisten getötet.

Tausende von birmanischen, chinesischen, kambodschanischen Flüchtlingsfamilien treffen jeden Monat auf die MG-Posten der Polizei an den Grenzen zu Singapur.

Von den Bergen des irakischen, türkischen oder iranischen Kurdistan, aus den Elendsvierteln von Minsk, Karatschi oder Kiew, aus den Beinhäusern Moldawiens kommen jedes Jahr Hunderttausende von Familien, die sich zu den reichen Metropolen Westeuropas durchzuschlagen suchen. Einige schaffen es manchmal sogar, wie durch ein Wunder.

Aus den Ländern Schwarzafrikas ergießt sich eine fast ununterbrochene Flut von Habenichtsen in die Sahara. Ihr Traum? Die Küsten des Mittelmeers, und dann Europa. Viele kommen in der Straße von Gibraltar ums Leben.[59]

Ungefähr 50 000 Habenichtse wagen Jahr für Jahr die Durchquerung der Wüste Ténéré, um heimlich nach Libyen oder Algerien zu gelangen. Es sind Menschen jeden Alters, auch Frauen und Jugendliche. Sie brechen in Agadèz auf, der alten Kapitale im Norden Nigers, auf schwankenden Lastwagen, auf denen sich an die hundert Personen zusammendrängen. Man nennt diese Fahrzeuge »Kathedralen-Lastwagen«, weil es eine Kunst ist, die hundert Passagiere zu einer wackligen Pyramide aufzutürmen. Von Agadèz nach Dirkou ganz im Norden Nigers ist der Lkw vier Tage unterwegs. Er kämpft sich in glühender Hitze durch eine Gegend aus Sand und Steinen, wo nicht der kleinste Grashalm mehr wächst.

Zwischen Dirkou und Tummon an der libyschen Grenze ist der Weg noch schlechter. Der Lkw fährt noch drei bis vier Tage weiter, und in diesem Stadium der Reise ist seine menschliche Fracht dem Verschmachten nahe. Die andere Route, die durch die alte Bergwerksstadt Arlit führt und dann nach Westen, Richtung Assamaka und zur algerischen Grenze abzweigt, ist kaum mehr befahrbar. Auch dort ziehen sich beiderseits der Piste Straßengräben voller Leichen hin.

Die kleinste Panne kann tödliche Folgen haben. Die Wasserreserven – ein paar Feldflaschen, die unter dem Lkw-Chassis hängen – sind auf ein striktes Minimum beschränkt. Um so viel Geld wie möglich an seinen Fahrgästen zu verdienen, reduziert der Schlepper die Ladung an Wasser, Brot und Gepäck auf das Notwendigste. Lieber pfercht er, zu entsprechenden Preisen, Menschen hinein.

Im Mai 2001 entdeckte eine Karawane der Tuareg am Nordrand der Wüste Ténéré ein Leichenfeld aus 141 Flüchtlingen. 60 von ihnen waren Nigerer, die anderen kamen aus Ghana, Nigeria, Kamerun, Côte-d'Ivoire (Elfenbeinküste). Ihr »Kathedralen-Lkw« war auf einer Salzebene in einem Termitenhügel stecken geblieben. Keine Menschenseele im Umkreis von 300 Kilometern. Wie lange mag ihr Todeskampf gedauert haben? Gewiss mehrere Tage, denn man fand die Leichen weit vom Lastwagen entfernt.

Zu Beginn der Regenzeit 2001 bin ich in Niamey gelandet. Während meines Aufenthalts brachte das Radio jede Woche eine Meldung über ein Unglück oder ein Drama in der Wüste. Eines der immer wiederkehrenden Themen waren die exorbitanten Preise, die die Schlepper verlangen: durchschnittlich 50 000 CFA-Francs pro Person (rund 80 Euro). Die Piste ist vor allem nach der Ausfahrt von Agadèz mit Sperren bestückt. Soldaten und Polizisten verlangen ihren Zehnten für die Durchfahrt der Ärmsten.

Halten solche Tragödien den Exodus auf? Nicht im Mindesten. Hunger und Verzweiflung sind erbarmungslose Herren. Sie peitschen den Körper voran, reizen die Träume, schleudern die Menschen auf die Pisten. Seit 1999 hat sich die Zahl der Flüchtlinge aus der Wüste verdreifacht.

Ich habe von der Wüste Ténéré, der Wüste von Arizona, den Stacheldrahtzäunen von Singapur gesprochen. Genauso gut könnte ich von den Straßen meiner Heimatstadt sprechen. Denn mehrere tausend *Clandestins* – Personen ohne Papiere – leben auch in Genf. Sie kommen aus Peru, Kolumbien, dem Tschad, Brasilien, dem Kosovo, Kurdistan, Irak, Palästina. Die Regierung verweigert ihnen jeglichen offiziellen Status. Die Polizei ist ihnen auf den Fersen. Ihr Verbrechen? Sie drohten in ihrer Heimat an Hunger zu krepieren. Manche sind mit ihrer Familie, mit ihren Kindern nach Genf gekommen. Andere sind allein. Mit 14 oder 15 Stunden

Schwarzarbeit am Tag versuchen sie, etwas Geld zu verdienen, um ihren Eltern zu helfen oder ihre in den Elendsvierteln von Mossul oder Lima gefangenen Kinder zu unterstützen. Die Furcht vor Verhaftung oder Ausweisung quält sie, die Sorge, ihren Angehörigen nicht helfen zu können. Die Genfer, die in einer beispielhaften Demokratie zu leben glauben, laufen an ihnen vorbei, ohne sie zu sehen.

Die meisten Menschen der Dritten Welt erleiden heute den Schrecken des territorialen Eingesperrtseins. Ihr Land wird zum Gefängnis. Wie die Leibeigenen im Mittelalter sind sie an die Scholle gekettet. Sie können ihr Herkunftsland nicht mehr verlassen, wie extrem der Hunger und die Not auch sein mögen, die dort herrschen.

In Nordbrasilien gibt es einen Ausdruck für die Armutsflüchtlinge: »*os flagelados*«, die Gegeißelten. Doch den *flagelados* der ganzen Welt ist heute die Flucht in die Länder, wo das Leben noch möglich scheint, verboten.

Gleichwohl ist das Recht auf Auswanderung in der Allgemeinen Erklärung der Menschenrechte festgeschrieben, die nahezu alle Länder der Erde proklamiert haben. Die Privatisierung des Planeten ist gleichbedeutend mit dem Ausschluss und der territorialen Einsperrung der Armen.

3. *Der Welthandel garantiert den Weltfrieden.* Wollte man den Herrschern der Welt Glauben schenken, so wären durch den globalisierten und von jeder Fessel befreiten Handel die Freiheit und die friedliche Existenz für alle Menschen gesichert. Aber wie verhält es sich damit in Wirklichkeit?

Es trifft zu, dass sich der Welthandel mit beeindruckender Geschwindigkeit entwickelt. Im Jahre 2000 hatte der Gesamtwert aller Warenexporte 6200 Milliarden Dollar erreicht, was einer Steigerung von 12,4 Prozent gegenüber dem Vorjahr entsprach. Diese Warenexporte sind im zweiten Jahr hintereinander schneller gestiegen als die Dienstleistungsexporte – die ihrerseits um 5 Prozent zunahmen und sich auf 1400 Milliarden Dollar beliefen. Neben Brennstoffen (10 Prozent des Welthandels, mit dem Effektivpreis für Erdöl auf dem höchsten Stand seit 1985) war der Informations- und Telekommunikationssektor einer der dynamischsten, trotz des Abschwungs der »New Economy« im letzten Quartal 2000: Zuwachs beim Verkauf von Halbleitern um 37 Prozent, von Mobiltelefonen um 46 Prozent, von Personalcomputern um 15 Prozent. Die WTO sprach daher von einer »Nachfrageexplosion«.[60]

Jawohl, im Weltmaßstab entwickelt sich der Handel beachtlich. Aber allein Westeuropa kontrolliert über 40 Prozent der Handelsströme.

Die Herrscher behaupten, dass keine Diktatur, und sei sie noch so effizient und grausam, dem freien Handel standhalten könne. Eine Tyrannei könne nur in wirtschaftlicher Autarkie und in der Isolation überleben. Der Sturmwind der Freiheit reiße die Festung ein. Genauso mit den Kriegen: Sie könnten sich nur halten, wenn der Abgrund des Hasses zwischen den Gegnern unüberwindlich sei, während Tauschgeschäfte und Handel von Natur aus eine Interessengemeinschaft herstellen würden. Die Händler als Friedensfürsten...

Pascal Lamy, Außenhandelskommissar der EU, schreibt: »[...] darauf würde ich sagen, was mir nach reiflicher Überlegung zur Überzeugung geworden ist: Ein Land, das sich in puncto Handel mehr öffnet, wird zwangsläufig weniger repressiv.«[61]

Aber sehen wir uns um: Lassen globalisierte Wirtschaft, Freiheit des Handels und die fortschreitende Errichtung eines einheitlichen Weltmarkts wirklich die Despoten stürzen? Verhindern sie Kriege? Genau das Gegenteil bewirken sie.

Sehen wir uns zunächst bei den Despoten um!

Aufgrund ihrer Aluminiumbergwerke in Fria ist die Republik Guinea (Hauptstadt Conakry) eines der am festesten in den globalisierten Handel eingebundenen Länder der Dritten Welt.[62]

Das Land wird von einem unbedeutenden Brigadegeneral tyrannisiert. Sein Name: Lansana Conté. Für die Belange des Rechtsstaats legt er eine gesunde Verachtung an den Tag. Er verkündet: »Menschenrechte? Keine Ahnung, was das sein soll!«[63]

In N'Djamena, der Hauptstadt der Republik Tschad, lässt der

gegenwärtige Staatschef in den Verliesen unter seinem Präsidentenpalais politische Gefangene foltern – in der Regel, bis sie tot sind. Idriss Déby setzt damit nur eine schöne Tradition fort, die sein Vorgänger, der General und abgesetzte Präsident Hissène Habré, begründet hat. Dieser war vom Untersuchungsrichter in Dakar der Verbrechen gegen die Menschheit beschuldigt worden, doch wurde das Verfahren später abgebrochen. Heute genießen Habré und sein Hofstaat einen glücklichen Ruhestand auf der Corniche, dem eleganten Viertel entlang der Atlantikküste in Dakar.

Idriss Déby ist ein Musterschüler der Herrscher der Welt. Er setzt gewissenhaft die verschiedenen Strukturanpassungsprogramme des IWF um und bedient die Staatsschulden auf Heller und Pfennig. Er hat den Binnenmarkt total liberalisiert, das Steuersystem den Erfordernissen der transnationalen Gesellschaften angepasst, den öffentlichen Sektor privatisiert und eine Investitionsordnung verkündet, welche die ausländischen Kapitalisten erleichtert aufseufzen lässt.

Die Weltbank vergilt es ihm königlich. Sie hat im Tschad ihre größte Investition auf dem gesamten Kontinent getätigt; namentlich finanziert sie die Ausbeutung der Erdölfelder von Doba sowie eine tausend Kilometer lange Pipeline, die von hier durch den Urwald von Kamerun bis zum Atlantik führt.[64]

In Togo lässt General Gnassimbé Eyadéma, Ehrenpräsident der Organisation der afrikanischen Einheit (OAU), Studenten, mit Handschellen gefesselt, bei lebendigem Leib aus Hubschraubern in die Lagune von Bé bei Lomé werfen. Mithilfe seiner Stammesarmee, die er mehrheitlich aus seinem eigenen Volk, den Kabyé, rekrutiert hat, behauptet Eyadéma seit 1967 seine absolute Macht.

Der am 22. Februar 2001 vorgestellte Bericht der Internationalen Untersuchungskommission der UNO und der OAU zur Lage in Togo kommt zu dem Ergebnis, dass in Togo »eine Situation systematischer Menschenrechtsverletzungen« bestehe. Der Bericht prangert Verbrechen der Folter, der Vergewaltigung und der außergerichtlichen Hinrichtung an. Er weist außerdem auf zahlreiche Fälle von Verschwindenlassen, willkürlichen Festnahmen und Inhaftierungen sowie die unmenschlichen Bedingungen hin, unter denen bestimmte Inhaftierte leben müssen.

In Kamerun erließ Präsident Paul Biya einen »Einsatzbefehl für die Spezialsicherheitskräfte«. Laut Kardinal Tumi, Erzbischof von Douala, wurden auf diesen Befehl hin zwischen Februar 2000 und Februar 2001 über 500 Jugendliche ermordet, die im Verdacht »oppositioneller Umtriebe gegen das Regime« standen.[65]

Und wie steht es mit China? In diesem riesigen Land mit 1,2 Milliarden Einwohnern wird das Volk von einer korrupten und totalitären Partei tyrannisiert. Gleichzeitig haben die an der Macht befindlichen Bürokraten die Wirtschaft bis zum Äußersten liberalisiert, die Reichtümer verschleudert, »Zonen freier Produktion« errichtet[66], die Löhne gedrückt und ein Steuersystem ganz nach dem Herzen der ausländischen Kapitalisten geschaffen.

In Peking, Kanton, Schanghai herrscht die wüsteste Immobilienspekulation. Auf dem Lande leiden Hunderte Millionen von Familien an Unterernährung, während die roten Krösusse immense persönliche Vermögen anhäufen.

Die Wachstumsrate in China lag im Jahre 2000 bei 6 Prozent. Im November 2001 wurde das Land in die WTO aufgenommen.

Überlang ist die Liste von mörderischen Regimes, die auf unserem Planeten wüten, obwohl sie durch Privatisierung und den freien Strom von Kapital und Waren angeblich geeint und reformiert sind. Den Despoten geht es glänzend – von Usbekistan bis Irak, von Honduras bis Tadschikistan, von Georgien bis Burma, von Burkina-Faso bis Liberia, von China bis Nordkorea.

Wie steht es um die Gemetzel, die Massaker und brudermörderischen Schlächtereien auf jenen Kontinenten, die der Gnade der Privatisierung und Liberalisierung teilhaftig geworden sind? Die Parole *World peace through world trade* (Weltfriede durch Welthandel) wirkt da eher wie ein makabrer Scherz. Anstatt die kriegerischen Gelüste zu dämpfen, reizen die Privatisierung staatlicher Funktionen und die Liberalisierung des Handels die Menschen an und treiben sie zu Verbrechen.

Ein besonders schlagendes Beispiel ist die Rolle, die der freie Diamantenverkehr in den Bürgerkriegen in Angola, Liberia, Guinea und Sierra Leone spielt.

Fode Sankhoï, Chef der Revolutionary United Front (RUF) von Sierra Leone, lässt Diamantenarbeitern, die ihm ihre Produktion nicht ausliefern wollen, Hände und Arme abhacken. Charles Taylor, Blaise Campaore, Gnassimbé Eyadéma und andere regierende Diktatoren in den Staaten Westafrikas, wo die Blutdiamanten zirkulieren, fördern aktiv die Austragung von Bürgerkriegen, in denen es einzig und allein um die Herrschaft über die Diamantenfelder geht. Nicht anders in Angola: Seit einem Jahrzehnt überlebt die UNITA, die aufständische Bewegung der Ovimbundu, nur dank der von Jonas Savimbi geschaffenen illegalen Kanäle zur Kommerzialisierung der Diamanten.[67]

Ohne das auf dem Spotmarkt von Rotterdam frei verkaufte Erdöl und ohne den Streit der Erdölgesellschaften um den Verlauf von Pipelines gäbe es die Kriege nicht, die gegenwärtig Usbekistan, Afghanistan, Tschetschenien zerrütten.

Im Jahre 2002 wüteten auf unserem Planeten 23 mörderische internationale Kriege oder innerstaatliche Konflikte.[68]

Fazit: Praktisch alle fundamentalen Aussagen der Ideologie der Herrscher befinden sich in flagrantem Widerspruch zur Realität.

In einer Rede vor dem Konvent prangerte Jacques René Hébert 1793 alle Spekulanten, Blutsauger und Profiteure des Bankenschwindels im revolutionären Paris an. Er verurteilte bei dieser Gelegenheit auch die Fraktion der »Verharmloser«.[69] Die Lage hat sich seit damals kaum geändert. Die Ideologie, welche die Globalisierung legitimieren soll, ist ein einziges großes Täuschungsmanöver. Die Dogmen der Gebieter produzieren unaufhörlich Lügen.

Trotzdem entstehen und gedeihen die Globalisierung und die Monopolisierung des Finanzkapitals in Ländern, die noch zutiefst durch ihr christliches, jüdisches, theistisches oder einfach humanistisches Erbe geprägt sind. In diesen Gesellschaften sind Werte wie Anstand, Gerechtigkeit, Achtung vor dem anderen, Ehrlichkeit, Schutz des Lebens zu Hause. Sie dulden weder Mord noch

Zerstörung ohne Entschädigung des Armen. Vor der Sünde graut ihnen.

Mit diesem komplexen Erbe ist auch – in unterschiedlich starkem Maße – das Bewusstsein (oder Unterbewusstsein) von manchen Bankiers, Generaldirektoren transkontinentaler Unternehmen oder Börsenspekulanten ausgekleidet. Sie zügeln ihre Handlungen und zensieren ständig ihre Träume.[70]

So sind viele Genfer Privatbankiers überzeugte Kalvinisten. Sie gehen sonntags in den Gottesdienst, spenden an das Rote Kreuz und haben ihre Wohltätigkeitseinrichtungen. Oft gibt es unter ihren Brüdern, Vettern oder Neffen einen ehemaligen Missionar in Afrika, der heute Mitglied einer der vielen NGOs mit Sitz in Genf ist. In Frankreich, Italien, Spanien und Deutschland behauptet das katholische Großunternehmertum seine Macht. Und was die Nabobs der vielen transkontinentalen Unternehmen in USA betrifft, so sind sie gerne Mitglied in einem der großen Solidaritätsvereine, in Freimaurerlogen, dem Rotary Club, dem Lion's Club usw.

Vergessen wir außerdem nicht, dass die Herrscher der Welt auch das Ergebnis eines individuellen Sozialisationsprozesses sind. Jeder von ihnen wurde in eine bestimmte Familie, ein Land, eine Nation hineingeboren. Sie haben ihn geprägt, und die Schulen, die er besucht hat, haben ihm für gewöhnlich gewisse Grundbegriffe von Anstand und Ehrlichkeit beigebracht. Übrigens braucht man nur die Interviews zu lesen, die regelmäßig in der internationalen Wirtschaftspresse erscheinen, um zu begreifen, dass diese Herren sich fast immer für bewunderungswürdige Menschen halten, die ihre Verpflichtung gegenüber dem Gemeinwohl betonen, sich als ehrliche Arbeiter sehen und ihren Nächsten lieben. Mit einem Wort, sie betrachten sich als gute Menschen.

Die meisten Gebieter der Welt sind also – sofern die Pathologie der Macht und des Geldes sie nicht restlos zerfressen hat – komplexe Persönlichkeiten, in manchen von ihnen mögen sogar Werte des Widerstands schlummern.

Ferner wissen wir ganz gut, dass die Oligarchen nicht alle kaltblütige Haie sind: Lichtjahre trennen den skrupellosen Spekulanten, Waffenhändler oder Menschenschmuggler von einem katholischen Großunternehmer in Deutschland oder einem kalvinistischen Bankier in Genf, der nicht minder empfindlich wie andere auf die Fernsehbilder von den zum Skelett abgemagerten Kindern im Sudan reagiert; er kennt aus eigener Erfahrung die Megalopolen von Karatschi, Lima oder Lagos mit ihrem Gürtel aus schlimmsten Elendsvierteln, in denen Ratten umherhuschen und ganze Familien zugrunde gehen. Wie jeden von uns erschüttert auch diesen Großunternehmer oder Bankier der Blick eines Sterbenden. Und doch sprechen sie einer wie der andere die Sprache ihrer Ideologie: »Misère résiduelle«, sagen die Genfer Bankiers, ein »übriggebliebenes Elend«, das vorübergehen wird. Wie ist diese offensichtliche Blindheit zu erklären?

Um die Widersprüche in ihrem Verhalten zu beseitigen, berufen sie sich – meist ohne es zu wissen – auf die alte Theorie vom *trickle down effect*, dem »Versickerungseffekt«. Sie geht auf zwei englische Philosophen zurück – Protestant der eine, Jude der andere –, die Ende des 18. beziehungsweise Anfang des 19. Jahrhunderts wirkten: Adam Smith und David Ricardo.

Der Schotte Adam Smith versah für kurze Zeit die Professur für Logik an der Universität Glasgow. Dank der Protektion seines ehemaligen Schülers, des Herzogs von Buccleuch, erhielt er später die fabelhafte Pfründe, von der schon sein Vater profitiert hatte, und wurde Zollkontrolleur von Schottland. 1776 erschien sein Hauptwerk, *Inquiry in the Causes of the Wealth of Nations*.

David Ricardo war der Sohn eines sephardischen Bankiers portugiesischer Abstammung, der in London tätig war. Im Alter von 21 Jahren brach er mit seiner Familie und bekannte sich zur Religion der Quäker. Als Börsenmakler war er bereits mit 25 Jahren reich wie Krösus. 1817 veröffentlichte er sein Meisterwerk, *Principles of Political Economy and Taxation*.

Ricardo und Smith sind die Gründungsväter jenes ultraliberalen Dogmas, das dem kollektiven Über-Ich der neuen Gebieter der Welt zugrunde liegt. Was besagt dieses Dogma? Sich selbst überlassen und von jeder Beschränkung und Kontrolle befreit, wird sich das Kapital spontan und jederzeit dorthin orientieren, wo die Gewinne am höchsten sind. So kommt es, dass die relative Höhe der Produktionskosten den Standort der Warenproduktion bestimmt. Und man muss feststellen, dass dieses Gesetz Wunder wirkt. Zwischen 1960 und 2000 hat sich der Reichtum des Planeten versechsfacht; die an der New Yorker Börse notierten Werte sind um 1000 Prozent gestiegen.

Bleibt das Problem der Verteilung zu regeln.

Ricardo und Smith waren zwei tief gläubige Gelehrte. Glasgow und London waren Städte, in denen viele Arme lebten. Ihr Schicksal beschäftigte die beiden Männer sehr. Welches Rezept hatten sie zu bieten? Den *trickle down effect*.

Für Ricardo wie für Smith gibt es eine objektive Grenze der Akkumulation von Reichtümern. Sie ist an die Befriedigung von Bedürfnissen gebunden. Das Theorem gilt für Einzelpersonen wie für Unternehmen.

Nehmen wir als Beispiel Einzelpersonen. Da besagt das Theorem: Sobald die Vermehrung von Reichtum ein bestimmtes Niveau erreicht, erfolgt seine Verteilung an die Armen fast von selbst. Da die Reichen nicht konkret einen Reichtum genießen können, der die Befriedigung ihrer Bedürfnisse (so kostspielig und ausgefallen sie sein mögen) zu sehr übersteigt, werden sie selbst zu deren Umverteilung schreiten.

Kurz gesagt, ab einer bestimmten Höhe des Reichtums akkumulieren die Reichen keine Reichtümer mehr. Sie verteilen sie. Der Milliardär erhöht den Lohn seines Chauffeurs, weil er im wahrsten Sinne des Wortes nicht weiß, wohin mit dem Geld.

Ich halte diese Idee für irrig. Warum? Weil Ricardo und Smith die Akkumulation an Bedürfnisse und Gebrauch knüpfen. Doch für einen Milliardär hat Geld nichts – oder sehr wenig – mit der Befriedigung von Bedürfnissen zu tun, und seien sie noch so luxuriös. Dass so ein Pharao nicht auf sechs Yachten gleichzeitig segeln, zehn Villen pro Tag bewohnen oder 50 Kilogramm Kaviar auf einmal verspeisen kann, ist letztlich bedeutungslos. Das hat nichts mit Gebrauch zu tun. Geld produziert Geld. Geld ist ein Herrschafts-

und Machtmittel. Der Wille zur Herrschaft ist unausrottbar. Er kennt keine objektiven Grenzen.

Richard Sennett ist Professor an der London School of Economics. Bei einer Diskussion in Wien sagte er kürzlich zu mir: »Diese Wahnvorstellung vom *trickle down effect* konnte nur dem Hirn von Ökonomen jüdisch-christlicher Herkunft entspringen. Sie ist ein genauer Abklatsch der biblischen Chimäre vom Paradies. Verreckt, ihr guten Leute in der Dritten Welt und anderswo! Ein besseres Leben im Paradies ist euch verheißen! Das Dumme ist nur, dass einem niemand sagt, wann dieses famose Paradies kommen wird. Beim *trickle down effect* ist die Antwort jedenfalls klar: Er kommt nie und nimmer.«

Inzwischen geht der Weltkrieg gegen die Armen seinen Gang.

TEIL II

Die Beutejäger

PEACHUM:
Ein guter Mensch sein! Ja, wer wär's nicht gern?
Doch leider sind auf diesem Sterne eben
Die Mittel kärglich und die Menschen roh.
Wer möchte nicht in Fried und Eintracht leben?
Doch die Verhältnisse, sie sind nicht so!

BERTOLT BRECHT, *Die Dreigroschenoper*

1. Blutgeld

Ein Paradox: Die Oligarchen sind sich gleichzeitig einig und nicht einig.

Zwischen den Oligarchien der ganzen Welt tobt ein erbarmungsloser Krieg. Zwangsfusionen in der Industrie und im Dienstleistungssektor, die verschlungensten Börsenmanöver, feindliche Übernahmeangebote folgen einander auf dem Fuß. Die Finanzplätze – die bevorzugten Biotope der Oligarchen – hallen wider vom Lärm ihrer Schlachten.

Die *New Republic*, eine meinungsbildende Zeitschrift der USA, brachte im Sommer 2000 ein Fresko des zeitgenössischen Finanzkapitalismus am Beispiel von zwei seiner wichtigsten Akteure, Bill Gates und Larry Ellison.[1] Ersterer, der Boss von Microsoft, ist der reichste Mann der Erde; Letzterer, Gründer und Mehrheitsaktionär von Oracle, besitzt das zweitgrößte persönliche Vermögen des Planeten. Der Titel dieses Beitrags von Gary Rivlin: »Bill Gates, der Heuchler, Larry Evans, der Mörder«.

Rivlin zitiert zum Auftakt Mitchell Kertzman, einen angesehenen, gründlichen Kenner der Sitten und Gebräuche unter nordamerikanischen Oligarchen. Kertzman sagt: »Friss oder stirb, töte oder werde getötet, das ist ihre Devise.« »Die Märkte besitzen, die Konkurrenten vernichten« – ihr Vokabular ist immer von Krieg und Zerstörung geprägt. Kertzman nimmt kein Blatt vor den Mund: »Alle großen High-Tech-Unternehmen, alle, die es nach ganz oben geschafft haben, werden im Grunde von blutgierigen Killern geleitet.... Um so weit zu kommen, muss man der absolute Hai sein.«

Gary Rivlin hat mit vielen Untergebenen unserer zwei Haie gesprochen. Und entsprechend erschreckend ist das Bild, das sie vom Microsoft- beziehungsweise Oracle-Kosmos zeichnen. Nirgendwo sonst ist die Bezeichnung »Dschungelkapitalismus« fraglos so angebracht wie hier.

Ein hoher Verantwortlicher von Oracle erzählt von den »Motivations«-Sitzungen, die Larry Ellison für neue Angestellte veranstaltet. »Wir sind hier Raubtiere!«, pflegt ihnen der große Boss einzuhämmern. Die Konkurrenten sind die Feinde, Ellison und die Mitarbeiter von Oracle die Krieger.

Ellisons Schlachtruf: »Wir killen sie, wir killen sie!«

Ein anderer hoher Verantwortlicher, eine andere Erinnerung: »Bei Oracle haben wir nicht einfach versucht, den Konkurrenten zu schlagen, wir wollten ihn vernichten.… Man musste weiter auf ihn eindreschen, auch wenn er schon am Boden lag. Und wenn er noch den kleinen Finger rührte, musste man ihm die Hand abhacken.«

Das Porträt der zwei reichsten Männer der Erde mündet in eine vergleichende Analyse ihrer Charaktere: »[Ellison] versteckt seine Aggressivität weniger als Gates. Alle beide verfolgen die Strategie der Massenvernichtung. Aber während Gates einfach nur sehr effizient ist, vermittelt Larry den Eindruck, ein Bedürfnis zu befriedigen.«[2]

Wie definiert man den »Beutejäger« oder, um mit Michael Lewis zu sprechen, den »Wolf«?

Michael Lewis war ein Star der New Yorker Börse gewesen, ein Wall-Street-Bankier, der auf Rechnung der Maklerfirma Salomon Brothers einige der einträglichsten Operationen der letzten Jahre getätigt hatte. Aber dieser Absolvent der London School of Economics und der Universität Princeton hatte nie darauf verzichtet, auf dieses Universum einen zumindest kritischen Blick zu werfen.

Lewis brach mit diesem Milieu und schrieb *Liar's Poker*, eine unerbittliche Anklage gegen seine ehemaligen Kollegen. Er sagt: »Mit beeindruckender Gewandtheit und Schnelligkeit passt sich der Wolf jeder Situation an. Er pfeift auf das, was die anderen tun, und verlässt sich nur auf seinen Instinkt. […]. Ein begnadeter Spekulant ist gegen niemanden loyal, er respektiert weder Institutionen noch frühere Entscheidungen [...]. Er strahlt eine merkwürdige innere Ruhe aus, wirkt fast gleichgültig, teilnahmslos gegen das, was um ihn herum vorgeht [...]. Die Gefühle der gewöhnlichen Investoren – Angst, Panik, die Versessenheit auf sofortigen Gewinn – rühren ihn nicht [...]. Er versteht sich als Teil einer Elite und hält den Rest der Menschheit für eine Herde Schafe.«[3]

Welche ideologischen Masken sich die Beutejäger auch vorbinden mögen, was sie im Innersten antreibt, ist Gier – die wilde Gier nach Erfolg, nach maximalem Profit, nach Macht. Und Macht drückt sich letzten Endes immer als Besitz in Gestalt von persönlichem Vermögen aus.

Seins- und Handlungsweise der Oligarchen des globalisierten Kapitals hat Léon Bloy bereits vor über hundert Jahren vorweggenommen: »Der Reiche ist eine unerbittliche Bestie, die man mit einer Sense oder einer Ladung Schrot in den Bauch aufhalten muss.«[4]

Hinter dem hochtrabenden Namen National Labor Committee (NLC) verbirgt sich eine Nichtregierungsorganisation begrenzten Zuschnitts mit mehr als bescheidener finanzieller und administrativer Ausstattung. Ihr *spiritus rector* ist Charles Kernaghan, ein Beobachter und zugleich unerreichter Organisator, der von New York aus operiert. Er widmet sich im Wesentlichen zwei Dingen. Zum einen verfolgt er mit Luchsaugen das Lohngebaren und die Handelsstrategien der wichtigsten transkontinentalen Gesellschaften der USA. Zum anderen alarmiert er über ein Netz von Vereinigungen, Komitees und Gruppen, die per E-Mail kommunizieren, die fortschrittliche öffentliche Meinung der USA, indem er jeweils zu einem konkreten Problem »*urgent action alerts*« (dringende Aufrufe zum Handeln) verschickt. In den USA, in Kanada, in Lateinamerika und in Asien ist sein Einfluss beträchtlich. Alle vom NLC durchgeführten Erhebungen und alle Aufrufe kann man auf Kernaghans Internet-Seite einsehen: http://www.nlcnet.org.

Laut Kernaghan stammt der größte Teil der von den großen Beutejägern angehäuften Vermögen aus *blood-money*, Blutgeld. Er erwähnt folgenden Fall.

Die transnationale Gesellschaft Walt Disney lässt ihre mit der berühmten Maus geschmückten Pyjamas und andere Kleidungsstücke für Kinder unter anderem in den *sweat-shops* (Ausbeuterbetrieben) auf Haiti fertigen. Der Generaldirektor der Gesellschaft heißt Michael Eisner. Er bezieht ein astronomisches Jahreseinkommen. Kernaghan macht die folgende Rechnung auf: Eisner verdient stündlich (Stand: 2000) 2783 US-Dollar (3274 Euro). Eine haitianische Arbeiterin, die die Disney-Pyjamas zusammennäht, verdient 28 Cents in der Stunde. Um den Gegenwert des Stundeneinkommens von Eisner zu erreichen, müsste die Arbeiterin aus Port-au-Prince über ein Jahr lang ununterbrochen nähen.

Aber mit diesem sagenhaften Gehalt gibt sich Eisner nicht zufrieden. In demselben Jahr (2000) streicht er auch Aktien im Wert von 181 Millionen US-Dollar ein.[5] Diese Summe würde genügen, um 19 000 haitianische Arbeiter mit ihren Familien 14 Jahre lang am Leben zu erhalten. Die haitianischen Arbeiterinnen und Arbeiter von Disney beziehen skandalös niedrige Löhne, leiden an Unterernährung und leben im Elend.

Das National Labor Comitee hat übrigens die Dreharbeiten an einem vom Unternehmen Walt Disney produzierten berühmten Filmerfolg begleitet, in dem es um die Kapriolen einer Meute junger Hunde geht: *101 Dalmatiner*. Für die Dauer der Dreharbeiten quartierte die transnationale Gesellschaft ihre Hunde in eigens zu diesem Zweck erbauten »Hundepensionen« ein. In diesen »Pensionen« verfügten die Tiere über gepolsterte Betten und Heizstrahler und bekamen täglich von Hundeköchen zubereitete Mahlzeiten vorgesetzt, die abwechselnd aus Schweinefleisch, Kalbfleisch oder Hühnerfleisch bestanden. Tierärzte wachten Tag und Nacht über das Wohlergehen der Tiere. Die haitianischen Arbeiterinnen und Arbeiter von Disney wiederum – die die mit Dalmatinern geschmückten Kinderpyjamas zusammennähen – hausen in dreckigen, malariaverseuchten Bruchbuden. Sie schlafen auf den nackten Dielen. Einmal ein Stück Fleisch zu kaufen bleibt für sie ein unerreichbarer Traum. Und ihre Gesundheit ist schwankend – Kunststück! Kein Arbeiter kann sich einen Arztbesuch leisten.

Im Dschungel des globalisierten Kapitalismus entdeckt man noch andere Beispiele für kolossale Vermögen, die durch *blood-money* im Sinne Kernaghans angehäuft wurden.

Marc Rich, amerikanischer, belgischer und spanischer Staatsbürger, ist einer der reichsten Männer des Planeten. Dieser Multimilliardär (in Dollar) ist von Beruf *trader*, er spekuliert mit Rohstoffen aller Art. Er wohnt in Zug, im Herzen der Schweiz. 17 Jahre lang wurde Rich von der amerikanischen Justiz wegen einer Vielzahl von Delikten gesucht, die fast alle die Ausbeutung von mittellosen Menschen oder die Zusammenarbeit mit Terroristenstaaten betrafen.

1983 befand ihn das Gericht des Southern District von New York des *racketeering* für schuldig. Zu Zeiten der Apartheid hatte Rich das rassistische Regime mit Erdöl versorgt und damit täglich gegen das von der Völkergemeinschaft verhängte Embargo verstoßen. Auch das Regime in Nordkorea, der Tyrann von Belgrad und die Mullahs von Teheran – gegen die alle ein internationales Embargo bestand – waren von Rich mit strategischen Gütern versorgt worden.[6]

Die von der amerikanischen Justiz beantragte Auslieferung Richs hatte die Schweiz, o Wunder, mehrmals abgelehnt.

Ein weiteres Wunder ereignet sich im Januar 2001: Drei Tage vor seinem Auszug aus dem Weißen Haus begnadigt Präsident Bill Clinton den Beutejäger. *Time Magazine* erläutert: »Rich war in 51 Fällen belangt worden, die von der Steuerhinterziehung bis zum *racketeering* reichten [...]. Seine frühere Frau hat der Präsidentenbibliothek in Arkansas kürzlich eine Zuwendung von 450 000 Dollar gemacht.«[7]

Aber *blood-money* ist keine nordamerikanische Spezialität. Auch die Europäer tun sich darin hervor, besonders die Schweizer.

Eine der großen Quellen für den fabelhaften Reichtum des eidgenössischen Paradieses ist das Geld, das aus der Korruption und Ausplünderung der Staaten der Dritten Welt durch die einheimischen Diktatoren und ihre Helfershelfer stammt. Die Schweiz praktiziert die freie Konvertierbarkeit der Währungen. Ihre Neutralitätspolitik sowie der Zynismus und die unerreichte Kompetenz ihrer Bankiers reizen von jeher die Diktatoren jeden Kalibers – alle die Sani Abachas (Nigeria), Mobutus (Ex-Zaire), Jean-Claude Duvaliers (Haiti) und Marcos (Philippinen) –, die Früchte ihrer Raubzüge vertrauensvoll am Zürcher Paradeplatz oder in der Genfer Rue de la Corraterie zu deponieren.

Nun ist die Rechtslage in der Schweiz so kompliziert, dass die meisten afrikanischen, lateinamerikanischen oder asiatischen Regierungen nicht die geringste Chance haben, von den zusammengerafften Vermögen der gestürzten Tyrannen nach deren Sturz irgendetwas, und seien es Brosamen, zurückzuerlangen. So wurden von den 3,4 Milliarden Dollar, die Sani Abacha zwischen 1993 und seinem Tod 1998 veruntreut und bei 19 verschiedenen Banken deponiert hatte, nur 730 Millionen aufgefunden und gesperrt und weitere 115 Millionen den Behörden in Lagos zurückgegeben.

Eine weitere besonders einträgliche Einnahmequelle ist die internationale Steuerflucht. Aus der ganzen Welt, besonders aber aus Deutschland, Italien und Frankreich transferieren Steuerhinterzieher ihr Kapital in die Schweiz. Aus einem ganz einfachen Grund: Fast auf der ganzen Welt gilt Steuerflucht als Straftatbestand, nicht aber in der Schweiz, wo falsche Steuererklärungen oder die vorsätzliche Hinterziehung zu versteuernder Einkünfte nur als Übertretung einer Verwaltungsvorschrift betrachtet werden. Strafbar ist lediglich die Fälschung von Dokumenten. Bei Steuerflucht ist also das Bankgeheimnis nicht zu knacken und wird für niemanden, wer es auch sei, gelockert.

Chateaubriand hat bekanntlich gesagt: »Neutral bei den großen Revolutionen der Staaten, die sie umgaben, bereicherten sich die Schweizer am Unglück anderer und gründeten eine Bank auf die Missgeschicke der Menschen.« Die Finanzoligarchie herrscht ungeteilt. Dank eines hypertrophierten Banksystems, aber auch dank solch bewunderungswürdiger Einrichtungen wie Bankgeheimnis und Nummernkonto betätigt sich diese Oligarchie als Hehler im kapitalistischen Weltsystem.[8]

Inzwischen verhungern die Kinder in Kinshasa, in Lagos, Ibadan und Kano, gehen die Kranken in den Krankenhäusern zugrunde, weil es an Medikamenten fehlt.

Die Tätigkeit des Hehlers ist höchst profitabel.

Im Jahre 2000 verwahrten die 375 Schweizer Banken (beziehungsweise Auslandsbanken in der Schweiz) zusammen in ihren Tresoren Privatvermögen in Höhe von 3700 Milliarden Schweizer Franken, das sind mehr als 2000 Milliarden Euro. Von allen der im Jahr 2000 deponierten Vermögen gehörten 2056 Milliarden Franken zu Konten, die von Ausländern unterhalten wurden.[9]

Der Nettogewinn aller Banken zusammen betrug in demselben Jahr 19,5 Milliarden Schweizer Franken. Gegenüber 1996 war dies eine Versechsfachung des Gewinns.

Ken Moelis, bei der United Bank of Switzerland (UBS) zuständig für Fusionen und die Börseneinführung neuer Unternehmen, bezieht das bescheidene Jahressalär von 20 Millionen Schweizer Franken (14 Millionen Euro). Das Gehalt von Marcel Ospel, Aufsichtsratsvorsitzender der UBS, beläuft sich auf 12,5 Millionen Schweizer Franken. Sein Kollege vom Crédit Suisse First Boston kassiert ein Grundgehalt von 7 Millionen Schweizer Franken.[10]

Wie man sieht, ist das Verhalten der Beutejäger von Unmoral beherrscht. Woher kommt das? Wie ist es zu erklären?

In der Morgendämmerung des 11. Mai 1996 verlassen zwei japanische Bergsteiger und ihre drei Sherpas ihre winzigen, unter einen Felsvorsprung an der Nordwand des Mount Everest geduckten Unterkünfte. Sie befinden sich auf einer Höhe von 8300 Metern. Ihr Ziel: die Ersteigung des Massivs (8848 m) über die Nordwand. Für die Überwindung der 548 Meter Höhenunterschied und 1500 Meter Entfernung veranschlagen sie maximal neun Stunden (einschließlich Abstieg). Das ist knapp kalkuliert: Wenn sie überleben wollen, müssen sie vor Einbruch der Nacht wieder in Lager 3 sein. Die Bedingungen sind extrem schwierig. Sturm ist aufgekommen. Sie machen sich an den Aufstieg. Über einer Steilwand bei Höhenmeter 8500 springt eine Felsnase vor. Hier, im Schnee, wenige Zentimeter neben ihrer Aufstiegsroute, bemerken die Japaner und die nepalesischen Sherpas einen indischen Bergsteiger, verletzt, entkräftet und schon halb erfroren. Aber er kann noch sprechen. Die Japaner bleiben nicht stehen, sondern setzen ihren Aufstieg fort. Am späteren Vormittag, bei Höhenmeter 8630, hält eine vertikale Wand, ein senkrecht aufsteigender, eisbedeckter Felsen von 30 Meter Höhe, die Bergsteiger auf. Sie tauschen ihre Sauerstoffflaschen aus und essen ein wenig.

Bei einem zufälligen Blick nach rechts entdeckt der erste Japaner zwei weitere Inder. Der eine, am Boden ausgestreckt, liegt im Sterben. Der andere kauert einfach im Schnee. Er lebt.

Die japanische Expedition setzt den Aufstieg fort. Keines ihrer Mitglieder hat dem Überlebenden Nahrung oder eine Sauerstoffflasche gegeben. Kein Wort ist gewechselt worden. Nur Blicke.

Dreieinhalb Stunden später erreichen die fünf Kletterer nach übermenschlichen Strapazen den Gipfel des Mount Everest.[11]

Nach der Rückkehr ins Tal reden die nepalesischen Sherpas. Sie stehen unter Schock. Bei einer Expedition ins Hochgebirge hat der Anführer das Sagen, wie auf hoher See der Kapitän, und die anderen gehorchen. Aber die Sherpas können die flehenden Blicke der im Stich gelassenen Inder nicht vergessen.

In Indien und Japan entsteht eine öffentliche Diskussion. Die Zeitungen berichten in großer Aufmachung über das Ereignis. In Indien wie in Japan wird das Verhalten der japanischen Bergsteiger scharf kritisiert.

Diese veranstalten daraufhin eine Pressekonferenz, um sich zu verteidigen. Der Sprecher der Expedition, der 21-jährige Eisukhe Shigekawa, erklärt: »Wir besteigen diese Gipfel aus eigener Kraft, um den Preis unserer ureigensten Anstrengung. Wir waren zu erschöpft, um Hilfe leisten zu können. Jenseits der 8000 Meter kann man sich keine Moral mehr leisten.«

Die Analogie zu den konkreten Situationen, welche die Beutejäger des globalisierten Kapitalismus tagtäglich erleben, springt ins Auge. Ab einem bestimmten Auftragsvolumen können sich die Bosse eines Finanzimperiums, einer transkontinentalen Gesellschaft kein moralisches Handeln mehr leisten. Ihr ständiger Fortschritt, ihr Überleben und die ständige Ausweitung ihres Imperiums verlangen ein absolut amoralisches Verhalten.

Nicht alle fantastischen Gehälter, die sich die Bosse der transkontinentalen Gesellschaften genehmigen, stammen aus *blood-money*. Manche der am besten dotierten Präsidenten sind ganz einfach große, erprobte Arbeitsplatzvernichter.[12] Der Aufsichtsrat lohnt es ihnen, dass sie Tausende von Arbeitnehmern entlassen und dadurch die Produktionskosten gesenkt und die Börsenkurse der »verschlankten« Gesellschaft in die Höhe getrieben haben. Diese Beutejäger praktizieren mit Erfolg den Sozialdarwinismus. Einige Beispiele unter vielen:

1997 vernichtet der Präsident von Eastman Kodak, George Fisher, mit einem Schlag 20 000 Arbeitsplätze weltweit. Seine Belohnung: Eastman-Kodak-Aktien im Wert von 60 Millionen Dollar.

Sanford Wiell ist Präsident des transkontinentalen Unternehmens Travelers. 1998 fädelt er die Fusion seiner Gesellschaft mit ihrem Konkurrenten Citicorp ein. Zehntausende von Arbeitnehmerinnen und Arbeitnehmern in Dutzenden von Ländern werden von heute auf morgen entlassen. In diesem Jahr wird Sanford Wiell an Prämien und Bezügen das nette Sümmchen von 230 Millionen US-Dollar einstreichen.

Wie saurer Regen sickern der Zynismus und die Amoral der großen Beutejäger von der Spitze der Pyramide zur mittleren Ebene durch. Eine Zivilisation ist wie ein Schiff auf hoher See: Sie besitzt eine Tiefladelinie, eine Grenze, bis zu der das Schiff eintauchen darf, ohne zu sinken. Die Tiefladelinie der europäischen Warengesellschaft ist in den letzten zehn Jahren bedenklich abgesackt.[13]

Die Gier der Gebieter vergiftet das Gehirn der Vasallen. Heute plündern viele Bosse fröhlich ihr eigenes Unternehmen aus. Sie benehmen sich wie Wegelagerer zur Zeit des Hundertjährigen Krieges, die ihre eigenen Reisegefährten ausraubten.

Am 24. Mai 2001 alarmierten die Vertreter der Gewerkschaft CGT in der Abteilung für Kapitalmärkte des Crédit Lyonnais die öffentliche Meinung: Allein im Jahr 2000 hatten zwei leitende Angestellte der Abteilung die Summe von insgesamt 120 Millionen französischen Francs als »Prämien« (zusätzlich zu ihren ohnedies schon beachtlichen Gehältern) bezogen.[14]

Kuoni-Holding ist eines der führenden Reiseunternehmen der Welt. Sitz der Firma ist Zürich. Daniel Affolter war früher ihr Präsident. In einem einzigen Jahr ließ er sich »Prämien« im Wert von 8,1 Millionen Schweizer Franken zuschustern. Diese »Prämien« kamen offensichtlich zu seinen Honoraren, Aufwandsentschädigungen und anderen normalen Bezügen hinzu. Außerdem hatte sich der geschickte Affolter mit seinen 47 Jahren gegen jede mögliche Entlassung abgesichert: Er profitierte von einem Vertrag, der es ihm im Fall des Job-Verlusts erlaubte, jedes Jahr eine Million Schweizer Franken zu kassieren – bis zum Erreichen des Rentenalters.

Nach den zahlreichen Wohltaten befragt, die er sich zum Schaden der Kasse seines eigenen Unternehmens zuschanzen ließ, erwiderte der wackere Affolter: »Ich schäme mich nicht!«[15]

Der Dschungelkapitalismus hat einen wunderschönen Brauch eingeführt: den so genannten »vergoldeten Fallschirm«. Ein Generaldirektor, der sein Unternehmen ruiniert, wird gefeuert, erhält aber zum Trost für seine Inkompetenz namhafte Zuwendungen – aus der Kasse der Gesellschaft, die er soeben ruiniert hat. Es handelt sich dabei um eine besonders groteske Form der Ausplünderung, da sie sich zum unmittelbaren Nachteil eines Unternehmens auswirkt, das ohnehin am Boden liegt und dessen Arbeitnehmer zu einem guten Teil vor die Tür gesetzt worden sind – natürlich ohne »vergoldeten Fallschirm«.

Michael Orvitz war *talent scout*, das heißt Agent auf der Suche nach Schauspielern, in Hollywood. Michael Eisner, Präsident der transkontinentalen Gesellschaft Walt Disney, stellte ihn als seine rechte Hand ein. Orvitz war jedoch der Sache nicht gewachsen, und nach nur vierzehn Monaten setzte Eisner ihn vor die Tür. Der vergoldete Fallschirm? Ein Scheck über 100 Millionen US-Dollar, fröhlich eingelöst zum großen Schaden des Personals und der Aktionäre.[16]

Robert Studer und Mathis Cabiavaletta waren in den Neunzigerjahren nacheinander Präsident der UBS (damals noch: Schweizerische Bankgesellschaft). Alle beide scheiterten kläglich. Unter ihrer Präsidentschaft fuhr die Bank enorme Verluste aufgrund gewagter Spekulationen ein. Die beiden Herren wurden daher entlassen. Für ihre brillanten Leistungen konnten Robert Studer 15 Millionen Schweizer Franken und Cabiavaletta 10 Millionen einstecken.[17]

Im Jahre 2001 befand sich die schweizerische Luftfahrtgesellschaft Swissair am Rande des Bankrotts. Ihr langjähriger Präsident war Philippe Brugisser gewesen, umgeben von zahlreichen Direktoren und einem Aufsichtsrat, in welchem die Blüte der eidgenössischen Oligarchen saß. Gemeinsam hatten sie durch Inkompetenz, Größenwahn und Klüngelwirtschaft diese hochprofitable Gesellschaft – deren Aktionäre überwiegend Körperschaften des öffentlichen Rechts sind – in die Katastrophe getrieben. Die saubere Gesellschaft wurde schließlich aus ihrem Bunker in Balsberg bei Zürich verjagt. Aber kraft Aufsichtsratsentscheidung kamen Brugisser und seine Direktoren in den Genuss massiv vergoldeter »Fallschirme«.

Geschädigte Aktionäre strengten daraufhin als Privatkläger ein Verfahren auf Schadensersatz gegen die »Fallschirmjäger« an. Sie machten eine erstaunliche Entdeckung: Die leitenden Angestellten von Swissair waren – offensichtlich auf Kosten des Unternehmens – gegen alle Schadensersatzklagen versichert, die aus ihrer Geschäftsführung resultieren mochten.[18]

Beim Swissair-Desaster hat sich ein Beutejäger besonders hervorgetan: Mario A. Corti, der letzte Präsident der Gruppe. Corti gehört zur Hocharistokratie des globalisierten Kapitals. Ehemals Finanzdirektor von Nestlé, der zweitgrößten transkontinentalen Lebensmittelgesellschaft der Welt, wird er am 16. März 2001 Präsident der Swissair. Daraufhin unterzeichnet er einen Fünfjahresvertrag, der eine Gesamtvergütung von 12,5 Millionen Schweizer Franken vorsieht. Als ehemaliges Aufsichtsratsmitglied von Swissair kennt er die (dramatische) Lage des Unternehmens nur zu gut. Aber mit der Schützenhilfe einiger seiner ehemaligen Kollegen aus dem Aufsichtsrat lässt er sich die gesamte Summe sofort auszahlen.

Sieben Monate später stehen sämtliche Swissair-Maschinen der Welt im Hangar, weil die Gesellschaft das Kerosin und die Flughafensteuern nicht mehr bezahlen kann.

Heute befindet sich die Gruppe in Zwangsliquidation. Tausende von Männern und Frauen sind arbeitslos, da es für sie keinen Sozialplan gibt. Die Swissair-Aktie ist keinen roten Heller mehr wert. Hunderte von Pensionsfonds, Dutzende von Körperschaften des öffentlichen Rechts, Zehntausende von Sparern wurden um ihre Einlagen gebracht. Mario A. Corti aber, in seiner Luxusvilla am Zürichberg verschanzt, erfreut sich seelenruhig an seinem Schatz.

Ein Lieblingssport der Beutejäger ist die Unternehmensfusion. Fusionen können bekanntlich aus einer freiwilligen Annäherung der zwei beteiligten Führungsriegen oder aus einem Kurseinbruch hervorgehen.

Die Handels- und Entwicklungskonferenz der Vereinten Nationen (UNCTAD) hat errechnet, dass sich die Zahl der grenzüberschreitenden Unternehmensfusionen im Jahre 2000 um 50 Prozent erhöhte; dabei waren Summen in der Gesamtgrößenordnung von 145 Milliarden Dollar im Spiel. Zwischen Januar und August 2001 – um nur diesen Zeitraum zu nehmen – fanden 75 Megafusionen statt. Als »Megafusion« bezeichnet die UNCTAD eine Fusion von Unternehmen mit einem gemeldeten Umsatzvolumen von über einer Milliarde Dollar pro Jahr. Bei den genannten 75 Megafusionen wechselten 235 Milliarden Dollar den Besitzer.[19]

Laut UNCTAD gibt es 63 000 transnationale Gesellschaften, die rund um die Erde etwa 800 000 Filialen kontrollieren. Die Spitzenreiter 2001: General Electric (USA), Royal Dutch / Shell (Niederlande / Vereinigtes Königreich [UK]), General Motors (USA). Es folgen Ford Motor (USA), Toyota (Japan), Daimler-Chrysler (Deutschland), Total-Fina (Frankreich), IBM (USA) und BP (UK). Nestlé (Schweiz) belegt den 11. Platz, ABB den 12., Roche den 27. Die wichtigste Akquisition im Jahre 2001 war die von Voice-Stream (USA) durch die Deutsche Telekom für 24,6 Milliarden Dollar. Danach die von Viag Interkom (Deutschland) durch British Telecoms (UK) für 13,8 Milliarden Dollar.

Im übrigen kaufte Citigroup (USA) Banamex (Mexiko) für 12,4 Milliarden, die Deutsche Telekom Powertel (USA) für 12,3 Milliarden und die australische BHP Billitom Pic (UK) für 11,5 Milliarden. Der Kauf der Raiston Purina Group (USA) durch Nestlé für 10,4 Milliarden war die achtwichtigste Akquisition im Jahre 2001.

Die erste und unmittelbarste Folge einer Fusion von zwei Unternehmen ist der Abbau einer gewissen Anzahl von Arbeitsplätzen. Man nennt das »Synergieeffekt«. Wer hat darunter zu leiden? Natürlich die Arbeitnehmer. Die Beutejäger sprechen von »notwendigen Opfern«. Soll heißen: Da der Wert des Unternehmens durch die Fusion steigt, ist das Opfer von Arbeitskräften gerechtfertigt. Eine überlegene Logik legitimiert die Vernichtung von Arbeitsplätzen.

Die jüngsten verfügbaren Zahlen beweisen allerdings, dass die Theorie von den »gerechtfertigten Opfern« häufig auf Lüge beruht. Der größte Teil der Fusionen mündete nämlich in eine erhebliche Abwertung der Aktiva. Die Zeitung *Le Monde* hat zwölf der größten börsennotierten Fusionen analysiert. Praktisch alle verzeichneten unter dem Strich einen massiven, fusionsbedingten Rückgang des Börsenwerts der Gesellschaft. Die zwölf überprüften Fusionen erbrachten einen Gesamtverlust von über 720 Millionen Dollar![20]

Man kann sich daher fragen, warum die Beutejäger an diesen Fusionen einen solchen Narren gefressen haben. Die Antwort hat ebenso viel mit Psychologie wie mit Volkswirtschaft zu tun. Eine Megafusion schmeichelt dem Größenwahn des Nabob. Gleichzeitig befriedigt sie seine Gier. Da sie praktisch reflexartig (und im Allgemeinen gänzlich ungestraft) den Straftatbestand des Insidergeschäfts erfüllen, erzielen sie bei jeder Fusion erkleckliche persönliche Gewinne.

Noch bis vor kurzem wurde die Eidgenossenschaft für die Qualität ihres öffentlichen Dienstes gerühmt. Die ultraliberale Mehrheit im Parlament hat dem ein Ende gemacht. Die staatliche Regie der schweizerischen Staatsbahnen (SBB), Stolz der Nation seit dem

Bau der großen Tunnel unter dem Gotthard, dem Lötschberg und dem Simplon Ende des 19. Jahrhunderts, wurde in eine privatrechtliche Aktiengesellschaft umgewandelt. Auch die schweizerische Post mit ihren zahlreichen Filialen, ihrem einst legendären Service und ihren erschwinglichen Preisen ist kein staatlicher Dienstleistungsbetrieb mehr. Das gleiche Schicksal hat das Fernmeldewesen ereilt. Fazit dieser eilfertigen Privatisierungen: In den schweizerischen Dörfern werden die Postämter geschlossen. Um einen Brief oder ein Paket aufzugeben oder eine Einzahlung zu tätigen, muss man neuerdings in einer der wenigen noch nicht geschlossenen Filialen endlos Schlange stehen. Das gleiche Ungemach erwartet den Bahnkunden, der auf den albernen Gedanken käme, im Bahnhof Cornavin, Genf, eine Fahrkarte kaufen zu wollen.

Die Absicht der Privatisierer ist durchsichtig. Sie entspricht ganz und gar der ultraliberalen Ideologie: die öffentlichen Dienstleistungen zu zerschlagen, um den auf diesem Gebiet tätigen Privatunternehmen freie Bahn zu schaffen. Die transnationalen Kurierdienste – DHL, UPS – machen in der Schweiz blendende Geschäfte. Der Präsident der dahinsiechenden Post wiederum träumt davon, aus seinem Unternehmen eine Geschäftsbank zu machen. Was die von der Zerschlagung der öffentlichen Dienstleistungen völlig überzeugte bürgerliche Mehrheit der Regierung betrifft, so wirkt sie passiv an der Plünderung mit.

Die astronomischen Gehälter, welche die Aufsichtsräte von transkontinentalen Gesellschaften, von Banken und Dienstleistungsunternehmen ihren Direktoren zubilligen, erregen den Zorn der öffentlichen Meinung.

Der Vorsitzende der Geschäftsleitung der UBS, Lukman Arnold, kehrt den Pädagogen heraus.[21] Auf die Frage, wie man diese unanständigen Gehälter rechtfertigen könne, antwortet er: »Für die Mehrheit der Bevölkerung mag es unverständlich sein, warum ein Einzelner ein solches Einkommen bezieht.«[22]

Die großen und kleinen Beutejäger warten zu ihrer Verteidigung mit einer Argumentation auf, die ein Schlag ins Gesicht eines jeden gewöhnlichen Lohnempfängers ist. Sie sagen: »Unsere Verantwortung ist außergewöhnlich groß. Wir können von einem Augenblick auf den anderen unseren Arbeitsplatz verlieren. Wir setzen täglich unseren Ruf als Manager aufs Spiel.«[23] Soll heißen: Das alles rechtfertigt unsere exorbitanten Gehälter.

In seinem *Petit Almanach des grands hommes* schreibt Graf Antoine de Rivarol: »Die kultiviertesten Völker sind der Barbarei so nahe wie das blank geschliffene Eisen dem Rost.«

Seit Jahrhunderten ist die Rechtschaffenheit von Schweizer Ministern sprichwörtlich. Aber die Zeiten ändern sich. Ein besonders folkloristisches Beispiel: Peter Aliesch, Polizeiminister im Kanton Graubünden.[24]

Im Januar 2001 ging der Name Peter Aliesch um die Welt. Das strenge Gesicht, die kleinen, intelligenten Äuglein hinter dünnen Brillengläsern, die gestreifte Krawatte und der tadellos geschnittene perlgraue Anzug erschienen mehrmals täglich auf CNN, TF1 und den anderen Fernsehsendern der Welt. Vom 25. bis zum 31. Januar war Aliesch für die Sicherheit des Weltwirtschaftsforums in Davos verantwortlich.[25]

Alieschs Polizisten, Gendarmen und Soldaten hatten bei dieser Gelegenheit mit Begeisterung auf die friedlichen Globalisierungsgegner eingeprügelt, die aus ganz Europa gekommen waren. Die Prügelwut machte weder vor Frauen noch vor Kindern, ja nicht einmal vor Bischöfen Halt. Es gab viele Verletzte und auch viele willkürliche Festnahmen.

Aber im Juli 2001 stürzte der Erzengel von Graubünden mit dem Flammenschwert von seinem hohen Ross. Journalisten hatten Videoaufnahmen und Dokumente entdeckt, die belegten, dass Aliesch enge Verbindungen zu einem internationalen Finanzjongleur namens Panagiotis Panadakis unterhielt. Der gestrenge Polizeiminister stand im Verdacht, gegen einen Nerzmantel für seine Frau, Urlaub auf einer griechischen Insel und andere milde Gaben Panadakis und seinen Gesellschaften aus Gefälligkeit Aufenthalts- und Arbeitserlaubnisse für Graubünden verschafft zu haben. Wie dem auch sei, die Zürcher Staatsanwaltschaft eröffnete ein Untersuchungsverfahren gegen Panadakis wegen »berufsmäßigen Betrugs«. Was Aliesch anbelangt, so wurde seine Immunität aufgehoben, und seine Partei schloss ihn aus.[26] Da er bis 2002 gewählt war, blieb er Minister, jedoch ohne jede Entscheidungsbefugnis.

Zwei der gelungensten Coups von Beutejägern, die systematisch ihr eigenes Unternehmen ausplündern und es wissentlich in den Ruin treiben, um sich persönlich zu bereichern, ereigneten sich 2002.

Das transkontinentale Energiekonglomerat Enron hatte seinen Sitz in Houston (Texas); geführt wurde es von Kenneth Lay. Um ihre Gesellschaft – immerhin eine der zehn mächtigsten der USA – auszuplündern, schmiedeten Lay und seine Komplizen ein im Grunde ganz einfaches Komplott. Zunächst finanzierten sie massiv die verschiedenen Wahlkampagnen von George W. Bush, Dick Cheney und einigen anderen Männern und Frauen der texanischen Rechten. An die Macht gelangt, übertrugen die Nutznießer dieser Großzügigkeiten Enron die »Mitgestaltung« der Energiepolitik in den USA.

Nunmehr führten Lay und seine Komplizen ein absolut undurchsichtiges Bilanzierungssystem in ihrer Gesellschaft ein. Dann erwirkte Lay von seinen politischen Freunden die Deregulierung des Markts für Derivate mit Titeln, deren Gegenstand Energieerzeugnisse waren (Erdöl, Strom aus Wasserkraft usw.). Der Senator, der für die Annahme des Gesetzes sorgte, war Phil Gramm. Seine Frau Wendy war Vorsitzende des *Audit Committee* – des Bilanzprüfungsausschusses – bei Enron. Fürstlich entlohnt, verschloss sie ganz fest Augen, Nase, Mund und Ohren, sobald sie ihrer Verpflichtung zur Kontrolle von Lays Finanzen nachkommen musste.

Der Finanzminister von George W. Bush, Paul O'Neill, schützte Enron vor jeder Steuerkontrolle. Lay aber organisierte mithilfe eines ausgeklügelten Netzes von Offshore-Banken Jahr für Jahr gigantische Betrügereien – Steuerbetrügereien.

Wenn schließlich irgendwo auf der Welt eine Regierung – die Lay weder durch Drohungen noch durch Erpressung, noch durch Korruption hatte kirre machen können – sich weigerte, Enron beispielsweise neue Erdölkonzessionen oder das Recht zum Bau einer

Pipeline einzuräumen, rief Lay seine Freunde im Pentagon zu Hilfe. Deren Druck reichte gewöhnlich aus, um Enron im Handumdrehen das Recht zum Bau seiner Pipeline oder zur Ausbeutung seines neuen Erdölvorkommens zu verschaffen...

Die USA haben ein Rentensystem, das sich von dem der Schweiz, Frankreichs, Deutschlands und vieler anderer Länder unterscheidet. Die amerikanischen Pensionsfonds funktionieren nach der Methode der Kapitalisierung. Jeder Arbeiter, jeder Angestellte platziert seine Beiträge – auf dem Umweg über die Pensionsfonds – am Finanzmarkt, namentlich an der Börse. Bei Erreichen der Altersgrenze wird die Rente anhand der eingezahlten Beiträge und des erzielten Wertzuwachses berechnet. So kommt es, dass der Bankrott von Enron Hunderttausende von Sparern ruiniert hat, deren Pensionsfonds in Titel dieser Gesellschaft investiert hatten. Trotzdem ließ sich Lay kurz vor dem Bankrott von seinem Aufsichtsrat eine Abfindung in Höhe von 205 Millionen Dollar zahlen...

Etwa zu der gleichen Zeit waren andere Kannibalen bei Global Crossing am Werk, einer der mächtigsten Telekommunikationsfirmen der USA. Noch im März 2000 belief sich die Börsenkapitalisierung von Global Crossing auf 40 Milliarden Dollar. Im Februar 2002 war das Unternehmen ausgeblutet, der Börsentitel im Keller. Sein Präsident Gary Winnik aber hatte sich kurz vor dem Konkurs vom Aufsichtsrat des Unternehmens eine Abfindung von 730 Millionen Dollar bewilligen lassen.

Alles völlig legal![27]

Noch eine letzte Methode der Ausplünderung gilt es anzuzeigen. Von ihren persönlichen Steuerberatern trefflich instruiert, lassen sich viele Beutejäger jedes Jahr astronomische Summen von ihrem Unternehmen auf ihr eigenes Rentenkonto beim Pensionsfonds überweisen. In vielen Ländern (insbesondere in einigen Schweizer Kantonen) sind Einzahlungen auf ein Rentenkonto nicht steuerpflichtig. Ende 2001 entdeckten die Aktionäre des Zürcher Elektroindustrie-Konzerns ABB zu ihrer Verblüffung, dass ihr Präsident, der Schwede Percy Barnevik, sich vor seinem Ausscheiden

1996 das bescheidene Sümmchen von 149 Millionen Schweizer Franken auf sein persönliches Rentenkonto hatte überweisen lassen. Sie versuchten, dagegen zu klagen. Doch kein Gesetz in der Schweiz (und überhaupt in der westlichen Welt) erlaubt es, gegen diesen letzten Trick der Beutejäger vorzugehen.

Bevor diese astronomischen (und gleichwohl legalen) Einzahlungen im Jahre 2001 aufflogen, hatte Percy Barnevik als eine Art von Ethik-Guru des internationalen Big Business gegolten. Zusammen mit Kofi Annan hatte er den *Global Compact* ins Leben gerufen, eine informelle Vereinbarung zwischen den Vereinten Nationen und den wichtigsten transkontinentalen Privatgesellschaften, die über das »anständige« Geschäftsgebaren dieser Gesellschaften in den Ländern der Dritten Welt wachen sollte. Der *Global Compact* datiert vom Januar 1999.

Damals genoss Barnevik ein enormes persönliches Ansehen. Die Schweden (aber auch viele Schweizer) verehrten ihn wie einen Halbgott. In einem Porträt über ihn schreibt die *Financial Times*, London, mit feiner britischer Ironie: »Wenn Herr Barnevik nicht über die Wogen des Kattegatts [zwischen Schweden und Dänemark] schreitet, dann nur darum, weil er keine Zeit dazu hat.«[28]

In genau dem Sinne, den die Philosophen der Aufklärung dem Wort gaben, sind die Beutejäger Wesen »außerhalb der Menschheit«. Jean-Jacques Rousseau schreibt: »Ihr seid verloren, wenn ihr vergesst, dass die Früchte euch allen, der Boden aber niemandem gehört.«[29]

Die Beutejäger gehören keiner Denkschule an, sie senken ihre Wurzeln in kein kollektives Abenteuer, kennen keinen geschichtlichen Horizont, sie gehen Bündnisse nur mit Artgenossen ein und haben keine besonderen Beweggründe – es sei denn die Gier nach Macht und Geld.

Sie sind weder rechts noch links, weder Süden noch Norden. Kein kollektiver Gedanke hat in ihnen erkennbare Spuren hinterlassen. Sie haben keine Geschichte, sie bauen nichts auf, und wenn sie sterben, werden sie die Menschen in ihrer Umgebung niemals mit offenen Augen gesehen haben.

Durch ihr tägliches Verhalten verbannen sie sich selbst an den Rand der solidarischen Menschheit.
Sie sind Verlorene.

2. Die Agonie des Staates

1. Die Privatisierung der Welt schwächt die normensetzende Kraft des Staates. Sie stellt Parlamente und Regierungen unter Vormundschaft. Sie entleert die meisten Wahlen und fast alle Volksabstimmungen ihres Sinns. Sie beraubt die öffentlichen Institutionen ihrer regulatorischen Macht. Sie tötet das Gesetz.

Von der Republik, wie sie uns die Französische Revolution vererbt hat, bleibt fortan nur mehr ein Phantom übrig.

Jürgen Habermas stellt diese Diagnose: »Der Territorialstaat, die Nation und eine in nationalen Grenzen konstituierte Volkswirtschaft haben damals eine historische Konstellation gebildet, in der der demokratische Prozess eine mehr oder weniger überzeugende institutionelle Gestalt annehmen konnte. [...] Diese Konstellation wird heute durch Entwicklungen infrage gestellt, die inzwischen unter dem Namen ›Globalisierung‹ breite Aufmerksamkeit finden. [...] Die lähmende Aussicht, dass sich die nationale Politik in Zukunft auf das mehr oder weniger intelligente Management einer erzwungenen Anpassung an Imperative der ›Standortsicherung‹ reduziert, entzieht den politischen Auseinandersetzungen den letzten Rest an Substanz. [...] Kein Zweifel besteht schließlich an der beispiellosen Beschleunigung der Kapitalbewegungen auf den elektronisch vernetzten Finanzmärkten und an der Tendenz zur Verselbstständigung von Finanzkreisläufen, die eine von der Realwirtschaft entkoppelte Eigendynamik entfalten. [...] Weitsichtige Ökonomen haben schon vor zwei Jahrzehnten zwischen den bekannten Formen der ›internationalen‹ Ökonomie und der neuen Formation einer ›globalen‹ Ökonomie unterschieden.«[30]

Eine neue Macht bringt sich zur Geltung: die Einschüchterungsmacht, welche die Beutejäger gegenüber Regierungen, Parlamenten, Gerichten und demokratisch zustande gekommenen öffentlichen Meinungen ausüben.

Und so definiert Habermas die Entstehung dieser neuen Macht: »Unter Bedingungen eines globalen, zur ›Standortkonkurrenz‹ verschärften Wettbewerbs sehen sich die Unternehmen mehr denn je genötigt, die Arbeitsproduktivität zu steigern und den Arbeitsablauf insgesamt so zu rationalisieren, dass der langfristige technologische Trend zur Freisetzung von Arbeitskräften noch beschleunigt wird. Massenentlassungen unterstreichen das wachsende Drohpotential beweglicher Unternehmen gegenüber einer insgesamt geschwächten Position von ortsgebunden operierenden Gewerkschaften. In dieser Situation, wo der Teufelskreis aus wachsender Arbeitslosigkeit, überbeanspruchten Sicherungssystemen und schrumpfenden Beiträgen die Finanzkraft des Staates erschöpft, sind wachstumsstimulierende Maßnahmen um so nötiger, je weniger sie möglich sind. Inzwischen haben nämlich die internationalen Börsen die ›Bewertung‹ nationaler Wirtschaftspolitiken übernommen.«

Und etwas später sagt er: »Stattdessen lassen sich die nationalen Regierungen schon angesichts implizit angedrohter Kapitalabwanderung in einen kostensenkenden Deregulierungswettlauf verstricken, der zu obszönen Gewinnen und drastischen Einkommensdisparitäten, zu steigender Arbeitslosigkeit und zur sozialen Marginalisierung einer wachsenden Armutsbevölkerung führt. In dem Maße, wie die sozialen Voraussetzungen für eine breite politische Teilnahme zerstört werden, verlieren auch formal korrekt getroffene demokratische Entscheidungen an Glaubwürdigkeit.«[31]

Jürgen Habermas ist der geistige und institutionelle Erbe der Frankfurter Schule. Als Schüler und Exeget der alten deutschen Marxisten ist er der geistige Sohn von Max Horkheimer (dessen Assistent an der Johann-Wolfgang-Goethe-Universität zu Frankfurt er war), von Theodor W. Adorno, Herbert Marcuse, Friedrich Pollock und Erich Fromm. Erklären sich seine apokalyptische Vision von der Allmacht des Finanzkapitals, sein Pessimismus bezüglich der Widerstandskraft des republikanischen Staates, seine harsche

Kritik am aktuellen Funktionieren der Demokratie aus seinen theoretischen Wurzeln? Der tiefe Kulturpessimismus der Frankfurter Schule, die ihrer jüdisch-christlichen Eschatologie zugrunde liegende Verzweiflung – sollten sie hier, in der von Habermas formulierten Kritik des vereinheitlichten kapitalistischen Marktes, unvermutet fröhliche Urständ feiern?

Der formidabelste und hartnäckigste Widersacher von Habermas heißt seit einem halben Jahrhundert Ralf Dahrendorf. Dahrendorf und Habermas sind zwei der Meisterdenker der zeitgenössischen deutschen Soziologie. Ich habe mehrere Soziologentage erlebt, diese Hochämter der deutschen Soziologen, auf dem Podium zelebriert von den zwei Gurus vor einer abgeklärten 68er-Jugend.

Habermas ist der von der SPD auserkorene Denker.[32] Dahrendorf war Mitglied der FDP. Er hat sogar als Staatssekretär in einer bundesdeutschen Regierung gesessen. Aber o Wunder: Dahrendorf analysiert heute die tödlichen Gefahren, die über der Demokratie des Westens schweben, auf exakt die gleiche Weise wie sein Gegenspieler.

Hören wir Dahrendorf: »Um auf den immer größer werdenden Weltmärkten wettbewerbsfähig zu bleiben, müssen [die OECD-Staaten] Schritte tun, die dem Zusammenhalt der Bürgergesellschaften irreparablen Schaden zufügen. [...] Die dringlichste Aufgabe der Ersten Welt im kommenden Jahrzehnt wird deshalb die Quadratur des Kreises aus Wohlstand, sozialem Zusammenhalt und politischer Freiheit sein.«[33]

2. Woher kommt der Staat? Woher seine Stärke? Woraus lebt eine Demokratie? Welche Kraft bewirkt, dass sich ein Aggregat von einzelnen Individuen zu einer strukturierten, zivilisierten, den Zentrifugalkräften widerstehenden Gesellschaft organisiert? Was ist der Ursprung des Rechts?

Kant definierte den Staat als eine Gemeinschaft unreiner Einzelwillen unter einer gemeinsamen Regel.[34] Aber was verstand er unter unreinen Einzelwillen? Jeder Mensch ist von niederen Leidenschaften, zerstörerischen Energien, Eifersucht, Machtinstinkt besessen. Aus Hellsicht verzichtet er auf einen Teil seiner Freiheit zugunsten des gemeinsamen Willens und des Gemeinwohls. Mit seinesgleichen stiftet er die »gemeinsame Regel«, den Staat, das Recht. Bei dieser Gründung waltet die vollkommenste Freiheit: »Weh aber dem Gesetzgeber, der eine auf ethische Zwecke gerichtete Verfassung durch Zwang bewirken wollte! Denn er würde dadurch nicht allein gerade das Gegenteil der ethischen Verfassung bewirken, sondern auch seine politische Verfassung untergraben und unsicher machen.«[35]

Kant wusste besser als jeder andere um die äußerste Anfälligkeit der gemeinsamen Regel, des von den unreinen Einzelwillen geknüpften sozialen Netzes, den Abgrund, der unter den scheinbar stabilsten Institutionen lauert. »Radikal böse« nennt er die Kraft, die die Einzelwillen der Staatsbürger auf Abwege lockt und dazu führt, die gemeinsame Regel zu schwächen, zu pervertieren, im schlimmsten Falle zu vernichten.

Die Kant-Exegetin Myriam Revault d'Allonnes schreibt: »Es gibt die unvergessliche Größe des historischen Zeichens, das die moralische Anlage der Menschheit kundtut. Aber es gibt auch das radikal Böse als Hang der menschlichen Natur, als unausrottbaren Hang und unerforschlichen Abgrund einer ursprünglichen Macht, die sich dem Guten oder dem Bösen zuwenden kann...« Und weiter: »Der Mensch ist formbar, insoweit ihm nicht von der Natur feste Ziele vorgegeben sind. [...] Die menschliche Gattung ist das, was wir aus ihr machen wollen.«[36]

In den meisten Beutejägern steckt ein Mephisto. Bewusst betreiben sie den Abbau des Staates. Sie diffamieren, diskreditieren, delegitimieren seine Regelungskompetenz.

Leider obsiegen sie. Wehe den Besiegten!

3. Beim Weltwirtschaftsforum in Davos im Februar 1996 gab es einen denkwürdigen Vorfall. Es war ein verräterischer Moment, und beispielhaft für die neue Welt. Im Konferenzbunker in dem kleinen graubündnerischen Städtchen im Tal des Landwassers nä-

hert sich Hans Tietmeyer, Präsident der Deutschen Bundesbank, schweren Schrittes dem Mikrofon auf dem Podium. Draußen, im leise rieselnden Schnee, schützen behelmte Sonderkommandos der Polizei, Stacheldrahtabsperrungen und elektronische Barrieren den Bunker. Am silbergrauen Himmel drehen Hubschrauber der schweizerischen Armee unablässig ihre Runden.

Im Bunker selbst haben sich die tausend mächtigsten Oligarchen der Welt unter Staatsoberhäupter, Ministerpräsidenten und Minister aus einigen Dutzend Staaten der Erde gemischt. An die Adresse der versammelten Staatschefs richtet Tietmeyer abschließend die Mahnung: »Von nun an stehen Sie unter der Kontrolle der Finanzmärkte!«[37]

Lang anhaltender Beifall. Die Staatschefs, Ministerpräsidenten und Minister, unter ihnen viele Sozialisten, akzeptieren wie selbstverständlich die Fremdbestimmung der Volkssouveränität durch die spekulative Warenrationalität des globalisierten Finanzkapitals.

Sämtliche Teilnehmer des Weltwirtschaftsforums in Davos wussten genau, was Tietmeyer sagen wollte. Weil jeder der anwesenden Staats- und Regierungschefs, jede Ministerin und jeder Minister tagtäglich die persönliche Erfahrung dieser »Kontrolle« machen. Eine Regierung erhöht die steuerlichen Belastungen? Sofort wird sich das Finanzkapital (das ausländische wie das inländische) zurückziehen, um in einem Nachbarland günstigere Akkumulationsbedingungen zu suchen. Die Bedingungen für die Aufnahme von Investitionskapital, der Zolltarif oder die Regeln für die Rückführung von Gewinnen multinationaler Gesellschaften in ihr Ursprungsland sind geändert worden? Das internationale Finanzkapital wird die schuldige Regierung unverzüglich abstrafen.

Viele der Würdenträger im Saal hatten den Kampf um MAI (Multilaterales Abkommen über Investitionen) im Kopf. Dieses Abkommen hatten die wichtigsten transnationalen Gesellschaften der Welt diktiert. Es sah insbesondere vor, dass jede transnationale Gesellschaft bei einer internationalen Instanz auf Schadensersatz gegen jedes souveräne Land klagen konnte, das ihr angeblich einen wie immer gearteten wirtschaftlichen Nachteil zugefügt hatte. Das

Abkommen war in der OECD[38], der Dachorganisation der wichtigsten Industriestaaten, vorverhandelt worden. Alle Regierungen hatten sich ihm gebeugt. Man musste nur noch unterschreiben. Aber dann brach eine beispiellose Mobilisierung in der europäischen Zivilgesellschaft los, namentlich in Frankreich. In letzter Minute musste der französische Ministerpräsident Lionel Jospin die Unterschrift verweigern. Das Abkommen konnte nicht in Kraft treten.

Dieser Aufschub garantiert freilich gar nichts, ja, es besteht sogar die Gefahr, dass die Gnadenfrist verkürzt wird; hat doch die WTO das Abkommen auf das Programm ihrer im Jahr 2002 begonnenen neuen Verhandlungsrunde gesetzt.

Schon sind die Maßgaben von MAI in das interamerikanische Freihandelsabkommen integriert worden. Vorläufig gehören diesem Abkommen nur die USA, Kanada und Mexiko an. Doch die Söldlinge der Herrscher, die in allen Regierungen und Parlamenten, in der Presse und in den Berufsorganisationen praktisch aller Länder Lateinamerikas und der Karibik (mit Ausnahme Kubas) vertreten sind, intrigieren bereits, um alle Staaten der Hemisphäre zur Annahme des interamerikanischen Freihandelsabkommens zu bewegen.[39] Mächtige soziale Bewegungen wie der MST (Movimento dos Trabalhadores Sem Terra) in Brasilien, die CONAIE, die Via Campesina organisieren eine kraftvolle Opposition.

Die Zuhörer Tietmeyers im Konferenzbunker von Davos mussten sich auch Gedanken über die Schulden machen, die so vielen Ländern der Dritten Welt die Luft zum Atmen nehmen. In Brasilien, einem der mächtigsten Länder der südlichen Hemisphäre, entsprachen die Auslandsschulden im August 2001 52 Prozent des Bruttoinlandsprodukts (BIP). Zinsen und Tilgung beliefen sich im Jahre 2001 auf 9,5 Prozent des BIP. Diese Summe ist höher als die Gesamtsumme der Ausgaben, welche die Regierung in Brasília und die Regierungen der 26 Bundesstaaten der Föderativen Republik jährlich für Bildung und die gesundheitliche Versorgung der Bevölkerung ausgeben.

4. Was macht die Stärke eines Staates aus, namentlich eines demokratischen Staates? Vor allem die Idee, die er verkörpert!

In einer geschichteten Gesellschaft, in der die gegensätzlichen Interessen der sozialen Klassen aufeinander prallen, tendiert der demokratische Staat dazu, die Asymmetrie der gegenseitigen Abhängigkeit zwischen den Individuen durch Mechanismen wie steuerliche Umverteilung, soziale Sicherheit u. a. m. zu mildern, sie lebbarer zu machen. Und die Bürgerinnen und Bürger stimmen dem Staat, seinen Normen und Entscheidungsverfahren in dem Maße zu, wie sie daraus einen praktischen Nutzen ziehen. Ein Staat, der seinen Bürgern nicht das Gefühl der Sicherheit gibt, ihnen nicht ein Mindestmaß an sozialer Stabilität und Einkommen, eine berechenbare Zukunft sichert und ihnen keine öffentliche Ordnung im Einklang mit ihren moralischen Überzeugungen garantiert, ist ein zum Untergang verurteilter Staat.

In verschiedenen westlichen Staaten sind die öffentlichen Transportmittel, die Post, das Fernmeldewesen bereits privatisiert. Eine zweite Welle der Privatisierung ist in Vorbereitung. Sie betrifft Grundschulen und weiterführende Schulen, Universitäten, Krankenhäuser, Gefängnisse, ja sogar die Polizei.

Ein Staat, der freiwillig seine wesentlichsten öffentlichen Dienstleistungen abbaut und alle das kollektive Interesse berührenden Aufgaben dem Privatsektor überträgt, womit sie dem Gesetz der Gewinnmaximierung unterworfen werden, stellt – um einen Ausdruck Eric Hobsbawms zu gebrauchen – einen *failed state* dar, einen »gescheiterten Staat«.

In den Augen seiner Bürger geht sein Wert gegen Null.

Eine Wirtschaft, die übermäßige individuelle Konkurrenz, Unsicherheit der Beschäftigung, Gefährdung des sozialen Status, leistungsabhängigen Lohn erzeugt (und bejubelt), ist eine Wirtschaft, die Ängste erzeugt.

Ein Bürger, der schutzlos den großen sozialen Risiken ausgeliefert wird, verliert seine Eigenschaft als Bürger. Ein Mensch, der dauernd um seinen Arbeitsplatz, seinen Lohn und seine Rechte bangen muss, ist kein freier Mensch.

Die Privatisierung des Staates zerstört die Freiheit des Menschen und vernichtet seine staatsbürgerlichen Rechte.

Ich erinnere mich mit Schrecken an die bleichen, verhungerten, in schmutzige Lumpen gehüllten Gestalten mit ihren scheuen Blicken, die ich unter der Autobahnbrücke zwischen dem Flughafen Gallion auf der Ilha do Governador und den westlichen Vororten Rio de Janeiros habe liegen sehen. Es sind Immigranten, die vor der Trockenheit und der Grausamkeit der Großgrundbesitzer aus den nördlichen Bundesstaaten Brasiliens hierher geflohen sind, die Familien der *flagelados*. Am Tage irren sie ohne Nahrung, ohne Zukunft, ohne Würde durch die Straßen der Megalopolis. Sie sind wie gehetzte Tiere. Bei Nacht werden sie von der Militärpolizei erpresst, verprügelt und manchmal erschossen.

In vielen Ländern der Dritten Welt herrschen die Gebieter mit Würdelosigkeit, Angst und Schrecken. Wie schrieb doch das deutsche Magazin *Der Spiegel* in der Woche nach dem Terrorangriff auf New York vom 11. September 2001: »Globalisierung ist täglicher Terror.«[40]

5. Die neuen Akkumulations- und Ausbeutungsstrategien der Beutejäger rufen im Gefüge der Volkswirtschaften furchtbare Schäden hervor. Sogar die mächtigsten Staaten sind gezwungen, sich auf ihrem ureigensten Gebiet, dem der Haushalts- und Steuerpolitik, dem Diktat der transnationalen Finanz- und Industriegesellschaften zu beugen. Täten sie es nicht, so würden sie unverzüglich durch das Ausbleiben internationaler Investitionen und eine massive Kapitalflucht bestraft.[41]

Dies ist einer der Gründe, weshalb das sozialistische Experiment François Mitterrands schon im Herbst 1983 totalen Schiffbruch erlitt und das sozialistische Projekt Lionel Jospins von 1995 in vielen wesentlichen Teilen nie über das Stadium der Absichtserklärung hinauskam.

Wie ein reißender Sturzbach im Frühling steigt die vitale Energie des transkontinentalen Finanzkapitals über alle Barrieren, fegt alle Vollmachten des Staates hinweg und verwüstet die geordnetsten Landstriche. Künftig haben die Regierungen – selbst die der reichsten und mächtigsten Staaten – kaum eine andere Wahl, als in der »Weltinnenpolitik« mitzuspielen.[42] Was lediglich darauf hinausläuft, die Diktate der Herrscher durch ein Bündel institutioneller Entscheidungen in die Lokalsprache zu übersetzen.

Über den Regierungen, den Parlamenten, den Richtern, den Journalisten, den Gewerkschaften, den Intellektuellen, den Kirchen, den Armeen, den Wissenschaftlern herrschen die Finanzmärkte. Seither verlieren die öffentlichen Institutionen ihr Blut. Die Republik leidet an Anämie. Bald wird sie zum Gespenst verkümmert sein. Das arrogante Dekret, das Tietmeyer in Davos verkündete, bekräftigt die Agonie der politischen Demokratie und des territorialen Nationalstaats, der bisher ihren Schutz garantierte.

3. Die Zerstörung der Menschen

Demografen veranschlagen die durch den Zweiten Weltkrieg hervorgerufenen Verluste folgendermaßen: 16 bis 18 Millionen Männer und Frauen fielen im Kampf; Dutzende Millionen von Kombattanten wurden verletzt und teilweise verstümmelt.

Wie viele Zivilisten wurden getötet? 50 bis 55 Millionen. Die Zahl der verwundeten Zivilisten beziffern die Demografen auf mehrere hundert Millionen. Und etwa 12 bis 13 Millionen Geburten unterblieben infolge des Krieges. Diese Zahlen berücksichtigen nicht die Verhältnisse in China, für das statistische Angaben fehlen.[43] Was ist heute aus der neuen, vom Nationalsozialismus befreiten Welt geworden, dieser Erde der Gerechtigkeit, der Sicherheit und der Würde, welche die Sieger von 1945 gewollt haben?

Nach Zahlenangaben, welche die Sonderorganisationen der UN veröffentlichen, belief sich die Zahl der in den 122 Ländern der Dritten Welt durch wirtschaftliche Unterentwicklung und extreme Armut verursachten Todesfälle im Jahr 2001 auf etwas über 58 Millionen. Von schwerer und dauerhafter Invalidität aus Mangel an Einkünften, Nahrung und Trinkwasser sowie durch den fehlenden Zugang zu Medikamenten sind mehr als eine Milliarde Menschen betroffen.

Anders gesagt: Hunger, Seuchen, Durst und armutsbedingte Lokalkonflikte zerstören jedes Jahr fast genauso viele Männer, Frauen und Kinder wie der Zweite Weltkrieg in sechs Jahren. Für die Menschen der Dritten Welt ist der Dritte Weltkrieg unzweifelhaft in vollem Gang.

Einige deutsche Ökonomen haben einen neuen Begriff geprägt: »Killerkapitalismus«.[44] Und so funktioniert dieser Kapitalismus neuen Typs:

1. Die Staaten der Dritten Welt bekämpfen sich untereinander, um die produktiven Investitionen zu ergattern, die von ausländischen Dienstleistungsunternehmen kontrolliert werden. Um diese Schlacht zu gewinnen, schränken sie bedenkenlos den sozialen Schutz, die gewerkschaftlichen Freiheiten und den ohnedies schon geringen Verhandlungsspielraum der einheimischen Lohnempfänger ein.
2. Besonders in Europa gehen Industrieunternehmen usw. immer mehr dazu über, Geräte, Laboratorien und Forschungszentren ins Ausland zu verlegen. Diese Auslagerung macht sich häufig so genannte »Sonderproduktionszonen« zunutze, wo ein Schutz der Arbeiter unbekannt ist und die Löhne miserabel sind. Die bloße Androhung der Auslagerung hat eine unglaublich obszöne Rückwirkung: Sie veranlasst den Ursprungsstaat, immer mehr Forderungen des Kapitals nachzugeben, einem Abbau des sozialen Schutzes (Entlassungen, Deregulierungen) zuzustimmen, also mit einem Wort den heimischen Arbeitsmarkt durch »Verflüssigung« unsicherer zu machen.
3. Die Arbeitnehmer aller Länder treten damit in einen Wettbewerb jeder gegen jeden ein. Es handelt sich für jeden und jede darum, eine Beschäftigung und ein Einkommen für die eigene Familie zu ergattern. Diese Situation bewirkt eine zügellose Konkurrenz unter den verschiedenen Kategorien von Arbeitnehmern, ihre politische Lähmung, den Tod der Gewerk-

schaftsbewegung – mit einem Wort die schmähliche, oft sogar verzweifelte Einwilligung des arbeitenden Menschen in die Zerstörung seiner eigenen Würde.
4. Im Inneren der europäischen Demokratien gibt es den unübersehbaren Bruch zwischen denen, die Arbeit haben und sie mit allen Mitteln zu behalten suchen, und denen, die keine Arbeit mehr haben, aller Voraussicht nach auch nie mehr bekommen und von den Arbeitsplatzbesitzern bekämpft werden. Die Solidarität der Arbeitnehmer ist zerrüttet. Weiteres Phänomen: Zwischen öffentlicher Funktion und privatem Sektor tut sich ein Gegensatz auf. Letztes und gravierendstes Phänomen: Der einheimische Arbeiter beginnt häufig, den eingewanderten Arbeiter zu hassen. Und die Folge ist Rassismus.

In den westlichen Industriestaaten zählte man 1990 25 Millionen Langzeitarbeitslose. 2001 sind es 39 Millionen. In Großbritannien hat 2001 nur jeder sechste Arbeitnehmer einen festen, regulären Vollzeitarbeitsplatz. In den USA haben die so genannten Abhängigen (ohne die leitenden Angestellten), die 1996 80 Prozent der erwerbstätigen Bevölkerung ausmachten, zwischen 1973 und 1995 eine Minderung ihrer Kaufkraft um 14 Prozent hinnehmen müssen.

In Frankreich betrifft die Arbeitslosigkeit im März 2002 mehr als 9 Prozent der Erwerbsbevölkerung. Wegen ungenügenden Wachstums ist heute der Arbeitsplatz jedes dritten Franzosen gefährdet. Rund 86 000 Personen, darunter 16 000 Kinder, sind in Frankreich ohne festen Wohnsitz («*sans domicile fixe*», SDF) oder schlafen in Beherbergungszentren oder Notunterkünften, wie die erste über diese Bevölkerungsgruppe angestellte Untersuchung des Nationalen Instituts für Statistik und Wirtschaftsstudien (INSEE) besagt.[45] Nicht berücksichtigt sind in dieser Zahl die Obdachlosen, die in dem untersuchten Zeitraum weder zu einer Sozialstation noch zu einer Ausgabestelle für warme Mahlzeiten Kontakt hatten. Nicht berücksichtigt sind ferner Personen ohne eigene Wohnung, die entweder auf eigene Kosten in einem Hotel leben (laut Zählung von 1999: 51 400) oder Unterschlupf in Behelfsbauten, Baustellenbaracken, umgebauten landwirtschaftlichen Gebäuden oder stillgelegten Wohnwagen gefunden haben (laut Zählung 41 400). Die Zahl der »SDF« in Frankreich, einschließlich Kindern, nähert sich also den 200 000.

In Deutschland zählt man im März 2002 mehr als 4 Millionen Arbeitslose. Rund 30 Prozent der Unternehmen zahlen untertarifliche Löhne.[46] In den industrialisierten Ländern leben laut OECD 100 Millionen Menschen unterhalb der Armutsgrenze. Im Jahr 2002 verfügten in denselben Ländern 37 Millionen Menschen nur über Arbeitslosenunterstützung; dazu muss man wissen, dass diese Unterstützung mit der Zeit immer geringer wird. 15 Prozent der Kinder im schulpflichtigen Alter besuchen keine Schule. Allein in London gibt es mehr als 40 000 Obdachlose. In den USA haben 47 Millionen Menschen keine Krankenversicherung.[47]

Das Entwicklungsprogramm der Vereinten Nationen (UNDP) macht seinerseits folgende Rechnung auf: In den Ländern der Dritten Welt verfügen 1,3 Milliarden Menschen über weniger als 1 Dollar pro Tag zum Leben. 500 Millionen Menschen werden vor Erreichen des 40. Lebensjahres sterben. Die Verteilung des Grundbesitzes, besonders an Ackerland, ist skandalös. So kontrollieren beispielsweise in Brasilien 2 Prozent der Grundbesitzer 43 Prozent des nutzbaren Bodens. 153 Millionen Hektar liegen brach. Unterdessen irren 4,5 Millionen bäuerliche Familien mittellos und hungernd durch die Straßen.[48]

Im Zusammenhang mit dem Finanzkapital und dem Industriekapital gebraucht Marx in einem Brief den merkwürdigen Begriff »fremde Mächte«. Das soll heißen: Wie durch fremde Besatzungsarmeen, die ein Land unterwerfen, wird der freie Wille der durch diese Mächte angegriffenen Menschen verfälscht, ja häufiger noch neutralisiert.

Profitmaximierung, beschleunigte Akkumulation des Mehrwerts, Monopolisierung der wirtschaftlichen Entscheidung widersprechen den tiefen Sehnsüchten und individuellen Interessen der allermeisten. Die Warenrationalität verwüstet die Gewissen, entfremdet den Menschen und bringt die Masse um ein frei diskutiertes, demokratisch gewähltes Schicksal. Die Warenlogik erstickt die irreduzible, unvorhersehbare, auf ewig rätselhafte Freiheit des Individuums. Der Mensch wird auf seine reine Warenfunktion reduziert. Die »fremden Mächte« sind wahrhaftig die Feinde des Volkes und des Landes, das sie besetzen.

Naomi Klein beschreibt packend die Arbeitsbedingungen der jungen philippinischen Arbeiterinnen, die von den (koreanischen, taiwanesischen) Zulieferern der Textil-, Sportartikel- oder Computer-Multis in abgelegenen Landesteilen rekrutiert werden. Die Frauen werden in einer der aus dem Boden gestampften Fabriken in den »Sonderproduktionszonen« bei Manila eingesperrt, wo 14- bis 16-stündige Arbeitstage gang und gäbe sind. An diesen Orten gelten keine nationalen Gesetze. Die Löhne sind miserabel. Überstunden werden selten bezahlt. Vorarbeiter und bewaffnete Milizen, die im Namen des Unternehmers für Ordnung im Betrieb sorgen, setzen sich über die Rechte der Arbeiter rücksichtslos hinweg.[49]

Von China bis Honduras, Mexiko und Guatemala, von Südkorea bis zu den Philippinen, Sri Lanka und Santo Domingo sind heute fast 30 Millionen Menschen von der modernen Sklaverei betroffen. Die Internationale Arbeitsorganisation beziffert die Zahl der »Sonderzonen« auf 850, die sich auf 70 Länder verteilen.

Die Fabriken, in denen diese Sklavinnen und Sklaven die für die transkontinentalen Gesellschaften bestimmten Markenprodukte herstellen, heißen, wie gesagt, auf Englisch *sweat-shops*, auf Spanisch *maquiladoras*. Sie befinden sich ausnahmslos in Freizonen, wo der Fabrikbesitzer weder Einfuhrzölle (für die Rohstoffe) noch Ausfuhrzölle (für die nach Nordamerika oder Europa gehenden Fertigprodukte), noch irgendwelche Steuern bezahlt.

Ich habe selber die grauen, tristen, mit Stacheldrahtzäunen abgesperrten Barackenlager gesehen, die sich zu Füßen der alten Stadt Santo Domingo in der Karibik erstrecken. Ich erinnere mich an die Scharen von jungen Arbeiterinnen – die Gesichter vorzeitig gealtert, die Bewegungen schwerfällig, die Körper erschöpft –, die gegen 20 Uhr, zum Ton einer Sirene, diese Sonderproduktionszone der Dominikanischen Republik verließen. Auch in den westlichen Vorstädten von Dakha in Bangladesh habe ich Scharen ausgemergelter Arbeiterinnen gesehen, die erschöpft aus den Textilfabriken der Sonderproduktionszone kamen und in ihre von Ratten verseuchten Hütten in der Elendssiedlung von Goulshan heimkehrten.

65 Prozent des von den fünfzehn Ländern der EU eingeführten Kinderspielzeugs – Puppen, Miniatureisenbahnen, Bälle, Roboter, Monopoly usw. – kamen 2002 aus diesen Sonderproduktionszonen. Die zwei größten transkontinentalen Gesellschaften, die den Markt kontrollieren, sind Mattel (Barbie-Puppe) und Hasbro (Monopoly). Sie verfolgen unterschiedliche Strategien: Mattel errichtet in den Sonderzonen seine eigenen Fabriken, während Hasbro die Herstellung seiner Produkte Zulieferern (aus China, Korea usw.) überlässt, die ebenfalls in diesen Zonen tätig sind.[50]

China lebt bekanntlich unter dem Regime der Einheitspartei. Das System der Ausbeutung, das die kommunistischen Apparatschiks unter Mittäterschaft der transnationalen Spielzeugfirmen errichtet haben, ist von unerbittlicher Brutalität: In den chinesischen »Sonderproduktionszonen« schuften die Arbeiterinnen und Arbeiter bis zu 16 Stunden täglich – sieben Tage die Woche. Der durchschnittliche Stundenlohn entspricht etwa 70 Euro-Cents. Entlohnung von Überstunden und Nachtarbeit? Mindestlöhne? In den chinesischen Sonderzonen sind sie unbekannt. Mutterschaftsurlaub? Davon haben die Arbeiterinnen in diesen Zonen noch nicht einmal gehört.

Essenspausen werden mit der Uhr gestoppt. In vielen Werkstätten dauern sie nicht länger als fünf Minuten.

Das System funktioniert prächtig: Wenn das Spielzeug in den Kaufhäusern von Berlin, Paris, Rom oder Genf eintrifft, betragen die Lohnkosten kaum 6 Prozent des Verkaufspreises. Die internationalen Spielzeugtrusts verdienen sich eine goldene Nase, und die kommunistischen Apparatschiks füllen sich freudig ihre Taschen.[51]

Die chinesischen Arbeiterinnen und Arbeiter aber werden mit Sicherheit vorzeitig sterben: an den giftigen Ausdünstungen, die

die unhygienischen Werkstätten verpesten – das Spielzeug hat fröhliche Farben –, an Fehlernährung oder an einer der vielen durch Elend verursachten Krankheiten.

Betrachten wir nacheinander das Schicksal des Industriekapitals und dann des Finanzkapitals: Laut Pierre Veltz sind beide völlig verschieden voneinander.[52]

In puncto Industriekapital ist die Globalisierung nicht soweit fortgeschritten, als man oft glaubt. Die wirklich globalisierten Produktions- und Dienstleistungsunternehmen sind noch verhältnismäßig wenig zahlreich. Ein grobmaschiges Netz von »globalisierten« Produktionsstätten überzieht den Planeten. Rund um die Bergbaustädte oder Produktionseinrichtungen, die kostspielige Technologien einsetzen, dehnen sich Wüsten, in denen die Menschen in einer Subsistenzwirtschaft leben oder im Elend verkommen.

Das Finanzkapital dagegen ist unabhängig von Raum und Zeit. Es bewegt sich in einer Welt und einem Cyberspace, die virtuell eins sind. Außerdem hat es sich allmählich verselbstständigt: Milliarden von Dollar »flottieren« ungebunden, in völliger Freiheit. Dieser Prozess datiert nicht erst von heute, aber er beschleunigt sich mit erstaunlicher Geschwindigkeit. Die Revolution des Telefons, die Datenfernübertragung in Echtzeit, die Digitalisierung von Texten, Klängen und Bildern, die äußerste Miniaturisierung von Computern und die allgemeine Verbreitung der Informatik machen die Überwachung dieser Kapitalbewegungen – über 1000 Milliarden Dollar täglich – praktisch unmöglich. Kein Staat, und sei er noch so mächtig, kein Gesetz und keine Bürgerversammlung kann behaupten, Kontrolle über diese Bewegungen auszuüben.

Vitalität und Erfindungsgabe der Finanzmärkte nötigen zweifellos Bewunderung ab. Neue Produkte, eines immer noch raffinierter, komplexer, innovativer als das andere, folgen einander in verblüffendem Tempo. Nehmen wir nur die Unmenge von Finanzprodukten, die sich »Derivate« nennen.[53] Sie belaufen sich auf über 1700 Milliarden Dollar. Alles und jedes kann heutzutage Gegenstand »derivativer« Spekulationen sein: Ich schließe einen

Vertrag über den Kauf einer Ladung Erdöl, einer Währung, eines Ernteertrags u. ä. m. zu einem festgelegten Zeitpunkt und zu einem festgelegten Preis. Weist die Börse zu diesem Zeitpunkt einen niedrigeren Preis aus als den vertraglich ausgemachten, habe ich verloren. Andernfalls habe ich gewonnen.

Der Wahnsinn besteht in folgendem: Ich kann auf »derivative« Produkte spekulieren, ohne mehr als fünf Prozent Eigenkapital zu investieren. Der Rest läuft über Kredit. Nun kann man auf derivative Produkte anderer derivativer Produkte spekulieren und so weiter und so fort. Eine extrem anfällige Kreditpyramide also, die sich unaufhörlich vergrößert und in den Himmel wächst.

Diese jungen Genies (Männer wie Frauen), die mithilfe ihrer am Computer ausgetüftelten mathematischen Modelle versuchen, die Bewegungen des Marktes vorherzusehen, den Zufall zu beherrschen und die Risiken zu minimieren, arbeiten wie Formel-1-Piloten. Sie müssen im Bruchteil einer Sekunde reagieren. Denn jede irrige Entscheidung kann eine Katastrophe nach sich ziehen. Die Spannung ist enorm; denn wie gesagt: Der Börsenmarkt ist rund um die Uhr in Aktion.

Die Trader sind wahrlich der Inbegriff des Finanzkapitalismus: Das wahnwitzige Verlangen nach Macht und Profit beseelt sie, der unauslöschliche Wille zur Vernichtung der Konkurrenz verzehrt sie. Mit Amphetaminen halten sie sich wach. Sie machen Gold aus Wind. In den multinationalen Großbanken der Welt verdienen diese jungen Genies zwei- bis dreimal mehr als der Vorstandsvorsitzende ihrer Bank. Sie kassieren Gratifikationen und astronomische Beteiligungen an den Gewinnen, die sie ihrem Institut bescheren. Es sind die Krösusse unserer Epoche. Ihr Wahnsinn wirft Geld ab.

Aber es passieren Pannen.

Im März 1995 bescherte ein 28-jähriger Engländer mit Milchgesicht und fiebrigem Gehirn seinen Vorgesetzten innerhalb von achtundvierzig Stunden den bescheidenen Verlust von einer Milliarde Dollar. Nick Leeson war Trader der Baring Bank London an der Börse von Singapur. Seine Spezialität: Derivate von japanischen Wertpapieren aus dem Sektor der Stromerzeugung.

Anfang 1995 verwüstete ein furchtbares Erdbeben die Region von Kobe und andere, stark industrialisierte Gegenden Japans. Zahlreiche Kraftwerke, Umspanneinrichtungen und Fabriken wurden zerstört. An der Börse von Singapur (von Tokio usw.) fielen die Kurse der mit Stromerzeugung verbundenen Wertpapiere binnen Stunden in den Keller. Die Derivatpyramiden, die Leeson so geduldig aufgetürmt hatte, waren ein Trümmerhaufen.

Leeson, eitler als ein Pfau, weigerte sich, seinen Fehler einzugestehen. Er fälschte Unterlagen. Doch die Sache flog auf, und so wurde er festgenommen und schließlich zu sechs Jahren Haft verurteilt.[54] Seine Bank aber, die 1762 gegründete, älteste und angesehenste unter Englands Privatbanken, ging im Sturm unter.

Weitere Beispiele gefällig? Ihre Liste ist lang. Im April 1994 wird die mächtige Deutsche Metallgesellschaft in München durch Spekulationen mit zwischengeschalteten Derivaten um 1,4 Milliarden Dollar erleichtert. In den USA verlieren Orange County und andere öffentliche Körperschaften Kaliforniens durch Spekulationen mit Derivaten Hunderte von Millionen Dollar. Der amerikanische Steuerzahler muss für den Schaden aufkommen.

Ein Albtraum verfolgt die Verantwortlichen der staatlichen Zentralbanken: dass das kapitalistische System selbst eines Morgens davongefegt wird von einer Kettenreaktion, vom sukzessiven Zusammenbruch der Kreditpyramiden, ausgelöst durch unglücklich agierende oder kriminelle Trader...

Im August 1996 gab die Regierung von Washington eine Reihe höchst erfreulicher Neuigkeiten bekannt: Die Arbeitslosigkeit sank deutlich, die amerikanische Wirtschaft nahm ihren Wachstumskurs wieder auf, die industrielle Produktivität stieg, der private Konsum desgleichen, die Exporte nahmen zu. Wie reagierte die Börse an der Wall Street darauf? Mit Panik! Die wichtigsten Industrietitel verzeichneten einen starken Rückgang. Denn für die Spekulanten grenzt die Schaffung von Hunderttausenden neuer Arbeitsplätze an eine Horrorvorstellung, ebenso die Zunahme des Binnenkonsums. Beide kündigen immer eine mögliche Steigerung der Inflationsrate und die wahrscheinliche Erhöhung der Zinssätze an. Und damit eine massive Verschiebung des Spekulationskapitals von den Aktienmärkten zum Geldmarkt, zu Obligationen und *municipal bonds*.

Heute steht den Zentralbanken der wichtigsten Staaten der Erde nur ein einziges Mittel zu Gebote, mit dem sie versuchen können, den Finanzmarkt zu regulieren: die Festlegung der Wechselkurse und Zinssätze. Völlig unzulängliche Waffen, wie der Kurssturz an der Wall Street im August 1996 beweist. Die Welt wird regiert von den dunklen Ängsten, »Intuitionen«, Wünschen, »Gewissheiten«, der zügellosen Spielbesessenheit und Profitgier der Börsenhändler. Um dies alles rational zu durchdringen, beschäftigen die Genfer Privatbankiers gerne Fachleute der Theoretischen Physik, die im Allgemeinen von CERN kommen.[55] Diese Physiker tüfteln komplexe mathematische Modelle aus, welche die mit den Kauf- und Verkaufsentscheidungen der Trader verbundenen Risiken minimieren sollen. Aber es nutzt nichts: Die Bewegungen der Börse werden unmittelbar beeinflusst von affektiven Reaktionen, »Intuitionen« und Gerüchten, welche die Fantasie der Akteure beherrschen...

Rund 1000 Milliarden Dollar wechselten im Jahre 2001 börsentäglich den Besitzer. Von dieser Summe betrafen nur 13 Prozent die Begleichung einer aus Handelstätigkeit entstandenen Verbindlichkeit (Lieferung einer Ware, Tantiemen für ein Patent, Kauf eines Grundstücks, industrielle Investition u. ä.). 87 Prozent der Gesamtsumme waren reine Geldtransaktion ohne Wertschöpfung. Der deutsche Soziologe Max Weber schreibt in »Die protestantische Ethik und der ›Geist‹ des Kapitalismus«[56]: »Reichtum ist eine Kette wertschöpfender Menschen.« Davon kann heute keine Rede sein.

Heutzutage ist Reichtum die Frucht unvorhersehbarer Machenschaften von gierigen und zynischen Spekulanten, die besessen sind vom Gedanken an Gewinn um jeden Preis und Profitmaximierung.

Die spekulative Blase wächst unaufhörlich. Die virtuelle Wirtschaft kommt der Realwirtschaft zuvor.

4. Die Verwüstung der Natur

Die unsichtbare Hand des globalisierten Marktes zerstört nicht nur die menschlichen Gesellschaften. Sie mordet auch die Natur.

Von all den Schäden, die der Natur vom multinationalen Finanzkapital zugefügt werden, greifen wir als Beispiel die Verwüstung der Urwälder unseres Planeten heraus. Sie werden durch Überausbeutung von den transnationalen holzverarbeitenden Gesellschaften vernichtet. Darüber hinaus sind riesige agrarindustrielle Konglomerate praktisch ständig auf der Suche nach neuen Ländereien, um ihre Plantagen zu vergrößern oder die extensive Rinderzucht auszuweiten. Zu diesem Zweck brennen sie jährlich Zehntausende von Hektar Urwald nieder.

Heute bedecken tropische Wälder nur mehr 2 Prozent der Erdoberfläche, beherbergen aber fast 70 Prozent aller Pflanzen- und Tierarten. Im Laufe von 40 Jahren (1950–1990) ist die von Urwäldern bedeckte Fläche weltweit um über 350 Millionen Hektar geschrumpft: 18 Prozent des afrikanischen Waldes, 30 Prozent der ozeanischen und asiatischen Wälder und 18 Prozent der lateinamerikanischen und karibischen Wälder wurden zerstört. Gegenwärtig schätzt man, dass jährlich über 3 Millionen Hektar Wald zerstört werden. Betroffen ist die biologische Vielfalt: Jeden Tag werden biologische Arten (Tiere und Pflanzen) für immer ausgerottet, allein zwischen 1990 und 2000 über 50 000 Arten. Betroffen sind die Menschen: Bei der ersten statistischen Erhebung 1992 gab es im Regenwald des Amazonas weniger als 200 000 autochthone Einwohner (vor der Kolonisation waren es 9 Millionen).[57]

Der Regenwald des Amazonas ist der größte Urwald der Erde. Das Stromgebiet des Flusses umfasst an die sechs Millionen Quadratkilometer. Das Institut zur Erforschung des Weltraums mit Sitz in São Paulo (Brasilien) überwacht den Regenwald mithilfe von Satelliten, die in regelmäßigen Abständen das Fortschreiten der Wüstenbildung fotografieren. Allein im Jahre 1998 wurden 16 838 Quadratkilometer[58] Regenwald vernichtet, das entspricht einer Fläche von der halben Größe Belgiens oder von der Größe des Freistaats Thüringen. Und die Zerstörungen beschleunigen sich: 1998 lagen sie um 27 Prozent höher als 1997. Das erwähnte Institut hat seine Überwachungsarbeit 1972 aufgenommen. Seither wurden über 530 000 Quadratkilometer Regenwald vernichtet.[59]

Aber das Amazonasgebiet ist die grüne Lunge des Planeten.

Die brasilianische Regierung erlässt ununterbrochen neue Gesetze, eines drakonischer als das andere, gegen die vorsätzlich gelegten Waldbrände, gegen die unerlaubte Abholzung; sie gibt immer neue Regelungen in Bezug auf Ausbeutung und Abtransport der Nutzhölzer bekannt. Aber diese Gesetze und Regelungen werden nicht angewendet. Unter vielen Beamten, Abgeordneten und Gouverneuren grassiert die Korruption. Außerdem ist die Überwachung dieses riesigen Gebietes schwierig: Sie kann nur aus der Luft erfolgen. Doch dichte weiße Wolken bedecken monatelang das Amazonasgebiet. Man schätzt, dass rund 20 Prozent der vorsätzlich gelegten Brände nie entdeckt werden.

Die klimatischen Folgen der Zerstörung der tropischen Wälder durch die Beutejäger der transkontinentalen Holzverarbeitungs- und Viehzuchtgesellschaften sind katastrophal. Das sukzessive Verschwinden der Urwälder bringt das Klima durcheinander. Furchtbare Dürreperioden vernichten fruchtbare Böden und rauben den Menschen ihre Existenzgrundlage.

In einigen Regionen der Welt, besonders im Afrika der Sahelzone, hat die Wüstenbildung auf früher fruchtbare Böden übergegriffen. Afrika ist ein Kontinent, dessen Oberfläche mittlerweile zu zwei Dritteln aus Wüsten oder ariden Zonen besteht. Und 73 Prozent der ariden afrikanischen Böden sind bereits schwer oder mittelschwer degradiert (entwertet). In Asien sind 1,4 Milliarden Hektar von Wüstenbildung betroffen, und 71 Prozent der ariden Böden des Kontinents sind mittelschwer oder schwer degradiert. Im südlichen Mittelmeergebiet sind zwei Drittel der ariden Böden schwer von permanenter Trockenheit betroffen.

Zu Beginn des 21. Jahrhunderts sind fast eine Milliarde Männer, Frauen und Kinder durch Wüstenbildung bedroht. Hunderte von Millionen Menschen leben, ohne regelmäßigen Zugang zu Trinkwasser zu haben.

In einigen Zonen des Sahel wächst die Sahara jedes Jahr um fast zehn Kilometer. Die für das Überleben nomadischer und halbnomadischer Völker wie Tuareg oder Fulbe so wichtigen Teiche verschwinden weiträumig. Die während der Regenzeit gepflanzte Gerste war für diese Nomaden bis vor kurzem ein oft ausschlaggebender Bestandteil der Ernährung. Gar nicht zu reden von den Brunnen, die erst das Überleben in den Dörfern ermöglichen. Im Norden von Burkina, Mali oder Niger befindet sich der Grundwasserspiegel heute oft in 50 Meter Tiefe. In diese Tiefe vorzudringen und Brunnen anzulegen, die Trinkwasser aufnehmen und liefern, erfordert technische Mittel, die weder die Fulbe noch die Bambara noch die Mossi besitzen. Man muss nämlich mithilfe von Maschinen ein Loch bohren, dann den Brunnenschacht sichern, das heißt ausbetonieren, und schließlich leistungsfähige Pumpen installieren, um das Wasser nach oben pumpen zu können. Das alles kostet Geld und erfordert Zement und sonstiges Material. Aber die Dorfbewohner sind in der Regel arm wie die Kirchenmäuse. Und so raubt ihnen die Wüstenbildung allmählich ihr Trinkwasser.

Im gesamten Norden und Nordosten des Senegal, aber auch in anderen Ländern der Region werden Hunderttausende von Bauern und Hirten – Tukulor, Wolof, Sarakole, Fulbe – Opfer der fortschreitenden Wüstenbildung auf ihren Böden. Was tun diese Bauern, diese Viehzüchter und ihre Familien, wenn die Wüste ihre Böden verschlungen hat? Nun, sie ziehen weiter. Sie machen sich auf den Weg in die nächste Stadt, begleitet von ihren ausgemergelten Kindern, einigen Ziegen und Küchenutensilien und manchmal vielleicht einem am Leben gebliebenen Esel. Die Frauen schleppen die Habseligkeiten, die Männer gehen voran, wobei sie mit ihren Stöcken auf den Boden schlagen, um die Schlangen zu vertreiben. Nach Tagen, manchmal nach Wochen, kommen sie entkräftet in der Stadt an.

Dort warten schmutzige Elendsviertel auf sie.

Auf unserem Planeten zählt man gegenwärtig rund 250 Millionen Männer, Frauen und Kinder aller Nationalitäten, jeder ethnischen Herkunft, die über die Straßen irren, weil ihr heimatlicher Boden Stein und Staub geworden ist. In offiziellen Dokumenten heißen sie »Umweltflüchtlinge«.[60]

1992 wurde in Rio de Janeiro der »Erdgipfel« abgehalten, einberufen von den Vereinten Nationen, um eine Liste der hauptsächlichen Gefahren zu erstellen, die das Überleben auf dem Planeten bedrohen. Fast alle Staaten hatten ihre Diplomaten und Experten entsandt. Eine Konvention zur Bekämpfung der Wüstenbildung wurde ins Leben gerufen. Ihr Sekretariat befindet sich heute in Bonn. Geleitet wird es von einem außergewöhnlichen Mann: Hama Arba Diallo.

Vom 30. November bis zum 11. Dezember 1998 kamen die Vertreter der 190 Signatarstaaten der Konvention sowie Hunderte von Nichtregierungs-Delegierten in Dakar zusammen, um – zum zweiten Mal seit Errichtung der Konvention – Bestandsaufnahme zu machen. Die Bilanz war schrecklich. Trotz aller zugesagten Bemühungen wachsen die Wüsten der Welt unerbittlich weiter. Die Konferenz von Dakar hat eine minutiöse Liste aller Gegenmaßnahmen aufgestellt, die unverzüglich ergriffen werden müssten, und die notwendigen Mittel zur Finanzierung dieser Dringlichkeitsprogramme auf 43 Milliarden Dollar beziffert.

Die Konferenz fand im internationalen Kongresszentrum im Hotel »Méridien-Président«, auf der Westspitze der Halbinsel Kap Verde, statt. Während eines Arbeitsessens saß ich zufällig neben Ian Johnson; er ist ein lebenslustiger, quicklebendiger Rotschopf und niemand anderer als der Vizepräsident der Weltbank. Johnson ist ein britischer Ökonom, hoch angesehen, sehr pragmatisch, ein alter Fuchs jener Bank, für die er seit mehr als zwanzig Jahren arbeitet. Die Zahl von 43 Milliarden Dollar, die notwendig seien, um die Dringlichkeitsprogramme auf den Weg zu bringen, hatte mich beeindruckt. Johnson selbst war es gewesen, der bei der Vollversammlung diese wissenschaftlich fundierten Berechnungen vorgelegt hatte. Ich wollte Einzelheiten wissen, mich über die Grundlage der Berechnungen und die Identität der Geldgeber informieren, die diese Summe aufbringen würden. Johnson hörte mir wohlwollend zu. Dann sagte er: »*Don't worry. Nobody has this kind of money!*« («Keine Sorge. So viel Geld hat niemand übrig!«)

Auf den letzten Seiten habe ich die klimatischen Veränderungen (und ihre sozialen Folgen) betont, die durch die Zerstörung der tropischen Wälder hervorgerufen werden; diese selbst ist hauptsächlich das Werk transkontinentaler Holzverarbeitungs- und Viehzuchtgesellschaften. Aber noch zahllose weitere Fälle zeugen von den irreparablen Schäden, welche die Beutejäger der Natur zugefügt haben. Ich nenne ein Beispiel: die Verwüstung des Nigerdeltas durch die Erdölgesellschaft Shell.

Nigeria, bewohnt von über 100 Millionen Menschen und viertgrößter Erdölproduzent der Welt, ist ein mächtiges Land. Seit zwei Jahrzehnten wird es von Militärdiktatoren regiert – sie sind zumeist aus dem muslimischen Norden des Landes und einer korrupter und grausamer als der andere. Das Regime kann auf die finanzielle Solidarität der großen Erdölunternehmen zählen, namentlich der Gesellschaft Shell. Mitunter machen die Diktatoren Miene, unter dem Druck der Weltmeinung einen Schritt zurückzuweichen. Diese Schönwetterperioden sind jedoch meist nur von kurzer Dauer.[61]

Im Delta des Niger lebt ein tapferes Volk von Fischern und Bauern: die Ogoni. Ihre Böden, Fauna und Flora sind durch die Umweltverschmutzung infolge der Bohrungen von Shell ruiniert worden. Angeführt von dem international angesehenen Schriftsteller Ken Saro-Wiwwa, der selbst Ogoni war, hatten die Bewohner des Deltas in den Neunzigerjahren begonnen, sich zu organisieren, um gegen den Erdöltrust zu protestieren. Diese Bewegung weckte ein nachhaltiges Echo und wurde vor allem von Umweltorganisationen in den USA und Großbritannien unterstützt.

Aber der Gegenschlag der nigerianischen Generäle war brutal: Am Freitag, dem 10. November 1995, ließ Staatschef Sani Abacha den Schriftsteller Ken Saro-Wiwwa und acht weitere militante Umweltschützer im Innenhof des Gefängnisses Harcourt aufhängen.

Kommen wir zum Schluss! Die Beutejäger sind heute im ganz buchstäblichen Sinne des Wortes dabei, den Planeten zu zerstören.

5. Die Korruption

Korruption (Bestechung) besteht darin, dass man dem Beamten einer öffentlichen Behörde (oder dem Chef eines Privatunternehmens) einen Vorteil anbietet oder verspricht, damit der Betreffende seine Pflicht gegenüber der Behörde (oder dem Unternehmen) verletzt. Der den Vorteil anbietet, ist der Korrumpierer (aktive Bestechung). Der den Vorteil annimmt und seine Dienstpflichten verletzt, ist der Bestochene, der Korrumpierte. Der Bestochene kann den Vorteil entweder ausdrücklich fordern oder passiv entgegennehmen. Der ursächliche Zusammenhang zwischen Annahme des Vorteils und Verletzung der Dienstpflicht ist jedoch in beiden Fällen derselbe.

Die Weltbank schätzt die Gesamtsumme der jährlich fließenden Bestechungsgelder weltweit auf über 80 Milliarden Dollar. Der wirtschaftliche Schaden, der durch das Verhalten der Bestochenen (überhöhte Rechnungen, bewusste Abnahme mangelhafter Ware usw.) verursacht wird, beläuft sich auf astronomische Summen. Jene, die am Ende der Korruptionskette die Zeche zahlen, sind natürlich die Menschen, und zwar zumeist die ärmsten unter ihnen.

Mohamed Lebjaoui war Chef der Fédération de France des FLN und Mitglied des ersten Nationalrats der algerischen Revolution (CNRA). Nach seiner Festnahme verbrachte er lange Jahre in Fresnes (Frankreich) im Gefängnis. 1962 wurde er erster Präsident der Konsultativversammlung des befreiten Algerien. Nach dem Staatsstreich Houari Boumediennes gegen Ahmed Ben Bella im Jahre 1965 wählte er das Exil und ließ sich in Genf nieder. Lebjaoui, beispielhafter Revolutionär und begabter Schriftsteller kabylischer Herkunft, war ursprünglich ein wohlhabender Geschäftsmann in Algier gewesen. Doch er stellte Leben und Gut in den Dienst des Befreiungskampfes seiner Heimat.[62]

Wir waren Nachbarn im Chemin des Crêts-de-Champel in Genf. Bei unseren langen Spaziergängen sprachen wir oft über Korruption. Eines Tages sagte Lebjaoui: »Das erste und dringendste Geschäft jeder revolutionären Regierung, die in die befreite Hauptstadt einzieht, muss die Ernennung eines Buchhalters sein.«

In Schweden, in Finnland, in Norwegen, in Dänemark, in der Schweiz gehen die Regierungsmitglieder zu Fuß, wenn sie ins Büro müssen, nehmen das Fahrrad oder benutzen die öffentlichen Verkehrsmittel. Ein Minister, der sich unter Sirenengeheul und umschwärmt von motorisierter Polizei von seiner Wohnung zu seinem Arbeitsplatz chauffieren ließe, würde in einem protestantischen Land äußerst scheel angesehen, und für seine politische Zukunft würde ich keinen Pfifferling mehr geben. Aber waren Sie schon einmal dabei, wenn in Port-au-Prince, in Tegucigalpa, in Ouagadougou oder Djakarta ein Minister, der Präsident eines Abgeordnetenhauses oder ein anderer einheimischer Würdenträger unterwegs ist? Straßensperren, heulende Sirenen, auf der Lauer liegende Leibwachen... Ein Geleitzug aus Mercedes und Cadillac, gefolgt von einem Toyota mit getönten Scheiben und einem gepanzerten Landrover, transportiert eine wichtige Persönlichkeit. René Dumont pflegte zu sagen: »Das wichtigste Unterdrückungsinstrument in Afrika ist der Mercedes.«

Und nach dem Auto die Wohnung. In den führenden Ländern der Welt leben die Mächtigen oft ganz bürgerlich, manchmal geradezu bescheiden (ich denke an die Wohnung Olof Palmes in Stockholm oder an das kleine Haus in Nußdorf bei Wien, das Bruno Kreisky sein Leben lang genügte). Der König von Marokko hingegen unterhält in jeder Stadt seines Landes einen kostspieligen Palast samt einem Heer von Dienstboten und Wachen. Und was das neue Präsidentenpalais betrifft, das Blaise Campaore nach der Ermordung Thomas Sankaras auf der Hochebene von Ouagadougou errichten ließ, so ist es ein Millionengrab (Dollar-Millionen, versteht sich).

Die Aufwendungen der Machthaber in Afrika, Asien und Lateinamerika scheinen einer Faustregel zu gehorchen: Je ärmer und verschuldeter ihr Land, desto luxuriöser ihr eigener Lebensstil und der ihrer Familien und Kurtisanen.

Aber als regelmäßige Praxis hat die Korruption noch viel gravierendere Folgen: Langfristig zerstört sie das unentbehrliche Vertrauensverhältnis zwischen den Bürgern und dem Staat. In diesem Sinne stellt sie eine der wesentlichen Ursachen für die Schwächung des Nationalstaats dar, von der wir oben gesprochen haben.

Die Beutejäger setzen Korruption als bevorzugtes Herrschaftsmittel ein. Trotzdem wäre es ungerecht, ihnen allein die Schuld an den korruptionsbedingten Verwerfungen und Auswüchsen und physischen und moralischen Verelendungen zu geben. Hollenweger spricht in diesem Zusammenhang von der »erdrückenden Verantwortung« gewisser »Dritte-Welt-Eliten«.[63] Und er hat Recht. Großmächtige, gerissene Kleptokraten suchen zahlreiche Länder der Dritten Welt heim. Die Beziehungen, die sie zu ihren Komplizen auf der nördlichen Hemisphäre unterhalten, sind komplex. Denn die Grenzen zwischen aktiver und passiver Bestechung verwischen sich sehr schnell.

Die meisten dieser Kleptokraten sind in Bank- und Finanzdingen völlig unbewandert. In der Regel sind sie mit nackter Gewalt an die Macht gekommen. Aber alles, was sie interessiert, ist, wie sie ihren Besitz mehren können. Einige Beispiele.

Joseph Désiré Mobutu, Eigentümer eines auf über 4 Milliarden Dollar geschätzten internationalen Finanzimperiums, hat Zaire (die heutige Demokratische Republik Kongo) von 1965 bis 1997 ausgeplündert. Seine einzige Berufsausbildung: Er war Unteroffizier in der belgischen Kolonialverwaltung.

Anastasio Somoza Debayle[64], genannt »der Herr der Friedhöfe«, dessen Dynastie in Nicaragua bis zum 19. Juli 1979 an der Macht war, besaß überhaupt keine formale Schulbildung, die diesen Namen verdient hätte. Seine Erben aber kontrollieren heute eine internationale Holdinggesellschaft von Hotelketten, Mietshäusern und Industriebeteiligungen in Europa und den USA im Wert von mehreren Milliarden Dollar.

Jean-Claude Duvalier, bekannt unter dem Namen »Bébé-Doc«

(Baby-Doc),⁶⁵ ist praktisch Analphabet. Während seiner Herrschaft in Port-au-Prince auf Haiti häufte er einen beachtlichen Schatz an. Seine Familie besitzt heute ein undurchschaubares Geflecht von Industrie-, Finanz- und Handelsgesellschaften, die auf drei Kontinenten tätig sind.

Um ihr Land ausplündern und außerhalb der Landesgrenzen Finanzholdings zur Abwicklung ihrer persönlichen Geschäfte gründen zu können, nehmen die Kleptokraten zwangsläufig Zuflucht zu den Experten der Großbanken und transkontinentalen Finanzgesellschaften. Diese Finanz-, Treuhand- oder Bankgesellschaften haben selbst Bedarf an geplündertem Kapital; sie berechnen dafür saftige Provisionen, die sie zur Finanzierung ihrer eigenen internationalen Börsen-, Immobilien- oder Kreditgeschäfte verwenden.

Um diese komplizierte, schummerige Welt besser zu verstehen, wollen wir einen bestimmten Fall genauer untersuchen: den des Ehepaars Ferdinand und Imelda Marcos, der einstigen Despoten der Republik der Philippinen. Dieser Fall hat nämlich den Vorteil, dass er aufgrund zahlreicher in den USA und in der Schweiz anhängiger Gerichtsverfahren genau dokumentiert ist.

Marcos herrschte demnach 23 Jahre lang in seinem Palast in Malacanang. Ab 1973 regiere er durch Unterdrückung der Gewerkschaften, der Kirche, der Bauernorganisationen, durch massenhafte Ermordung von Oppositionellen, methodische Folter, häufiges Verschwindenlassen von Männern, Frauen und Jugendlichen, die – sei es auch noch so zaghaft – gegen seinen Größenwahn, seine Tyrannei, seine abgrundtiefe Korruption protestierten.⁶⁶ Und so organisierte der Kleptokrat die Ausplünderung seines Volkes:

1. Jahr für Jahr entnahm Marcos Summen im Gegenwert von mehreren Millionen Dollar den Kassen der Zentralbank und den Geheimdienstfonds.
2. Zwei Jahrzehnte lang überwies Japan, die ehemalige Besatzungsmacht, der Regierung in Manila hunderte Millionen Dollar als Reparationsleistung (Kriegsentschädigung). Von jeder Überweisung behielt Marcos einen Teil für sich.

3. Die Philippinen sind eines der 35 ärmsten Länder der Erde. Die Weltbank, die Sonderorgane der UN und private Hilfsorganisationen haben ihm im Laufe der Jahre viele Millionen Dollar überwiesen und weitere Millionen in so genannte Entwicklungsprojekte investiert. Marcos, sein Hofstaat und seine Komplizen haben sich mit schöner Regelmäßigkeit bei praktisch allen diesen Überweisungen und jedem dieser Projekte bedient.
4. Angesichts der ärgerlichen Unbotmäßigkeit des ausgehungerten Volkes musste Marcos schon bald den Notstand ausrufen und ihn Jahr für Jahr verlängern. Da er praktisch alle zivilen und militärischen Vollmachten in seiner Hand vereinigte, bediente er sich der Armee, um Hunderte von Plantagen, Handelsgesellschaften, Immobiliengesellschaften und Banken, die seinen Kritikern gehörten, in Besitz zu nehmen und dann zu enteignen, um sie sodann an seine eigenen Generäle, Kurtisanen und Handlanger zu verteilen. Auf diese Weise gelangten zahlreiche Gesellschaften direkt in die Hände seiner Familie und Imelda Marcos'.

Aber Ferdinand Marcos war bei aller Eitelkeit, Gier und Brutalität auch ein vorausschauender Mensch. Er machte sich nämlich kaum Illusionen darüber, welche Gefühle für ihn er seinem Volk einflößte. So kam es, dass ein schweizerisches Bankenkonsortium ihm behilflich war, seine Beute außer Landes zu schaffen. Ein Schweizer Bankier wurde sogar eigens zu dem Satrapen nach Manila beordert. Er beriet ihn ständig über die geräuschloseste und effizienteste Weise, sein entwendetes Kapital ins Ausland zu schaffen und dort neu zu investieren.

Auf welche Gesamtsumme beläuft sich die Beute, die Marcos ins Ausland, namentlich nach Europa und in die USA, transferiert hat? Eine seriöse Schätzung beziffert den Wert des Vermögens, das beim Crédit Suisse und rund vierzig weiteren Banken lagert, auf 1 bis 1,5 Milliarden Dollar.[67]

Die Tarnung der Beute folgte einer komplexen Strategie. Der nach Manila beorderte Zürcher Bankier und sein Stab waren (seit

1968) praktisch rund um die Uhr mit der Evakuierung und dem Recycling des Geldes beschäftigt. Es gelang ihnen, täglichen Kontakt zum Kleptokraten zu halten, auch nachdem dieser (seit März 1986) auf dem amerikanischen Luftwaffenstützpunkt Hickham bei Honolulu interniert war.[68]

Zunächst wurden die schmutzigen Geldströme auf verschiedene Nummernkonten beim Crédit Suisse in Zürich gelenkt: erste Geldwäsche. Dann wurde die Beute zur Treuhandgesellschaft Fides transferiert (die dem Crédit Suisse gehört), wo sie ein zweites Mal die Identität wechselte. Schließlich die dritte Wäsche: Fides öffnete seine Schleusen, die schmutzigen Ströme verteilten sich – diesmal nach Liechtenstein. Dort ergossen sie sich in sorgfältig vorbereitete Strukturen, die so genannten »Anstalten«, eine Liechtensteiner Spezialität. Beim gegenwärtigen Stand der Verfahren sind elf solcher Anstalten bekannt. Sie tragen so blumige Namen wie »Aurora«, »Charis«, »Avertina«, »Wintrop« usw.

Putziges Detail am Rande: Um den Kapitaltransfer zu rationalisieren, ernannte Marcos schon 1978 einen Direktor des Crédit Suisse zum Generalkonsul der Philippinen in Zürich!

Der Codename, den Marcos seit 1968 in seiner Korrespondenz mit den Bankiers gebrauchte, war »William Sanders«, der seiner Frau »Jane Ryan«. Für dieses geheimnisvolle Paar Sanders-Ryan werden die Schweizer Bankiers Dutzende von Investitionsgesellschaften in Liechtenstein und Panama gründen, Hunderte von Immobilien in Paris, Genf, Manhattan, Tokio erwerben, Hunderttausende von Börsenoperationen tätigen.

Trotz der sprichwörtlichen Gewandtheit der Schweizer Bankiers wird die amerikanische Domäne Sanders-Ryan den Sturz des Satrapen nicht unbeschadet überstehen. Sehr bald belasten die New Yorker Richter Frau Ryan-Imelda. Sie werfen ihr vor, auf amerikanischem Boden private Einkäufe im Wert von über 100 Millionen Dollar mit Geld getätigt zu haben, das aus der philippinischen Staatskasse gestohlen wurde. Dann werden Dutzende von Immobilien amtlich versiegelt, die auf die gleiche Weise von Herrn Sanders-Marcos (oder seinen Tarngesellschaften) erworben wurden.

Aber was ist aus den Schätzen geworden, die in der Schweiz, in anderen Teilen Europas und in den USA versteckt wurden? Ganze Regimenter von brillanten Fachanwälten haben Imelda Marcos, ihr Clan und die anderen mit dem verstorbenen Kleptokraten verbandelten und nun ebenfalls gestürzten Clans im Laufe der Jahre aufgeboten, um die zahllosen von der Regierung in Manila angestrengten Verfahren auf Herausgabe der Gelder möglichst wirksam zu sabotieren. Aus diesem Grund wurde bis 2002 nur ein kleiner Teil der von den beiden Marcos beiseite geschafften Beute an den philippinischen Staat zurückerstattet.

Manila ist die asiatische Kapitale der Kinderprostitution.[69] Millionen von Zuckerrohrschneidern leben in völliger Mittellosigkeit. Ihre Kinder versuchen, sich durchzuschlagen, so gut sie können. Hunderttausende von Familien auf den Inseln Luzon, Mindanao und Vebu werden von Unterernährung und hungerbedingten Seuchenerkrankungen heimgesucht. Hunderttausende von Filipinas und Filipinos sind zur Auswanderung gezwungen. In Saudi-Arabien, Katar, Kuwait werden die jungen Filipinas als Hausmädchen eingestellt und wie Sklavinnen behandelt – ausgebeutet, gedemütigt, rechtlos.

Über ein Fünftel der knapp 70 Millionen Philippiner sind Muslime. Der Widerstand gegen die katholischen Großgrundbesitzer und ihre Regierung in Manila wächst besonders bei der muslimischen Jugend rapide. Auf der Insel Mindanao sind islamische Freiheitsbewegungen aktiv. Viele ihrer Kombattanten sind in Lagern der Al-Kaida in Afghanistan ausgebildet worden. Sie unterstützen nach wie vor Osama bin Laden.

Mit einem Wort, für den heute drohenden Zerfall der Republik, die abgrundtiefe Armut der Mehrheit der Bevölkerung und die Ausbreitung des Terrorismus ist ganz unmittelbar die grassierende Korruption verantwortlich, die Ferdinand und Imelda Marcos und die Beutejäger des Crédit Suisse in Gang gesetzt haben.

Pflichtvergessenheit der »Eliten« und Korruption in großem Stil sind ständige Geißeln in vielen Ländern der Dritten Welt. Aber der

Widerstand regt sich. In den betroffenen Völkern selbst, tagtäglich ausgebeutet und gedemütigt durch Korruption, erheben sich Stimmen, rüsten sich Frauen und Männer, um den Staat von diesen Schakalen und Hyänen zu befreien.

Mit Rührung erinnere ich mich an Francisco Peña-Gómez, genannt »Chico«. Er war ein wunderbarer Mensch, ein Freund, Anführer des Partido Revolucionario Dominicano (PRD), Vizepräsident der Sozialistischen Internationale und Generalsekretär ihres lateinamerikanischen Komitees. Peña-Gómez war ein prachtvoller Schwarzer, von beeindruckender Intelligenz und voller Lebensfreude. Von Beruf Rechtsanwalt, hatte er in den USA studiert und dort – in der demokratischen Linken und der Gewerkschaftsbewegung – dauerhafte Freundschaften geknüpft. Sein Leben aber war dem Kampf gegen die Hydra der Korruption und gegen die Sonderproduktionszonen geweiht. 1994 habe ich seinen letzten Wahlkampf um das Amt des Staatspräsidenten verfolgt.

Die Dominikanische Republik bildet die östliche Hälfte der prächtig im Karibischen Meer gelegenen Insel Hispaniola (Haiti die westliche). Ihre jüngste Geschichte ist dornenreich. Von 1930 bis 1961 herrschte ein grausamer, gerissener Operettenkönig namens Rafael Leónidas Trujillo über ein Volk von 7 Millionen Seelen. Nach seiner Ermordung gelang es Trujillos Kurtisanen und Komplizen, sein Regime fortzusetzen.

1994 besetzte der ehemalige Sekretär des Despoten, Joaquín Balaguer, ein praktisch bettlägeriger Greis und treuer Freund der Beutejäger, das Präsidentenpalais. Überall, wohin Peña-Gómez mit seinem Bus- und Lastwagenkonvoi kam, konnte ich feststellen, dass die Zuckerrohrschneider, ihre ausgemergelten Frauen und die fröhlichen Kinder mit den durch Würmer aufgeblähten Bäuchen sich zu Zehntausenden versammelt hatten. »Chico« war ein hinreißender Redner, voller Witz und menschlicher Wärme. Seine dröhnende Stimme ließ die Palmen erzittern. Auf Beispiele gestützt, geißelte er unentwegt das Krebsgeschwür der Korruption.

Balaguer und seine ausländischen Gebieter bemühten sich natürlich, Peña-Gómez zu diskreditieren. So behaupteten sie, er sei gar kein Dominikaner, sondern der Sohn eines illegal aus Haiti eingewanderten Zuckerrohrschneiders. In der Fantasie der Dominikaner spielt nämlich die Hautfarbe eine große Rolle: Die herrschende Klasse besteht aus Weißen oder Mischlingen, das kleine und mittlere Bürgertum träumt davon, sich »weiß zu machen«. Die Feinde von Peña-Gómez wussten genau, was sie taten, als sie mit rassistischen Vorurteilen spielten.

Wie üblich, wurde die Präsidentschaftswahl 1994 gefälscht. Wie üblich, ging der Satrap der Gebieter über die Sonderproduktionszonen als Sieger aus dem Urnengang hervor. Wie gewöhnlich triumphierte die Korruption.

Francisco Peña-Gómez starb kurz nach der Wahl an einer Krebserkrankung. Die Korruption aber blüht und gedeiht weiter in der Dominikanischen Republik.

Der Sieg der Ayatollahs des neoliberalen Dogmas führte paradoxerweise dazu, dass die ersten ernsthaften Maßnahmen gegen die internationale Korruption eingeführt wurden.

Jahrzehntelang lautete die Einstellung der Mächtigen in den transkontinentalen Gesellschaften: Korruption ist ein notwendiges Übel. Um sich einen Markt zu sichern – namentlich in den Ländern der südlichen Hemisphäre –, ist es unerlässlich, Minister, Staatschefs, Religions- oder Wirtschaftsführer zu schmieren. Diese Art der »Entscheidungshilfe« ist natürlich flexibel. Sie muss den Umständen angepasst werden. Es gibt keine festen Regeln. Trotzdem muss man wissen, dass bei Transaktionen, in denen es um schwere Rüstungsgüter – Panzer, Geschütze, Kampfflugzeuge – geht, Bestechungsgelder von bis zu 40 Prozent der Gesamtsumme keine Seltenheit sind.[70] Auf jeden Fall konnte ohne diese kleine (oder große) ungesetzliche »Entscheidungshilfe« kaum ein ernsthaftes Geschäft abgeschlossen werden. Im Übrigen hatten die Staaten des Westens ihre Gesetzgebung dementsprechend angepasst. Selbstverständlich kannten alle diese Länder den Straftatbestand der aktiven und passiven Bestechung. Aber Sanktionen sahen ihre Strafgesetzbücher nur bei Bestechung im Zusammenhang mit inländischen Beamten vor. Eine ausländische Behörde zu bestechen war nicht strafbar. Darüber hinaus ermöglichten die Steuergesetze der meisten OECD-Länder bis vor kurzem die steuerliche Absetzung von im Ausland geflossenen Schmiergeldern...

Doch die Ayatollahs der Unsichtbaren Hand belegen all dies mit ihrem Bannfluch. Der Markt, und nur der Markt, soll über die Allokation von Ressourcen, über Gewinnspannen, Unternehmensstandorte u. ä. m. entscheiden. Jeder Akt der Korruption verzerrt dieses freie Spiel der Marktkräfte und muss daher verboten werden.

Die internationale Organisation, die am Ausgangspunkt der jüngsten Maßnahmen zur Bekämpfung der Korruption steht, nennt sich Transparency International. 1993 von einem ungewöhnlichen Mann, einem Deutschen namens Peter Eigen gegründet, nimmt sie für sich sehr genau die erwähnten neoliberalen Glaubenssätze in Anspruch.

Eigen ist ein ehemaliger hoher Kader der Weltbank. Elf Jahre lang war er in verantwortlicher Position in sechs lateinamerikanischen Ländern tätig. Seine praktische Erfahrung ist enorm, seine theoretische Ausbildung solide.

Transparency International ist nach dem Vorbild von Amnesty International aufgebaut. Das jährliche Budget der Organisation ist bescheiden: 2,5 Millionen Dollar (im Jahre 2001). Sie finanziert sich aus Mitgliedsbeiträgen und Zuwendungen unabhängiger Stiftungen. In der Zentrale der Organisation in Berlin ist ein Stab von hochkompetenten Ökonomen, Steuerrechtlern, Juristen am Werk. Insgesamt rund vierzig Personen.

Transparency International hat Tausende von Mitgliedern in achtzig Ländern der Welt. Allerdings erfreuen sich die nationalen Sektionen einer weitgehenden Selbstständigkeit: Ihre Antikorruptionsaktionen müssen sich der Lage im jeweiligen Land anpassen.

Ein Beispiel. In Argentinien hat Transparency International über 3000 Mitglieder. Diese stellen regelmäßig »Bürgerpatrouillen« vor Bürgermeisterämtern und Verwaltungsgebäuden auf. Die »Bürger« sprechen systematisch die Nutzer der öffentlichen Verwaltung an, indem sie sie zum Beispiel fragen, ob sie für ein amtliches Dokument oder einen Verwaltungsakt ein Bestechungsgeld zahlen mussten. Wenn ja: an welchen Beamten? Und in welcher Höhe? Die Antworten werden von den Transparency-Aktivisten sorgfältig notiert und gegebenenfalls über die Presse öffentlich gemacht.

Seit 1995 gibt Transparency jedes Jahr den so genannten »Korruptionsindex« bekannt. Wie kommt er zustande? In jedem untersuchten Land schreiben rund hundert vertrauenswürdige Akteure aus der Wirtschaft – nationale und internationale Unternehmer, Bankiers, die dem Stab in Berlin bekannt sind, UNO-Funktionäre, Verantwortliche von Entwicklungshilfeprogrammen – einen Bericht für Transparency, wobei sie einen präzisen Fragebogen beantworten. Auf der Basis dieser Unterlagen verfasst die Berliner Zentrale eine Synthese. Danach stellt sie eine Skala der Korruption auf, angefangen bei dem Land mit der größten Korruption bis zu jenem, das mit dieser Geißel am wenigsten geschlagen ist.

Eigen ist mit einem eminenten Sinn für das Praktische begabt: Transparency gibt auch ein *National Integrity Source Book* heraus, sozusagen ein Kochbuch gegen Korruption. Wie arbeiten die Korrumpierer? Welche Geschenke werden im Allgemeinen als erste angeboten? Welche Pfründen als erste vorgeschlagen? Wie kann man sich wehren? Bei wem soll man den Korrumpierer – oder auch den bestochenen Kollegen im Büro nebenan – anzeigen? Die Methoden sind offenkundig von Kontinent zu Kontinent, von Land zu Land verschieden.[71] Dieses Buch ist heute in zwanzig Sprachen greifbar. Seine Daten werden laufend im Internet aktualisiert.

Freilich nimmt Transparency International nur Staaten und jene, die sie korrumpieren, aufs Korn. Die Organisation verfügt noch nicht über die nötigen Mittel, um sich auch den *non-state actors*, insbesondere den transkontinentalen pharmazeutischen, Rüstungs- und Lebensmittelkonzernen, den Börsenmaklern usw. zu widmen. Es liegt jedoch auf der Hand, dass manche dieser Gesellschaften untereinander ebenfalls Korruption praktizieren, mitunter sogar in großem Stil. So kann der Boss einer Gesellschaft A seinen Kollegen von der Gesellschaft B erhebliche Schmiergelder zukommen lassen, damit sie darauf verzichten, mit ihm auf einem bestimmten Markt zu konkurrieren. Die Geschädigten sind in diesem Falle die Aktionäre der Gesellschaft B.

Zeitigt der Kampf von Transparency International Früchte? Bis zu einem gewissen Grade schon. Die einzelnen angeprangerten Länder lieben es gar nicht, auf der jährlichen Liste der korruptesten Länder ganz oben zu stehen. Sodann hat sich die OECD voll und ganz auf die Seite von Transparency International gestellt: Die von ihr ausgearbeitete Konvention, die von den meisten Mitgliedsstaaten unterschrieben worden ist, sieht strenge Sanktionen bei aktiver und passiver Bestechung vor und räumt mit der steuerlichen Absetzfähigkeit von Schmiergeldern auf. Aber so bewundernswert die Arbeit von Transparency International und die Wachsamkeit der OECD auch sein mögen – die Korruption floriert darum nicht weniger.

Die USA sind Mitglied der OECD. Sie befürworten regelmäßig jedes nationale und internationale Instrument, das geeignet ist, das Krebsgeschwür der Korruption zu bekämpfen. Im Übrigen macht ein Bundesgesetz, der *Federal Corrupt Practice Act*, die Bestechung eines Beamten oder Vertreters einer ausländischen Behörde zu einem Delikt nach US-amerikanischem Recht. Gleichzeitig aber sucht das Imperium seine Exporte auszuweiten. Wie ist der Widerspruch aufzulösen? Die Regierung in Washington hat einen Trick gefunden: Sie erlaubt in Zukunft den transkontinentalen Industrie-, Handels- und Bankgesellschaften, auf den Jungferninseln (Virgin Islands of the United States), einem Steuerparadies unter amerikanischer Verwaltung, so genannte *foreign sales corporations* (Außenhandelsgesellschaften) zu unterhalten. Diesen obliegt die Abwicklung der Exporte für bestimmte wichtige transkontinentale Gesellschaften, die ihren Hauptsitz in New York, Boston oder Chicago haben. Und diese *foreign sales corporations* sind es, die die Schmiergelder an ihre ausländischen Partner überweisen.

Alles ganz legal. Denn der *Federal Corrupt Practice Act* gilt nur für amerikanische Gesellschaften, und die *foreign sales corporations* sind keine amerikanischen Gesellschaften, sondern Offshore-Gesellschaften, für die das Recht der Jungferninseln gilt...[72]

Die Europäer verhalten sich nicht viel besser. Viele transkontinentale Gesellschaften französischer, deutscher, britischer, italienischer oder spanischer Herkunft gründen auf den Bahamas, auf Curaçao oder Jersey Offshore-Gesellschaften oder angeblich »selbstständige« Zweigniederlassungen, um die Bestimmungen der OECD-Konvention zu umgehen, welche ihre Regierungen doch unterzeichnet haben.

Als Präzedenzfall wirkt heute ein französisches Urteil vom Februar 2002. Ein französisches Gericht hatte über den Fall des Generaldirektors der Gesellschaft Dumez-Nigeria zu befinden. Er stand im Verdacht, eine Summe von 60 Millionen Dollar durch ein Steuerparadies geschleust zu haben, um damit mehrere nigerianische Generäle und hohe Beamte zu bestechen. Staatsanwalt und Privatkläger vertraten den Standpunkt, dass Dumez-Nigeria ein Bestandteil von Dumez-France sei, dass Frankreich die OECD-Konvention gegen Korruption unterzeichnet habe und dass daher die vom Generaldirektor der Dumez-Zweigniederlassung in Lagos getätigten Transfers ungesetzlich gewesen seien.[73] Das Gericht entschied anders. Da der Angeklagte angab, dass Dumez-Nigeria ein selbstständiges Unternehmen sei, das von einem Nichtunterzeichnerstaat der Konvention aus operierte, konnte er keine strafbare Handlung begangen haben.[74]

Mit einem Wort: Trotz der Maßnahmen, die einige sogar im Namen jener Prinzipien ergriffen haben, nach welchen die liberale Globalisierung gedeiht, triumphiert die Heuchelei der Beutejäger.

Und mit ihr die Korruption.

6. Das Paradies der Piraten

Die Unvereinbarkeit zwischen Beutejägern und republikanischen, demokratischen Staaten ist absolut. Die neuen Herrscher wollen die Ordnung der *stateless global governance* errichten, der planetarischen Regierung ohne Staat, in der die WTO und einige andere für sie arbeitende Behörden die wenigen Regeln festlegen, die für das

Funktionieren des monopolistischen Finanzkapitals – etwa seiner Investitionen, des Handels und des Urheberrechtsschutzes – notwendig sind.

Die wesentlichen Wertvorstellungen hinter den Strategien der Privatisierung der Welt sind: Profitmaximierung, ständige Ausweitung der Märkte, Globalisierung der Finanzkreisläufe, Beschleunigung des Tempos der Akkumulation und möglichst vollständige Liquidierung jeder Instanz, Institution oder Organisation, die geeignet ist, die freie Zirkulation des Kapitals zu verlangsamen. Fundament des republikanischen und demokratischen Staates hingegen sind: Verteidigung des Gemeinwohls, Förderung des Interesses der Allgemeinheit, Schutz der Nation, Solidarität, territoriale Souveränität.

Lichtjahre trennen die sozialen Vorstellungen der Oligarchen von denen der Demokraten, oder allgemeiner gesagt: der Parteigänger der Staatlichkeit. Und die Konfrontation findet auf einem besonderen Terrain statt: dem der Steuern und des Finanzwesens.

Den meisten Herrschern ist es ontologisch unerträglich, Steuern zu zahlen (das Gleiche gilt natürlich für Sozialabgaben, Zölle u. ä.). Die Steuer kommt für sie einer Konfiszierung gleich. Der Herrscher der Welt betrachtet sich selbst als einzigen Motor der Wirtschaft und sieht in den Beamten des Staats unnütze, verschwenderische, unproduktive, arrogante und vor allem lästige Wesen.

Für den Beutejäger ist der Steuerinspektor die Verkörperung des Bösen, der Transfer eines – erheblichen – Teils seiner Gewinne an den ineffizienten und überflüssigen Staatsapparat eine Horrorvision. Steuer ist für ihn Diebstahl.

Überall im Norden, aber auch im Süden unseres Planeten konzentriert sich der Kampf der Oligarchen gegen die öffentliche Gewalt in erster Linie auf die Steuer. Leider ist ihr Kampf sehr oft erfolgreich. Namentlich in Europa.

Die mächtigsten unter den Beutejägern greifen zu einer radikalen Methode: Sie gründen eine oder mehrere Holdinggesellschaften, die ihre Besitztümer von einem Steuerparadies aus verwalten.

So entgehen sie jeglicher Form der Steuer und jeder öffentlichen Kontrolle ihrer Machenschaften.

Diese Steuerparadiese sind bekannt: Es sind Inseln in der Karibik oder im Ärmelkanal, die Bahamas, die Bermudas, die Jungferninseln, Curaçao, Aruba, Jersey, Guernsey.

Untersuchen wir eines dieser Steuerparadiese und seine Funktionsweise etwas genauer: die Bahamas.

Die Geschichte der Bahamas begann mit einer Gaunerei, gefolgt von einem Massaker. Die *Santa María*, die *Niña* und die *Pinta*, die drei Karavellen unter dem Befehl des Christoph Kolumbus, waren am 3. August 1492 von dem kleinen Hafen Pallos im Süden Spaniens aufgebrochen. Ziel der Expedition: ein Seeweg nach Asien in westlicher Richtung, über bisher unbekannte Meere. Königin Isabella von Spanien hatte demjenigen Seemann, der als Erster den neuen Kontinent entdecken würde, 10 000 Maravedis versprochen. Am Morgen des 12. Oktober saß der Matrose Rodrigo de Triana hoch oben im Ausguck des Hauptmastes der *Santa María*. Plötzlich tauchte ein Schwarm von Vögeln auf, und am Horizont erkannte Triana einen dunklen Streifen. »*Tierra! Tierra!*«, rief der Matrose, zuversichtlich, sich die 10 000 Maravedis verdient zu haben. Es war aber Admiral Kolumbus, der die Summe einkassierte – dank eines gefälschten Logbuchs.

Jedenfalls hatte Triana die Küste von Guanahani entdeckt, einer der 700 Inseln des Archipels der Lucayanen, das heißt der heutigen Bahamas. Die rund 50 000 friedliebenden Indianer des Archipels – Fischer, Maniokpflanzer oder Verfertiger von Korbwaren – empfingen die Europäer auf das Freundschaftlichste. Trotzdem wurden sie von den Eindringlingen niedergemetzelt. Die Spanier suchten Gold, aber auf den Lucayanen gab es keines. Der Archipel (fortan fast unbewohnt), südlich von Florida und östlich von Kuba gelegen, diente dann dreihundert Jahre lang als Schlupfwinkel für Piraten aller Nationalitäten, vor allem für englische, die es auf die in der Karibik kreuzenden, mit Gold und Silber beladenen spanischen Karavellen abgesehen hatten. Erst Ende des 18. Jahrhunderts entwickelte sich die Plantagenwirtschaft – Jahrzehnte nach Jamaika, Kuba, Santo Domingo und den anderen Inseln, die durch die Zuckerherstellung schon reich geworden waren. Dann wurde der Nassau-Archipel der britischen Krone zugeschlagen. Vom Golf von Guinea wurden Sklaven zu Tausenden auf die Bahamas transportiert.

Am 10. Juli 1973 wurde aus dieser britischen Kolonie eine unabhängige Republik. Dank des allgemeinen Wahlrechts errangen die Söhne und Töchter der schwarzen Sklaven die absolute Mehrheit. Und so wurde aus diesem Archipel mit seinen 275 000 Einwohnern (davon 80 Prozent Schwarze) dank seiner Hauptinsel New Providence, deren Hauptstadt Nassau ist, eines der wichtigsten und profitabelsten Offshore-Zentren der Welt: 430 Banken haben sich nämlich seither in der fröhlich-bunten Stadt Nassau niedergelassen. Zusammen genommen verwalten sie gegenwärtig eine Gesamtsumme von über 1000 Milliarden Dollar hauptsächlich europäischer Herkunft.

In dem Krieg, den die Steuerparadiese der ganzen Welt gegeneinander führen, verfügen die Bahamas wahlweise über zwei Waffen: die IBC (*international business company*) und den *trust*.

Die IBC ist eine Einrichtung ohnegleichen: Sie gewährt nämlich ihrem Inhaber – sei es der Großkunde einer Genfer Privatbank, der Steuerflucht begeht, der syrische Drogenbaron, der korrupte iranische Mullah oder der Pate der russischen Mafia – maximalen Schutz vor jeglicher Indiskretion, jedem Zugriff des Gesetzes und allen sonstigen Unannehmlichkeiten. Weder der Staat der Bahamas noch irgendein anderer Staat der Welt sind befugt, die Bilanzen der IBC einzusehen; ebenso wenig können sie Informationen über deren Kontenbewegungen erhalten oder die Identität des Firmeninhabers in Erfahrung bringen.

Um eine IBC zu gründen, genügt es, einen der in Nassau zugelassenen Rechtsanwälte aufzusuchen. Die Stadt ist ungefähr so groß wie Genf: 160 000 Einwohner. Sie hat auch ungefähr so viele Anwälte wie Genf: rund tausend. Der *International Business Companies Act* stammt von 1990. Für die Gründung einer IBC genügt ein Stammkapital von 5000 Dollar! Alles ist in maximal 24 Stunden geregelt; es kostet lediglich ein paar hundert Dollar Anwaltshonorar und Registrierungskosten.

Die IBC ist eine Aktiengesellschaft. Aber weder die Namen der Aktionäre noch die der Geschäftsführer oder Aufsichtsratsmitglieder werden registriert. Und so dürften sich die meisten IBCs auf einen Briefkasten mit dem Namen eines Strohmanns beschränken...

Die Piraten achten auf Diskretion, sie scheuen das Licht der Öffentlichkeit. Daher ist es auf den Bahamas gesetzlich erlaubt, Hauptversammlungen telefonisch abzuhalten. Ein Erlass von 1994 bestimmt darüber hinaus, dass für die Geschäftsunterlagen einer IBC keine Aufbewahrungspflicht besteht. Das Bankgeheimnis ist fast absolut. Nur ganz ausnahmsweise lässt sich die Regierung zu internationaler Rechtshilfe herbei, zum Beispiel wenn der große Nachbar im Norden, die Regierung von Washington, sehr nachdrücklich mit der Faust auf den Tisch schlägt.

Einkommensteuer, Vermögenssteuer, Erbschaftssteuer sind im Paradies der Bahamas unbekannt.

Wie viele IBCs gibt es gegenwärtig? Die Zahlen schwanken grotesk. Julian Francis, Gouverneur der Zentralbank des Archipels, schätzt sie auf 75 000. Die amtlichen Unterlagen des Bahamas Financial Service Board für 2002 sprechen von 95 000. Übereinstimmend konstatieren jedoch beide Quellen den rapiden Anstieg der Zahl von IBCs.

Durchschnittlich werden jedes Jahr 10 000 neue IBCs gegründet. Der Financial Service Board weist sogar darauf hin, dass im Laufe der kommenden drei Jahre die IBCs von Nassau (und die *trusts*, auf die wir zurückkommen werden) einen absolut sicheren Schutz für einen großen Teil, ja für 35 bis 40 Prozent der privaten Offshore-Vermögen der Welt bieten könnten.

Die zweite Schockwaffe dieses Steuerparadieses sind die Treuhandgeschäfte *(trusts)*. Im Gegensatz zur IBC, die eine Schöpfung Nassaus darstellt, ist der *trust* eine in der angelsächsischen Welt, insbesondere in der Karibik und auf den Kanalinseln, sehr verbreitete Konstruktion. Der *trust* ist eigentlich ein Vertrag, durch den der Treugeber (*settler*, eine vermögende Person) seine Güter einem Treuhänder (*trustee*) anvertraut. Der Treuhänder verwaltet (investiert o. dgl.) die ihm übertragenen Vermögenswerte nach Maßgabe der vertraglichen Bestimmungen zugunsten des Treugebers oder eines anderen im Vertrag benannten Nutznießers. Auch hier ist wie im Falle der IBCs Undurchsichtigkeit die absolute Regel, deren Verletzung undenkbar wäre.

New Providence, die Hauptinsel der Bahamas, auf der Nassau liegt und mehr als die Hälfte der Bevölkerung lebt, ist kaum 30 Kilometer lang und 15 Kilometer breit. Die üppige Landschaft verschandeln mehr als 100 000 Autos, Dutzende von Hotelburgen, Restaurants und Banken sowie Regierungsgebäude mit weißen Säulen. Auf der »anderen Seite« der Insel (wie man dort unten sagt) befinden sich Swimmingpools, Golfplätze und die Luxusvillen von einigen tausend »*permanent residents*«. Diese Devisenausländer sind die vermögendsten Kunden der auf Steuerflucht spezialisierten Banken. Augenscheinlich handelt es sich um Phantom-Bewohner, denn die Herrscher der Welt leben, wirken und spekulieren an den großen Finanzzentren unseres Planeten, in London, New York, Zürich, Paris oder Frankfurt.

Hunderte von Informatikern, Revisoren, Finanzanalysten, Anwälten und Notaren haben an der Hauptstraße von Nassau ihre Büros. Sie kommen aus aller Herren Länder, doch sind die meisten Engländer oder Amerikaner. Sie sind die Stützen dieses Offshore-Paradieses. Es gibt unter ihnen etwa 300 Schweizer, überwiegend Direktoren oder Angestellte bei einer der 34 Schweizer Banken, welche die Angelegenheit der allerreichsten, handverlesenen Kundschaft verwalten.

Und so kann man in der klimatisierten Bar des »Atlantis« oder weiter unten im »Ocean Club« auf Paradise Island Bankiers erleben, die – mit Genfer Akzent wie bei Pictet oder Darier-Hentsch – genau die gleichen »Thesen« verteidigen wie ihre Kollegen in Genf oder Zürich. Ihr Argument? Steuerparadiese sind eine absolute Notwendigkeit! In der ganzen Welt, genauer gesagt in Frankreich, Deutschland und der Schweiz, führen sich die Finanzbeamten auf wie die Raubritter! Durch ein missbräuchliches Steuersystem plündern sie ehrliche Leute aus, deren einziges Verbrechen darin besteht, mit ihren Geschäften »Erfolg gehabt« zu haben und daher reich geworden zu sein. Diesen Gerechten bietet der Archipel der Bahamas Schirm und Schutz, genauso wie die übrigen Steuerparadiese. Die IBC ist die feste Burg des ehrlichen Mannes in seinem Kampf gegen fanatische Staatsanwälte und mitleidlose Finanzinspektoren. Kurzum, für die Bankiers sind Steuerparadiese ein Triumph der Kultur.

In seinem Buch *Die Verdammten dieser Erde*[75] beschwört Frantz Fanon die Gestalt des »weißen Negers«. Damit meint er die Machthaber in den ehemaligen Kolonien, die sich, obwohl ihr Land unabhängig geworden ist, noch immer wie Lakaien gebärden. So gesehen, kann man den derzeitigen Premierminister und die zwei einflussreichsten Personen des Archipels, Zentralbankgouverneur Julian Francis und Finanzminister William Allen, als Neger ansehen, die weißer als weiß sind. Sie würden ihre eigene Großmutter verkaufen, wenn sie für dieses Geschäft einen der vielen Piraten interessieren könnten, die den Archipel besuchen.

Indessen bilden die Steuerparadiese, und allen voran die Bahamas, eine tödliche Gefahr für den globalisierten Kapitalismus. Der Grund ist folgender. Durch die extreme Geschwindigkeit, mit der die Kapitalströme heute um den Globus zirkulieren, die Errungenschaften des einheitlichen Cyberspace und die technische Unmöglichkeit, die Identität dieser auf steter Wanderschaft befindlichen Kapitalströme festzustellen, ist heute praktisch die Symbiose von legal generiertem und kriminell erworbenem Kapital erreicht. Eckart Werthebach, der ehemalige Präsident des deutschen Bundesamts für Verfassungsschutz, stellt dazu fest: »Durch ihre gigantische Finanzmacht gewinnt die organisierte Kriminalität heimlich zunehmend an Einfluss auf unser Wirtschaftsleben, die Gesellschaftsordnung und in Folge auf die öffentliche Verwaltung, die Justiz wie auf die Politik und kann schließlich deren Normen und Werte bestimmen. Auf solche Weise schwinden […] die Unabhängigkeit der Justiz, die Gesetzmäßigkeit der Verwaltung sowie die Glaubwürdigkeit der Politik, das Vertrauen in unsere Werteordnung und schließlich in die Schutzfunktion unseres Rechtsstaates. [...] Letztlich werden dann Verfilzung und Korruption als etablierte Erscheinungsformen Akzeptanz in unserer Gesellschaft finden. Das Ergebnis ist die ›*Institutionalisierung des organisierten Verbrechens*‹. Der Staat kann bei einem Fortschreiten der Entwicklung dem Bürger nicht mehr die von der Verfassung zugesicherten Freiheits- und Gleichheitsrechte gewährleisten.«[76]

In den Steuerparadiesen vermischt sich Kapital, das legal akkumuliert worden ist, mit Kapital, das aus Menschenschmuggel, dem Handel mit Waffen, spaltbarem Material und Betäubungsmitteln, aus Mord und Erpressung stammt. Kriminaloberrat Schwerdtfeger war lange Jahre Leiter der Abteilung »Organisierte Kriminalität« bei der Kriminalpolizei des größten deutschen Bundeslands Nordrhein-Westfalen. Heute Sonderberater des Polizeipräsidenten von Düsseldorf, fasst er die Situation folgendermaßen zusammen: »Das organisierte Verbrechen ist verschärfter Kapitalismus.«[77]

Und so viel steht fest: Erst die Steuerparadiese ermöglichen es den transkontinentalen Kartellen des organisierten Verbrechens zu florieren. Sie stellen daher eine tödliche Bedrohung für die neuen Herrscher der Welt selbst dar.[78]

TEIL III

Die Söldlinge

JOHANNA:
Und es sind zwei Sprachen oben und unten
Und zwei Maße zu messen
Und was Menschengesicht trägt
Kennt sich nicht mehr. […]
Die aber unten sind, werden unten gehalten
Damit die oben sind, oben bleiben.

BERTOLT BRECHT, *Die heilige Johanna der Schlachthöfe*

1. Die WTO als Kriegsmaschine

Warren Allmand, Präsident der kanadischen Nichtregierungsorganisation »Rights and Democracy«, sagt: »Wir leben in einer Welt, in der es viel schlimmer ist, eine Regel des internationalen Handels zu verletzen als ein Menschenrecht.«[1] Und die Welthandelsorganisation (WTO) ist zweifellos die machtvollste Kriegsmaschine in den Händen der Beutejäger.

Dank der fortschreitenden Vereinheitlichung der Märkte wächst das Volumen des Welthandels unaufhörlich und in den letzten zehn Jahren immer schneller. Seit 2000 hat das in monetären Begriffen ausgedrückte Volumen des Warenverkehrs die Marke von 6000 Milliarden Dollar überschritten. Gleichzeitig verändert sich die Struktur des Welthandels, in dem den transkontinentalen Privatgesellschaften eine immer wichtigere Rolle zukommt.

Die WTO listet weltweit über 60 000 transnationale Gesellschaften (aus den Bereichen Handel, Finanz, Dienstleistungen usw.) auf. Diese unterhalten mehr als 1,5 Millionen Zweigniederlassungen in allen Teilen der Welt (mit Ausnahme von Afghanistan und einigen anderen benachteiligten Ländern des Planeten).[2] In Wirklichkeit zählen jedoch nur die rund 300 bis 500 nordamerikanischen, europäischen und japanischen Unternehmen, die zusammen den Handel beherrschen. 2002 wurde etwa ein Drittel des Handelsverkehrs innerhalb dieser transkontinentalen Gesellschaften getätigt. Nehmen wir als Beispiel die Firmen Philips, Exxon oder Nestlé. Sie sind wie alle transkontinentalen Gesellschaften dezentral organisiert. Ihre zahlreichen *profit-centers* (Fabrikanlagen, Handelsgesellschaften, Leasinggesellschaften usw.) in aller Welt operieren fast selbstständig und treiben untereinander und mit der

Muttergesellschaft Handel. Ein weiteres Drittel des Welthandels entfiel 2001 auf den Handel der transkontinentalen Gesellschaften untereinander. Nur das letzte Drittel des Handelsverkehrs mit Gütern und Dienstleistungen in diesem Zeitraum hatte mit Handel im klassischen Sinne zu tun: Handelsverkehr zwischen Staaten, zwischen Unternehmen auf der Basis nationalen Kapitals usw.

So ist es nicht verwunderlich, dass die von der WTO verfolgten Strategien exakt das Weltbild der Gebieter des globalisierten Kapitals widerspiegeln. Um sich hiervon zu überzeugen, braucht man nur irgendeine der Absichtserklärungen zur Kenntnis zu nehmen, wie die fraglichen Herrschaften sie in regelmäßigen Abständen an die Adresse ihrer Aktionäre oder Kollegen richten. Beispielsweise Percy Barnevik, Herr über ein interkontinentales Imperium der Metall- und Elektroindustrie: »Unter Globalisierung würde ich verstehen, dass meine Gruppe die Freiheit hat zu investieren, wo und wann sie will, zu produzieren, was sie will, zu kaufen und zu verkaufen, wo sie will, und dabei möglichst wenigen arbeits- und sozialrechtlichen Beschränkungen zu unterliegen.«[3]

Am 1. April 1994 unterzeichneten die Handelsminister der Signatarstaaten des GATT[4] in Marrakesch die Gründungsurkunde der Welthandelsorganisation. Die Wahl des Ortes kam nicht von ungefähr: Sie war als Streicheleinheit für einen der korruptesten, aber auch willfährigsten Tyrannen der Dritten Welt, König Hassan II. von Marokko, gedacht. Der Monarch wurde damals wegen zahlreicher Menschenrechtsverletzungen, verübt durch die Polizei seines Landes, heftig angegriffen.

Die WTO löste das GATT ab. Sie übernahm aber – und aktualisierte gleichzeitig – dessen fundamentale Zielsetzung: Förderung der größtmöglichen Liberalisierung des weltweiten Handels mit Kapital, Waren, Dienstleistungen und neuerdings auch patentähnlichen Rechten (TRIPs)[5]. Es gibt jedoch einen wesentlichen Unterschied zwischen der WTO und dem GATT: Das GATT war ein einfaches Zollabkommen, während die WTO eine zwischenstaatliche Organisation ist, der Zwangsmittel und weit reichende Sanktionen zu Gebote stehen.

Mithilfe eines komplizierten Mechanismus aus Übereinkommen und Abmachungen legt die WTO die Regeln des Welthandels fest. Sie bezieht in diesen Mechanismus ständig neue Tätigkeitsbereiche, neue Produkte und Gegenstände ein. Die WTO ist eine furchtbare Kriegsmaschine im Dienste der Piraten. Im Dezember 2001 zählte sie 144 Mitgliedsstaaten. Alle Entscheidungen werden nach dem Einstimmigkeitsprinzip gefällt.

Trotzdem verfügt die WTO nur über schwache Verwaltungsstrukturen. In ihrem Generalsekretariat arbeiten nicht mehr als 350 Personen. Ihr Budget ist klein: 134 Millionen Schweizer Franken beziehungsweise etwas über 82 Millionen Euro im Jahre 2002. *The Economist* lästert: »Der Haushalt der WTO ist gerade einmal halb so groß wie die Summe, die die Weltbank jährlich für die Flugreisen ihrer Experten ausgibt.«[6] Im Übrigen ist die WTO im Centre William Rappard in der Rue de Lausanne untergebracht, einem tristen grauen Betonklotz aus den Zwanzigerjahren, der ursprünglich das Internationale Arbeitsamt beherbergte, zwischen der Fernstraße nach Lausanne und dem Genfer See, am nördlichen Ortsausgang. Seit drei Jahren bemüht sich die WTO händeringend um den Bau oder Ankauf eines Gebäudes zur Unterbringung ihrer »gerichtlichen« Organe, aber es gelingt ihr nicht, die dafür erforderlichen Mittel aufzutreiben. Und wenn sie eine Ministerkonferenz einberufen will, ist sie nicht selten zu demütigenden Verhandlungen mit skeptischen Regierungen gezwungen.[7] Komische Kriegsmaschine!

Eigentlich ist die WTO auch gar keine Maschine. Streng genommen ist sie ein Sammelsurium von Handelsabkommen, das sich ständig weiterentwickelt. Oder wie ihr erster Generaldirektor, Renato Ruggiero, sagte: »*A perpetual process of negotiation.*«

Sogar für einen Beobachter vor Ort, der vertraute Kontakte zu einigen kritischen Beamten in der WTO unterhält, ist es schwierig, jederzeit zu sagen, wie der genaue Stand der Dinge in diesem oder jenem Kräfteverhältnis, in dieser oder jener Verhandlung über dieses oder jenes Produkt gerade ist. Denn in dem trübseligen Bau in der Rue de Lausanne 154 wird praktisch ununterbrochen verhandelt: Die Ausschüsse tagen an fünf Tagen der Woche, sogar während der Sommerferien.

An der Spitze steht der Allgemeine Rat, die Versammlung der bei der WTO akkreditierten Botschafter der Vertragsstaaten. Jeder Staat entsendet, sofern er die Mittel dazu hat, einen Sonderbotschafter. Von den westlichen Staaten wird weithin das Beispiel Kanadas imitiert: Den Posten des Botschafters bei der WTO bekleidet ein ehemaliger Außenhandelsminister. Aber 37 Mitgliedsstaaten sind so arm, dass sie sich den Unterhalt einer ständigen diplomatischen Mission in Genf nicht leisten können. In diesen Fällen leistet die Schweiz als Gastgeberland Hilfestellung.

1998 gründete die Schweiz die »Agence de coopération et d'information pour le commerce international« (Kooperations- und Informationsbüro für den Welthandel, ACICI). Diese Behörde hilft den ärmsten Ländern, die weder über die finanziellen Mittel noch über das nötige Personal verfügen, um die verwickelten, in Genf geführten Verhandlungen vor Ort verfolgen zu können. Sie liefert Zusammenfassungen, logistische Unterstützung sowie ein gut durchdachtes Warnsystem.

Dieses Warnsystem bezweckt, die ärmsten Länder über die Entwicklung der Dinge in den sie betreffenden Vorgängen zu unterrichten. Denn wie gesagt: Während am Sitz der WTO die Verhandlungen in kleiner Runde über diesen oder jenen Bereich des Welthandels (Zölle, Kontingente, Patent u. ä. m.) oder über dieses oder jenes Produkt praktisch permanent weitergehen, sind die proletarischen Staaten die meiste Zeit schlicht nicht anwesend. Die Gebieter der Welt lassen ihnen also die sie betreffenden, »demokratisch getroffenen« Entscheidungen per Fax zukommen (die E-Mail ist in Afrika und in den Andenstaaten noch eine Seltenheit). Diese soziale Dienstleistung für bedürftige Mitgliedsstaaten der WTO wird von einer freundlich lächelnden Dame namens Esperanza Duran verwaltet.

Wird eine neue Welthandelsrunde vorbereitet, so spielen sich die Dinge folgendermaßen ab. Zunächst einmal nehmen die Ausschüsse einen so genannten *reality check* vor. Sie analysieren, sondieren, prüfen, über welche Produkte oder Dienstleistungen, in welchem Wirtschaftsbereich eventuell neue Verhandlungen möglich wären. Dann setzt sich ein anderer Ausschuss zusammen, ebnet den Weg, beschliesst eine vorläufige Tagesordnung. Die großen globalen Verhandlungen – die »Runden« – werden offiziell bei einer Welthandelskonferenz entschieden.

Die bedeutendste Macht hat jedoch der Allgemeine Rat, die fast ständige Versammlung der in Genf akkreditierten Botschafter der Mitgliedsstaaten. Sie stehen auch an der Spitze der einzelnen Unterorgane (z.B. für Agrarhandel, geistiges Eigentum).

Erklärtes Ziel der WTO-Verhandlungen ist die Beschneidung der Macht des Staats und überhaupt des öffentlichen Sektors. Deregulierung und Privatisierung sind die Hebel dazu.

Staaten mit anfälliger Wirtschaft und junger Industrie müssen natürlich jedes Interesse am Fortbestand der Zollschranken haben, um ihren Markt und ihre inländischen Unternehmer, Handwerker und Kaufleute zu schützen. Aber haben sie die Möglichkeit, sich der WTO zu widersetzen? Die Antwort lautet: Nein. Die USA, Kanada, Japan und die EU kontrollieren zusammen über 80 Prozent des Welthandels. Sich diesen vier Kettenhunden entgegenstellen zu wollen wäre Selbstmord.

Zu Ehren der Dritten Welt muss gesagt werden, dass es einige Ansätze des Widerstands gibt. 1999 hat die Gruppe der afrikanischen Vertreter in einer konzertierten Aktion versucht, einige besonders strenge Artikel der Vereinbarung über handelsbezogene Aspekte von Schutzrechten für geistiges Eigentum – die berühmten TRIPS, von denen schon die Rede war – abzuändern. Die Afrikaner brachten Forderungen vor, die alle die elementarsten Interessen ihrer Völker widerspiegelten. Vor allem verlangten sie, dass die transnationalen Privatgesellschaften nicht mehr das Recht haben sollten, Mikroorganismen zwecks monopolistischer Verwertung zu patentieren, da Pflanzen und Tiere die Lebensgrundlage des afrikanischen Bauern und Viehzüchters darstellen.[8]

Ein weiterer Problempunkt war das Saatgut, namentlich die Frage seiner Reproduktionsfähigkeit. Die Afrikaner wollten verhindern, dass zum Beispiel der Monsanto-Trust den Agrarmarkt mit Saatgut für Ähren, Zitrusfrüchte und Wurzeln beliefert, das zwar bei der ersten Ernte einen größeren Ertrag erbringt, für eine zweite Aussaat aber nicht mehr zu gebrauchen ist. Bei einer Verwendung des Monsanto-Samens kann der Bauer aus der Ernte nicht das notwendige Saatgut für die Anpflanzung des nächsten Jahres beiseite legen, ohne hohe Gebühren zu bezahlen.

Die von den protestierenden Afrikanern vorgelegte Denkschrift zielte auch darauf ab, die natürliche Umwelt vor den Raubzügen der pharmazeutischen Gesellschaften zu schützen. Diese entnehmen nämlich in Afrika und auf anderen Kontinenten Moleküle und Zellstrukturen von lebenden Organismen, lassen sie sich patentieren und gehen danach gegen jede Gemeinschaft und jede Person gerichtlich vor, die selbst auf ganz herkömmliche Weise diese Substanzen nutzen.

Überflüssig zu erwähnen, dass der afrikanische Vorstoß kläglich scheiterte. Die Denkschrift wurde als Verstoß gegen die Freiheit des Handels ohne weiteres zu den Akten gelegt.

Über eines muss man sich vollkommen im Klaren sein, wenn man auf die politischen Entscheidungen der WTO abhebt: Gewiss sind es die Vertreter von Staaten, die dort verhandeln, aber sie tun es meistens im Namen der transkontinentalen Gesellschaften, die in ihrer jeweiligen heimischen Wirtschaft eine beherrschende Stellung einnehmen. Die institutionellen Mechanismen sind verwickelt. Nehmen wir zum Beispiel die EU! Ihr Chefunterhändler heißt Pascal Lamy.[9] Ein sympathischer Mann, aber ein politischer Zwitter: ein neoliberaler Sozialist. Als Handelskommissar der EU verhandelt er offiziell im Namen ihrer fünfzehn Mitgliedsstaaten, die ihre Position vorher festgelegt haben. Aber die Mitgliedsstaaten der EU bestimmen nicht frei über ihr Verhandlungsmandat. Die Unterlagen werden vielmehr von einer ziemlich geheimnisvollen Instanz vorbereitet, dem »Ausschuss 133«, der im Wesentlichen aus hochrangigen Beamten aus den Mitgliedsstaaten der EU besteht. In diesen »Ausschuss 133« – dessen Zusammensetzung variiert – haben sich die Beauftragten der transkontinentalen Gesellschaften eingenistet. Und der Ausschuss unterliegt keinerlei Kontrolle. Da er sich auf seinen rein »technischen« Charakter beruft, ist jede Frage nach der Motivation seiner Mitglieder von vornherein ausgeschlossen. Benannt ist der Ausschuss nach Artikel 133 des Vertrags von Amsterdam, der die Zuständigkeiten der Mitgliedsstaaten der EU bei Verhandlungen über Handelsfragen regelt.

Wenn ich also schreibe, »die USA verhandeln« oder »die EU verhandelt«, mache ich mich eigentlich der Beihilfe zur Verdunkelung schuldig. Denn in Wirklichkeit sind es die 200 mächtigsten transkontinentalen Gesellschaften des Planeten, die den Ton angeben – jene, die zusammen über 25 Prozent des Weltsozialprodukts[10] kontrollieren. Aus diesem Grund dominiert in den Verhandlungen der WTO immer die Rationalität der transkontinentalen Privatgesellschaften, niemals das Interesse der Völker und ihrer jeweiligen Staaten.

Ist Pascal Lamy der Mann für Europa, so ist Robert Zoellick der Mann für die USA. Die zwei Männer ähneln einander. Beide sind von einer brillanten Intelligenz, dabei schlank und hager. Sie sind begeisterte Marathonläufer, führen ein spartanisches Leben und rackern wie die Ochsen. Eine alte Freundschaft verbindet sie. Und einer wie der andere trachten sie nach einer Welt, in der die Unsichtbare Hand des Markts alle Probleme von Armut und Reichtum, Gesundheit und Krankheit, Hunger und Überleben lösen wird. Nach außen hin spielen diese zwei Persönlichkeiten die Hauptrollen. Aber Zoellick hat einen viel angenehmeren Posten als Lamy. Er muss nicht ständig fünfzehn gegensätzliche Positionen unter einen Hut bringen. Er ist nur dem Präsidenten der Vereinigten Staaten verantwortlich. Er hat Ministerrang und nimmt an allen Kabinettssitzungen teil.

Ich erinnere mich an ein Frühstück mit einem erfahrenen Diplomaten aus Kamerun; wir saßen in der Frühlingssonne auf einer Terrasse am Ufer des Genfer Sees. Wir sprachen über die Voraussetzungen der Konferenz von Doha. Mein Gast wirkte erleichtert. »Sie ist abgefahren!«, rief er mit breitem Grinsen. »Endlich! Ab mit

Schaden!« »Sie« war die gefürchtete Charlene Barshevsky[11] – runde Metallbrille, makellose Frisur, enges Kostüm –, die *Trade Representative* von Präsident Clinton. Mit schneidender Stimme kanzelte sie gerne ihre Kollegen aus der Dritten Welt ab und behandelte jeden als »inkompetent«, der es wagte, ihr zu widersprechen.

Ende Februar 2002 habe ich meinen Freund aus Kamerun wiedergesehen. Er war längst nicht mehr so enthusiastisch. Denn inzwischen hatte er Zoellick kennen gelernt...

Es ist unmöglich, alle von der WTO ausgehandelten oder in Angriff genommenen Abkommen aufzuzählen, ohne den Leser zu ermüden. Die WTO-Verträge haben heute ein Volumen von 26 000 Seiten. Ich werde nur die umstrittensten erwähnen, nicht ohne zuvor daran zu erinnern, dass jedes Abkommen seinen eigenen Ausschuss hat, der über seine Anwendung, seine Ausweitung, sein ständige Weiterentwicklung wacht. Zunächst das Agrarabkommen. In Marrakesch hatten die marktbeherrschenden Staaten des Nordens den Staaten des Südens die rasche Liberalisierung der Agrarmärkte zugesagt. Pustekuchen – nichts dergleichen geschah. Weder in Singapur noch in Seattle, noch in Doha, noch in irgendeiner anderen Handelskonferenz. Die meisten Agrarprodukte des Südens sind nach wie vor von den reichen Märkten des Nordens ausgeschlossen. Und die Staaten des Nordens überschwemmen nach wie vor den Süden mit ihrer agrarischen Überproduktion – mithilfe astronomischer Exportsubventionen. Die Regierungen des Nordens subventionieren nämlich massiv ihre heimische Agrarproduktion. Dazu nur eine Zahl: 2002 haben die OECD-Staaten ihren Landwirten 335 Milliarden Dollar in Form von Zuschüssen zur Produktion und zur Preisstabilisierung zukommen lassen.

Wie soll ein kongolesischer, ein bolivianischer oder ein birmanischer Bauer unter diesen Umständen jemals auf einen grünen Zweig kommen? Und so haben die Länder der Dritten Welt nicht den Hauch einer Chance, ihren landwirtschaftlichen Produkten – die doch häufig ihre einzigen Exportartikel sind – Zugang zu den Märkten des Nordens zu verschaffen.

Dann gibt es das allgemeine Abkommen über Zoll- und Handelstarife (GATT), das nicht, wie manchmal angenommen wird, 1994 beerdigt, sondern nur abgeändert wurde.

Dienstleistungen aller Art (Versicherungen, Transport usw.) sind Gegenstand eines weiteren wichtigen Abkommens, das ebenfalls ständig neu verhandelt, ergänzt und (im Sinne des Freihandels) verbessert wird.

Von TRIPs habe ich bereits gesprochen. Dieses Abkommen birgt tödliche Gefahren für die Natur, die Umwelt, die traditionellen Produktionsmethoden der alteingesessenen Gemeinschaften Afrikas, Asiens, Lateinamerikas und der Karibik.

Das Abkommen über TRIPs deckt zugleich den riesigen Bereich der Medikamente ab. Es erlaubt transkontinentalen pharmazeutischen Gesellschaften, weltweit die Herstellung, die Distribution und die Preise der wichtigsten Erzeugnisse zu kontrollieren. Nehmen wir als Beispiel die Kombitherapien zur Eindämmung von Aids! Der weltweite Patentschutz, den die transkontinentalen Gesellschaften genießen, schließt praktisch die Kranken der armen Länder vom Zugang zu dieser Behandlung aus. Kein an Aids erkrankter Bauer in Ruanda kann nämlich die von den Trusts diktierten Preise bezahlen. Doch die Weltgesundheitsorganisation (WHO) beziffert die Zahl der Träger des Aids-Virus weltweit auf 40 Millionen, von denen 34 Millionen in Ländern der Dritten Welt leben.

In krasser Verletzung des 1992 in Rio de Janeiro geschlossenen Übereinkommens über den Schutz der biologischen Vielfalt erlaubt das Abkommen über TRIPs, völlig ungeniert das zu treiben, was Susan George »Biopiraterie« genannt hat.[12]

Neben dem schon erwähnten MAI[13] sind weitere Abkommen zu erwähnen, zum Beispiel das über den Abbau von technischen Hindernissen für den freien Handel oder über die Einführung von Pflanzenschutzbestimmungen und hygienischen Maßnahmen, deren sich gewisse Staaten bedienen könnten, um ihre Bevölkerung vor gefährlichen Erzeugnissen oder Verfahren zu schützen. Die WTO fordert die Abschaffung der Zuständigkeit des Staates in diesen Fragen im Namen der freien Zirkulation von Waren, Kapital und Patenten.

Ein Abkommen, das die Freiheit der Völker der Welt besonders akut gefährdet, trägt den harmlosen Namen »Streitschlichtungsverfahren« (ORD). Danach drohen jedem, der gegen einen rechtswirksam unterzeichneten Vertrag verstößt, unmittelbare und harte Sanktionen. Denn die WTO, die sich das Aussehen eines reinen Verhandlungsortes gibt, eines einfachen Gasthauses, dessen Wirt den Gästen Tische und Stühle zur Verfügung stellt, damit sie entspannt miteinander plaudern können, ist in Wahrheit eine imperiale Macht, fürchterlich in ihrem Zorn und souverän in den von ihr verhängten Sanktionen.

Das »Streitschlichtungsverfahren« birgt jenen rechtlichen Mechanismus, mit dessen Hilfe die WTO ihren Willen durchsetzt. Es ist ein komplizierter Mechanismus; verfolgen wir ihn Schritt für Schritt.

Ein Staat sieht sich durch die Entscheidung eines anderen Staats geschädigt. Zum Beispiel: Staat X erlässt Vorschriften, durch die die Erzeugnisse des Staates Y mit schweren Abgaben belegt werden. Staat Y wendet sich an die WTO. Diese versucht, eine gütliche Einigung herbeizuführen.

Falls sie damit scheitert, beginnt Phase 2: Ein »Panel« wird einberufen. Das ist der *terminus technicus*. Faktisch handelt es sich um eine Art von Schiedsgericht. Jede der streitenden Parteien wählt aus einer bei der WTO hinterlegten Liste Experten aus. Dieser »Panel« untersucht nun den Fall und verfasst einen »Bericht«. Jetzt gibt es zwei Möglichkeiten: Entweder die Parteien nehmen den Bericht, das heißt die Entscheidung der Experten, an, oder eine oder alle zwei Parteien lehnen ihn ab.

Wenn eine der Parteien den Bericht ablehnt, ruft sie eine neue Instanz an. Bei dieser handelt es sich jetzt nicht mehr um ein »Panel«, sondern um eine Art von Kassationsgericht. Seine offizielle Bezeichnung ist »Berufungsorgan«. Das Berufungsorgan muss innerhalb von sechzig Tagen entscheiden. Wenn es die Materie als »kompliziert« erachtet, kann es die Frist um maximal dreißig Tage verlängern.

Die Mitglieder des Berufungsorgans sind nicht mehr (wie die Mitglieder des Experten-»Panels«) Diplomaten, Handelsexperten oder auf Handelsrecht spezialisierte Fachanwälte, sondern Universitätsprofessoren von internationalem Ruf. Es sind ihrer sieben. Die drei wichtigsten Handelsmächte – USA, EU und Japan – stellen immer mindestens einen Richter. Gegenwärtig kommt der europäische Richter aus Deutschland. Neben den Angehörigen der drei großen Handelsmächte umfasste das Berufungsorgan 2002 noch vier Juristen aus Ägypten, Uruguay, Indien und von den Philippinen. Einige dieser Juristen sind weltweite Kapazitäten auf dem Gebiet des internationalen öffentlichen Rechts. Das gilt zum Beispiel für den ägyptischen Richter, Professor Georges Abi-Saab.

Die Mitglieder des Berufungsorgans werden vom Rat der WTO gewählt. Sie urteilen nicht über Tatsachen, sondern äußern sich nur zur rechtlichen Seite. Es liegt also nicht in ihrer Absicht, die Arbeit des Experten-»Panels« noch einmal zu tun. Recht sprechen bedeutet, den Text des umstrittenen Vertrags auszulegen.[14]

Nun sind die Verträge – sogar nach Ansicht eines prominenten Mitglieds des Berufungsorgans – in der Regel furchtbar schlecht formuliert. Nicht ohne Grund! Sind sie doch das Ergebnis eines schier endlosen, erbitterten Feilschens. Außerdem sind ihre Urheber meist keine Juristen, sondern Diplomaten. In solchen Verträgen zieht sich ein einziger Artikel oft über mehr als zwei Seiten hin! Manche stecken voller Widersprüche. Umso mehr, als diese Verträge versuchen, das kleinste Detail zu regeln, jedes noch so geringfügige Ereignis zu berücksichtigen, jedes nur erdenkliche Verhalten vorauszusehen.

Jeder Fernsehzuschauer hat sicher schon einmal in den Abendnachrichten die bleichen Gesichter, die stockenden Gesten dieser Unterhändler gesehen, vielleicht auch ihre erschöpften Stimmen gehört, wenn sie nach einem internationalen Verhandlungsmarathon übernächtigt vor die Kameras und Mikrofone treten. Eine archaische Arbeitsmethode – und die Resultate, die berühmten Verträge, sind denn auch danach.

Wie dem auch sei, um vor dem Berufungsorgan zu obsiegen, benötigt eine Regierung die Hilfe von Anwälten. Die Botschaften der mächtigen Staaten bei der WTO beschäftigen selbst zahlreiche Fachanwälte. Aber die Länder der Dritten Welt, die bei der WTO keine oder nur eine eingeschränkte Botschaft mit wenig qualifiziertem Personal unterhalten, müssen sich an Privatkanzleien wenden. Aus diesem Grund haben sich seit einigen Jahren zahllose Anwälte als Berater in Genf niedergelassen. Ihre Honorare sind in der Regel enorm. Viele Regierungen Afrikas, Lateinamerikas und Asiens können diese Honorare nicht bezahlen.[15]

Überprüft man diesen komplizierten Mechanismus, so sind zwei Dinge erstaunlich. Erstens: An keiner Stelle tauchen die Wörter »Richter«, »Gericht«, »Urteil« oder »Gerichtshof« auf. Die WTO hält an der Fiktion einer reinen Handelsorganisation fest, während sie doch nach einer wesentlichen Seite hin eine Justizmaschinerie mit ausgedehnten Erzwingungsvollmachten darstellt. Und zweitens: Die USA verlieren häufig vor dem Berufungsorgan. Trotzdem war die Regierung in Washington beispielsweise 2001 an über 50 Prozent der behandelten Fälle beteiligt – in der Regel als beklagte Partei.

Warum dann so viele Rechtsstreitigkeiten? Weil die Verträge aus den erwähnten Gründen schrecklich kompliziert, schlecht formuliert und vieler divergierender Auslegungen fähig sind. Infolgedessen »wissen manche Delegationen gar nicht, was sie unterzeichnet haben«, wie mir ein hoher Beamter der WTO versicherte. Im Klartext heißt das: Manche juristischen Formulierungen in bestimmten Abkommen sind dermaßen kompliziert, dass sie nur hochrangigen Fachleuten verständlich sind (an denen es, wie erinnerlich, den Delegationen aus dem Süden häufig fehlt).

The Economist konstatiert: »*Rich countries call the shots and poor countries follow* (reiche Länder haben das Sagen, arme Länder folgen).«[16] Anders gesagt: Die USA und in geringerem Maße die EU diktieren den anderen ihr Gesetz. Aber wenn die übertölpelten Länder aufwachen, führen sie manchmal einen Prozess, und dank der Unabhängigkeit und Kompetenz der Mitglieder des Berufungsorgans haben sie gute Aussichten, ihn zu gewinnen. Aber sie obsiegen nur bei einem bestimmten Vertragsartikel, einem begrenzten Punkt. Auch das Berufungsorgan wird ihnen niemals gestatten, die Zwangsjacke jener WTO-Abkommen abzuschütteln, welche sie ihrer Freiheit berauben und auf Gedeih und Verderb den transkontinentalen Privatgesellschaften ausliefern.

Der Posten des Generaldirektors der WTO ist natürlich bei den Söldlingen des globalisierten Kapitals einer der begehrtesten. Erster WTO-Generaldirektor war Renato Ruggiero, ein ehemaliger Großmanager von Fiat (Turin). Nach seinem Rücktritt 1999 entbrannte ein Krieg um seine Nachfolge. Diverse Fraktionen der Oligarchie verteidigten verschiedene Kandidaten. Schließlich wurde Waffenstillstand geschlossen und ein Kompromiss gefunden: Das Mandat wurde zeitlich aufgeteilt. Der Neuseeländer Mike Moore wurde zum Generaldirektor bis zum 1. September 2002 ernannt, danach sollte ihm der Thailänder Supachai Panitchapakdi folgen.[17]

Die jüngste Entwicklung der WTO wurde stark von Mike Moore geprägt, einem hünenhaften Mann mit blauen Augen. Im Mittelpunkt dieses Kapitels stehen daher seine komplizierte Strategie und Persönlichkeit.

Moore ist ein ehemaliger Gewerkschafter, der die Fronten gewechselt hat. Solche Konvertiten sind immer die schlimmsten Feinde ihrer einstigen Freunde. Jean Starobinski schreibt: »Der Mensch ist ein gewaltiges Rätsel, in dem Licht und Nacht in schwankendem Gleichgewicht beieinander wohnen.«

In einem anderen Leben war Moore lohnabhängiger Maurer, danach militanter Politiker und schließlich Premierminister der Regierung in Wellington. Seine Bekehrung zum Dschungelkapitalismus ist jüngeren Datums.

Viele seiner ehemaligen Freunde und Weggefährten rätseln über die tieferen Gründe für seine Kehrtwendung. Die plausibelste Erklärung: Moore ist in der Welt der neuseeländischen Arbeiterkämpfe aufgewachsen, die von äußerster Härte sind. Er setzte sich durch – dank seiner Intelligenz, seiner Vitalität, seiner Hartnäckigkeit und seiner Lust an Raufereien. Aus den verräucherten

Kantinen der Bauarbeiter von Auckland hat er sich bis in die gedämpften Salons der Residenz des Premierministers in Wellington hochgearbeitet. Ganz allein. Als Proletarierkind aus der Arbeitersiedlung Vhakatane, wo er 1949 geboren wurde, hat er es in die *upper class* geschafft. Die *upper class* in Neuseeland, zutiefst geprägt von den britischen Kolonialtraditionen, ist noch versnobter, noch arroganter, noch elitärer als irgendwo sonst.

Die brutale Welt der transnationalen Gesellschaften musste ihn faszinieren. Die neuen Herrscher der Welt verführen durch ihre ruhige Arroganz, die dem Gefühl ihrer Allmacht entspringt. Moore stellte sich in ihren Dienst. Mit Leib und Seele. Im Mai 2001 steht er Ram Etwareea Rede und Antwort. Dieser will wissen: »Was halten Sie von José Bové, dem französischen Globalisierungsgegner?«

Moore, vor Böswilligkeit sprühend, erwidert: »Das ist doch der größte Politclown von ganz Europa! ... José Bové ist ein Protektionist.«[18]

Von 1990 bis 1993 war Moore in Neuseeland Vorsitzender der Labour Party und Oppositionsführer. An seine einstigen demokratischen Kämpfe scheint er sich kaum noch erinnern zu wollen. Heute verleumdet er unbedenklich jeden, der es wagt, der Politik der WTO zu opponieren.

Im Juli 2001 versammelten sich über 800 Bankiers, Minister und Bosse von transkontinentalen Unternehmen in den luxuriösen Gärten der Spielbank von Interlaken, einem Fremdenverkehrsort im Berner Oberland.

Die Konferenz nannte sich großspurig *Win-Conference* (Konferenz der Gewinner). Ein Dutzend Leibwächter beschützte mit umgehängter Maschinenpistole den Gastgeber: den Fürsten der Händler. Der verlas mit Stentorstimme den Text seiner Stellungnahme. Thema: »Die globalen Veränderungen und ihre Herausforderungen«.

Der Hunger der internationalen Journalisten war noch nicht gestillt. Bei der Pressekonferenz, die dem Vortrag folgte, fragten sie Moore beharrlich nach seiner Meinung zu den Demonstrationen von WTO-Gegnern, die seit einiger Zeit an verschiedenen Orten der Welt stattfanden. Brüsk brach der Fürst der Händler die Pressekonferenz ab und erklärte nur noch: »Diese ganzen maskierten Steinewerfer hängen mir zum Hals heraus!«[19]

Aber Moore ist auch wetterwendisch. An manchen Tagen gibt er sich offen, tolerant, einsichtig, voller Sorge um seine Gegner. Unmittelbar nach dem G8-Gipfel in Genua und der durch ihn ausgelösten Kundgebung von über 200 000 Menschen stellte ihm Anne-Frédérique Widmann diese Frage: »Was ist für Sie der Hauptgrund für diese Demonstrationen? Das Demokratiedefizit in Einrichtungen wie der G8 oder der WTO?« Worauf Moore erwiderte: »Der Hauptgrund ist das verständliche Gefühl des Unbehagens, das die Bevölkerung gegenüber der Globalisierung verspürt. ... [Globalisierung] bedeutet auch, dass Entscheidungen, die hier gefällt werden, die Existenzgrundlage von Menschen berühren, die auf der anderen Seite des Planeten leben.«[20]

Aber die meiste Zeit wird Moore seinem Ruf gerecht. In einem in *Le Monde* erschienenen Artikel deutet er an, dass es eine geistige Verwandtschaft zwischen den militanten Globalisierungsgegnern von heute und den Nationalsozialisten der Dreißigerjahre gebe. O-Ton Moore: »Die extreme Linke und die extreme Rechte sind zusammen gegen die Globalisierung auf die Straße gegangen. Das haben sie zuletzt in den Dreißigerjahren gegen die Demokratie getan.«[21]

In gewissen Momenten kann das Ungeheuer von der Rue de Lausanne ausgesprochen giftig werden. Dafür ein Beispiel.

Der UN-Unterausschuss zur Förderung und zum Schutz der Menschenrechte hatte zwei Experten, den ugandischen Professor Oloka Onyango und seinen Kollegen Deepika Udagama, mit der Durchführung einer Untersuchung über den Einfluss der transkontinentalen Gesellschaften in der WTO beauftragt. Ihr Bericht wurde am 15. Juni 2000 unter dem Titel »Der institutionelle Rahmen der internationalen Handels-, Investitions- und Finanztätigkeit« veröffentlicht.

Das Ergebnis der Untersuchung? Es lautete: »Die WTO ist fast vollständig in der Hand internationaler Privatgesellschaften.«

Moore ging an die Decke. Umso mehr, als sich in der Untersuchung der zwei Afrikaner kein einziger sachlicher Fehler nachweisen ließ. Er verlor seine diplomatische Beherrschung und verlangte eine öffentliche Entschuldigung, und zwar – von Mary Robinson, der UN-Hochkommissarin für Menschenrechte, die streng genommen nichts mit der Angelegenheit zu tun hatte. Danach beleidigte er die zwei Afrikaner, indem er behauptete, persönlich verunglimpft worden zu sein.

Aber es half alles nichts. Der Bericht wurde nicht zurückgezogen. Er bildet seither ein amtliches Dokument der Vereinten Nationen.[22]

Entgegen dem ausdrücklichen Wunsch von Umweltbewegungen und Organisationen der Solidarität mit den Völkern der Dritten Welt lehnten es die Signatarstaaten von Marrakesch ab, in die Charta der WTO eine »Sozialklausel« und eine »Umweltklausel« aufzunehmen. Diese zwei Klauseln hätten es erlaubt, Waren aus dem freien Verkehr auszuschließen, die unter nicht hinnehmbaren sozialen oder ökologischen Bedingungen hergestellt wurden.

Betrachten wir einige Beispiele: In den Dörfern und Städten des unteren Industals in Pakistan weben kleine Kinder – Mädchen und Jungen – kostbare Seidenteppiche. Ihre Löhne sind erbärmlich. Außerdem dürfen die Kinder nicht älter als fünfzehn sein, weil nur dann ihre kleinen Finger geschickt genug sind, um mit den feinen Seidenfäden zu hantieren. Die Arbeit ist anstrengend und geht auf die Augen. Schon als Halbwüchsige büßen viele dieser Kinder ihr Augenlicht ein. Dann werden sie nach Hause geschickt. Die Luxusgeschäfte der Pariser Champs-Élysées, der New Yorker Fifth Avenue, der Londoner Carnaby Street bieten diese Seidenteppiche zu horrenden Preisen an.

In China praktiziert die an der Macht befindliche Bürokratie eine Politik, die, wie gesagt, dem Dschungelkapitalismus ebenso verpflichtet ist wie dem alten kommunistischen Staatsterror. Hunderttausende von politischen Gefangenen, Leute, die religiösen Bewegungen wie dem »Falun Gong«, ethnischen Minderheiten oder dem geschundenen Volk der Tibeter angehören, sind in Arbeitslagern eingesperrt. Sie werden gezwungen, elektronische Komponenten herzustellen, die für Elektrogeräte gebraucht werden. Diese Erzeugnisse exportiert der chinesische Staat dann nach Japan, Südkorea und Singapur. Dank der WTO genießen also auch diese Früchte der Sklavenarbeit freien Zugang zum Weltmarkt.

Susan George hat für diesen Grundmakel der WTO eine hübsche Formulierung parat. »Die Realität des gegenwärtigen Handels erklärt sich folgendermaßen: Sobald ein Produkt auf den Markt gelangt ist, verliert es jede Erinnerung an die Missstände auf menschlicher wie auf ökologischer Ebene, denen es seine Entstehung verdankt.«[23]

Die WTO lockt einige der besten Ökonomen der Welt an. Manche unter ihnen – namentlich jene, die in der Abteilung für Agrarhandel arbeiten – bewahren sich einen kritischen Blick auf ihre Funktion, selbst wenn die Macht der Mitgliedsstaaten, insbesondere der USA und der EU, in den meisten Fällen gegen ihre Zweifel, ihr Zögern, ihre Skrupel am längeren Hebel sitzt. Ich kenne sogar einige WTO-Beamte, die voll und ganz die Ideen des Weltsozialforums von Porto Alegre teilen. Sie praktizieren innerhalb der WTO eine subversive Integration. Durch ihre tägliche Arbeit, ihre Stellungnahmen und Analysen versuchen sie, das Diktat der Gebieter zu sabotieren und die Interessen der Völker zu fördern. Aber ihr Gewicht ist unbedeutend.

Die Bosse der WTO sind sehr stolz auf das, was sie die »integrale Demokratie« nennen und was angeblich über die Geschicke der Organisation entscheidet. Bei jeder wichtigen Entscheidung ist nämlich die Einstimmigkeit aller Mitglieder erforderlich. Kein Abkommen tritt in Kraft, das nicht von allen Mitgliedern angenommen worden ist. Aus der Nähe betrachtet, ist freilich die Heuchelei in diesem Punkt nicht zu überbieten: Wie erwähnt, kontrollieren die Staaten des Nordens und ihre transnationalen Gesellschaften 82 Prozent des Welthandels. Und in der nördlichen Hemisphäre nehmen die USA eine beherrschende Stellung ein. Und deshalb sind sie in der Festung an der Rue de Lausanne in Genf tonangebend.

Wenn Mali, Malaysia, Honduras oder Basutoland etwa die

Dreistigkeit besäßen, sich dem Diktat der USA (oder der EU) nicht beugen zu wollen und damit die von der WTO geforderte Einstimmigkeit zu gefährden, würden sie sich im Handumdrehen außerinstitutionellen bilateralen Vergeltungsmaßnahmen ausgesetzt sehen.

So ist es die permanente Erpressung des Armen durch den Reichen, die nach außen hin die Einmütigkeit der WTO, die berühmte »integrale Demokratie«, sichert.

Eine Stelle aus dem Interview Ram Etwareeas mit Moore ist für dieses Klima bezeichnend.

Frage an Moore: »Welche Lehren haben Sie aus dem Scheitern der Ministerkonferenz in Seattle im Dezember 1999 gezogen?«

Antwort: »Die Agenda war zu ehrgeizig, und die Zielvorstellungen der einzelnen Länder waren zu disparat. Das verlangte von beiden Seiten zu viele Zugeständnisse. ... Danach konnten die Länder, die keine Vertretung in Genf haben, nicht verstehen, worum es in Seattle ging.«[24]

Bemerkenswertes Eingeständnis! Im Klartext sagt Moore: Da sie nicht die nötigen finanziellen Mittel besitzen, um wirklich am internationalen Leben teilzunehmen, werden die armen Schlucker nie verstehen, worum es in der WTO wirklich geht.

Im Übrigen hat Moore nicht ganz Unrecht: Der Anteil der 49 ärmsten Länder der Erde am Welthandel beläuft sich auf genau 0,5 Prozent.[25]

Eine gewaltige Heuchelei herrscht in den Beziehungen zwischen den dominierenden Mächten der WTO und den ärmsten Ländern. Die Abkommen, zu denen Letztere genötigt werden, zwingen ihnen faktisch eine »einseitige ökonomische Abrüstung« auf. Diesen Begriff hat UNCTAD-Generalsekretär Rubens Ricupero in seinem letzten Bericht 2002 über Handel und Entwicklung geprägt.

Der erzwungenen Liberalisierung ihrer Wirtschaft unterworfen, müssen diese Länder praktisch uneingeschränkt ihr Territorium für die Errichtung ausländischer Fabriken und den Import von Waren, Kapital und Patenten öffnen.

Godfrey Kanyenze vom Kongress der Gewerkschaften Simbabwes spricht eine Selbstverständlichkeit aus: »Freihandel allein hat noch keinem Land zur Entwicklung verholfen.«[26] Wenn eine junge Industrie leben und sich entwickeln soll, muss das sie beherbergende Land das Recht haben, sie durch Zollgebühren, die an den Grenzen erhoben werden, vor konkurrierenden Industrieprodukten, Kontingentierungen u. dgl. zu schützen. Doch die WTO verbietet dies.

Die allermeisten der ärmsten Länder sind Agrarländer. Die südliche Hemisphäre weist 87 Prozent aller Bauern der Erde auf. Die Länder des Nordens aber mit ihrer stärkeren Kaufkraft schließen ihre Märkte für landwirtschaftliche Erzeugnisse und Nahrungsmittel aus dem Süden.[27]

Gleichzeitig werden von den dominierenden Ländern der WTO die Produktion und der Export ihrer eigenen landwirtschaftlichen Erzeugnisse massiv subventioniert. Diese überschüssigen Erzeugnisse ergießen sich in die Dritte Welt und bewirken dort die Zerstörung der anfälligen einheimischen Agrarstrukturen.

1998 kletterten die Subventionen, welche die OECD-Länder ihren Bauern zahlen, zum ersten Mal über die astronomische Marke von 330 Milliarden Dollar. Seither sind sie ständig weiter gestiegen.[28]

Nehmen wir nur das Beispiel Simbabwe! Die heimische Butterproduktion ist dort zwischen 1994 und 1999 um 92 Prozent zurückgegangen, weil sie in puncto Qualität und Preis nicht mit der subventionierten europäischen Produktion mithalten kann.[29]

Rubens Ricupero stellt nüchtern fest: »[Quelle der Misere] ist der Graben zwischen der Rhetorik und der Realität einer liberalen Weltordnung. Nirgends ist diese Kluft eklatanter als im System des Welthandels.«[30]

Kommen wir zum Schluss! Jeder vernünftige Mensch ist für Handel zwischen den Nationen. Autarkie und Protektionismus um jeden Preis verursachen Armut. Schließlich kann niemand das Ideal haben, sich hinter seinen Grenzen zu verschanzen. Niemand wünscht sich die Rückkehr der alten Handelskriege zwischen den

Nationen. Internationaler Handel tut Not, und dieser Handel braucht Regeln, Abkommen und Verhandlungen zwischen den Beteiligten. Niemand will das Gesetz des Dschungels. Aber wie wir gesehen haben: Die WTO ist ein Mörder der Freiheit. Sie schafft und legitimiert die Tyrannei des Reichen über den Armen. Attac-Frankreich fasst meine Überlegungen so zusammen: »Handel: ja. Regeln: ja... aber mit Sicherheit nicht die der heutigen WTO.«[31]

2. Ein Pianist bei der Weltbank

Die Söldlinge der WTO befassen sich mit dem Kreislauf der Handelsströme, die Söldlinge der Weltbank und des Internationalen Währungsfonds (IWF) mit dem der Finanzströme. IWF und Weltbank sind die wichtigsten der so genannten »Bretton-Woods«-Institutionen.[32]

Der Ausdruck »Weltbank« ist ungenau. Offiziell nennt sich die Einrichtung »The World Bank Group«. Sie umfasst: die Internationale Bank für Wiederaufbau und Entwicklung, die Internationale Entwicklungsorganisation, die Internationale Finanz-Corporation, die Multilaterale Investitions-Garantie-Agentur und das Internationale Zentrum zur Beilegung von Investitionsstreitigkeiten.

In ihren eigenen Veröffentlichungen gebraucht die Gruppe die Bezeichnung »Weltbank«, wenn sie die Internationale Bank für Wiederaufbau und Entwicklung und die Internationale Entwicklungsorganisation meint. Wir werden hier genauso verfahren. Was die drei anderen Institutionen der Gruppe betrifft, so nehmen sie begrenzte Aufgaben wahr, die für die Thematik unseres Buches nur am Rande von Interesse sind. Die Internationale Finanz-Corporation unterstützt und berät Privatinvestoren in der Dritten Welt. Die Multilaterale Investitions-Garantie-Agentur ist eine Art von Bürgschaftsbehörde für die von Privatinvestoren eingegangenen nichtkommerziellen Risiken. Und das Internationale Zentrum zur Beilegung von Investitionsstreitigkeiten gibt ausländischen Privatinvestoren, die mit der Regierung eines Gastlandes in Konflikt geraten, Mechanismen der Streitschlichtung und Arbitrage an die Hand.

Die World Bank Group beschäftigt etwas über 10 000 Beamte. Und die Weltbank ist wahrscheinlich diejenige zwischenstaatliche Organisation, welche die Öffentlichkeit am vollständigsten über ihre Strategien, Absichten und Aktivitäten unterrichtet. Ein praktisch ununterbrochener Strom von Statistiken, Informationsbroschüren, theoretischen Analysen verlässt den Kasten aus Beton und Glas in der H Street Northwest 1818 in Washington.

Die Weltbank übt eine immense Macht auf unserem Planeten aus. Sie entfaltet eine mannigfache, prometheische Aktivität. Sie allein gewährt heute den ärmsten Ländern Kredite. In den vergangenen zehn Jahren hat sie Ländern der Dritten Welt langfristige Kredite in einer Gesamthöhe von über 225 Milliarden Dollar eingeräumt.

Die Bank sorgt durch Investitionskredite für den Aufbau von Infrastrukturen. In einigen Fällen – zum Beispiel Niger – deckt sie auch (nachrangig, nach den bilateralen Gebern) das Haushaltsdefizit eines besonders bedürftigen Staates ab. Außerdem finanziert sie Jahr für Jahr Hunderte von Entwicklungshilfeprojekten.

Banktechnisch ausgedrückt, ist die Weltbank heute überall »*the lender of last resort*«, der kreditgebende Nothelfer, der in der Lage ist, dem Kreditnehmer die Bedingungen seiner Wahl aufzuzwingen. Und wer sonst als die Weltbank wäre bereit, Ländern wie dem Tschad, Honduras, Malawi, Nordkorea oder Afghanistan den geringsten Kredit einzuräumen?

Zwischen der Weltbank und der Wall Street besteht natürlich ein strategisches Bündnis. Gelegentlich hat die Weltbank übrigens auch Finanzinstitute der Wall Street gerettet, die sich unklugerweise hie oder da auf Spekulationen auf anderen Kontinenten eingelassen hatten.

In ihrer täglichen Praxis arbeitet die Weltbank nach strengen Bankkriterien. Ihre Statuten schließen ausdrücklich alle politischen oder sonstigen Vorbedingungen aus. Gleichwohl bestimmt ihre Praxis ein Gesamtkonzept, das nicht banktechnischen, sondern ideologischen Ursprungs ist: der Konsens von Washington.[33]

Ihr goldenes Zeitalter erlebte die Weltbank zwischen Ende der Sechziger- und Anfang der Achtzigerjahre.[34] Damals, von 1968 bis 1981, war Robert McNamara ihr Präsident, der ehemalige Verteidigungsminister unter den US-Präsidenten Kennedy und Johnson. Unter seiner Präsidentschaft stieg die Summe der von der Weltbank jährlich ausgereichten Darlehen von 1 auf 13 Milliarden Dollar. Das Personal stieg in diesem Zeitraum um das Vierfache, der Verwaltungshaushalt um das Dreieinhalbfache.

Mithilfe seines Schatzmeisters Eugène Rotberg gelang es McNamara, auf verschiedenen nationalen Märkten Kapitalanleihen in Höhe von fast 100 Milliarden Dollar aufzunehmen. Ironie der Geschichte: Ein großer Teil dieser Summe stammt von Schweizer Bankiers – denselben, die den Löwenanteil des Fluchtkapitals der Nabobs, Diktatoren und Schmarotzerklassen Afrikas, Asiens und Lateinamerikas hüten.

Laut Jerry Mander war McNamara an der Spitze der Weltbank für den Tod von mehr Menschen verantwortlich als in seiner Zeit als Verteidigungsminister der USA, der für die Massaker in Vietnam zuständig war.

Jerry Mander zeichnet folgendes Porträt von McNamara: »Aus Scham über die Rolle, die er im Vietnamkrieg gespielt hatte, wollte er sich reinwaschen, indem er den Armen in der Dritten Welt zu Hilfe eilte. Er machte sich als guter Technokrat ans Werk, mit der Arroganz des echten Gläubigen: ›Ich sehe in der Quantifizierung eine Sprache, die Präzision mit Logik verbindet. Ich war immer der Ansicht: Je wichtiger eine Frage ist, desto kleiner sollte die Zahl der Leute sein, die die Entscheidungen treffen‹, schreibt er in seinem Buch über den Vietnamkrieg.[35] Im Vertrauen auf seine Zahlen hat McNamara die Länder der Dritten Welt dazu gedrängt, die mit den Krediten der Weltbank verbundenen Bedingungen zu akzeptieren und ihre traditionelle Wirtschaft umzustellen, um die ökonomische Spezialisierung und den Welthandel zu maximieren. Die Länder, die sich weigerten, wurden ihrem Schicksal überlassen.«[36] Und weiter: »Unter diesen Umständen hatten viele Länder keine andere Wahl, als sich unter das kaudinische Joch der Weltbank zu beugen. McNamara zerstörte jetzt keine Dörfer mehr, um sie zu retten, sondern ganze Volkswirtschaften. Heute gibt es in der ganzen Dritten Welt riesige Staudämme, die verschlammt sind, Straßen, die verkommen und ins Nirgendwo führen, leer stehende Bürogebäude, verwüstete Urwälder und Felder und riesige Schulden, die niemals zurückgezahlt werden können. Das sind die vergifteten Früchte jener Politik, die die Weltbank seit den Tagen McNamaras bis heute verfolgt. So schwer die Zerstörung ist, die dieser Mann in Vietnam angerichtet hat, in seiner Amtszeit bei der Weltbank hat er sie noch überboten.«[37]

Der derzeitige Präsident der Weltbank ist ein 68-jähriger Australier mit weißer Mähne und schönen, traurigen Augen. Er heißt James Wolfensohn. Nach Schicksal und Begabung ein außergewöhnlicher Mann. Ehemals Bankier an der Wall Street, Multimilliardär, in der Wolle gefärbter Ideologe und Imperialist, ist er zugleich ein versierter Künstler. Vor allem Pianist, widmet er sich gegenwärtig dem Cellospiel. Auch entfaltet er eine rege Tätigkeit als Buchautor.

Jedes Jahr veröffentlicht die Weltbank eine Art von Katechismus: *The World Development Report*. Diese Publikation genießt in Universitäts- wie in UNO-Kreisen hohes Ansehen. Sie versucht, die großen Themen festzulegen, die für die nächste Zeit die Sonderorgane der UNO, die Universitäten und darüber hinaus die öffentliche Meinung beschäftigen werden. Der *World Development Report* trägt den persönlichen Stempel Wolfensohns. Die Ausgabe für 2001 beginnt mit diesem Glaubensbekenntnis: »*Poverty amid plenty is the world's greatest challenge* (Armut inmitten der Fülle ist die größte Herausforderung für die Menschheit).«[38]

Die Ideologen der Weltbank beweisen seit jeher eine bewundernswerte theoretische Geschmeidigkeit. Ungeachtet der offensichtlichen Fehlschläge ihrer Institution sind sie im Laufe der letzten fünf Jahrzehnte nicht müde geworden, die Zahl ihrer Rechtfertigungstheorien zu vervielfachen. Sie haben auf alles eine Antwort. Sie sind unermüdlich. Sie leisten eine Sisyphusarbeit.

Sehen wir sie uns genauer an!

Zu Zeiten McNamaras hieß die bevorzugte Theorie der Weltbank »Wachstum«. Wachstum gleich Fortschritt gleich Entwicklung gleich Glück für alle.

Es kam eine erste Protestwelle, getragen vor allem 1972 von den Weisen des Club of Rome, die postulierten: »Unbegrenztes Wachstum zerstört den Planeten.« Die Theoretiker der Weltbank reagierten sofort: Wie Recht ihr habt, gelehrte Herren von Rom! Die Weltbank stimmt euch zu. Fortan wird sie die »integrierte Entwicklung« betreiben. Anders ausgedrückt: Sie wird nicht mehr nur das Wachstum des Bruttoinlandsprodukts eines Landes in Anschlag bringen, sondern auch die Auswirkungen dieses Wachstums auf andere Bereiche der Gesellschaft untersuchen. Daher stellt sich die Weltbank nun Fragen wie diese: Ist das Wachstum im Gleichgewicht? Welche Auswirkung hat es auf die interne Verteilung des Steueraufkommens? Besteht die Gefahr, dass ein zu rasches Wachstum des Energieverbrauchs in einem Land die Energiereserven der Erde tangiert?

Dann wurden andere kritische Berichte gegen einen entfesselten Kapitalismus veröffentlicht, namentlich jene, die auf der Arbeit von Forschergruppen unter Vorsitz von Willy Brandt beziehungsweise Gro Harlem Brundtland beruhten. Diese Kritiken wandten sich gegen den »Ökonomismus« der Weltbank. Sie forderten andere, nicht-ökonomische Entwicklungsparameter, insbesondere Bildung, Gesundheit, Achtung der Menschenrechte, und warfen der Weltbank vor, diese nicht zu berücksichtigen. Die Weltbank reagierte sofort. Sie wartete mit einer hervorragenden Theorie über die Notwendigkeit der »menschlichen Entwicklung« auf.

Nächste Etappe des Streits: die Umweltbewegung, die größer wurde und überall in Europa und Nordamerika an Einfluss gewann. Um die Produktionskräfte einer Gesellschaft zu entwickeln – sagten die Umweltschützer –, genügt es nicht, den Blick starr auf die klassischen Indikatoren oder selbst die berühmten Parameter der menschlichen Entwicklung gerichtet zu halten. Man muss auch die langfristigen Folgen etwa der Entwicklungshilfe-Interventionen auf die Umwelt veranschlagen. Wieder spürten die Ideologen der Weltbank, dass sich der Wind gedreht hatte, und so wurden sie von Stund an eifrige Parteigänger der *sustainable development*, der »nachhaltigen Entwicklung«.

1993 wurde in Wien die Weltkonferenz über Menschenrechte abgehalten. Gegen die US-Amerikaner und einige Europäer erzwangen die Nationen der Dritten Welt die Anerkennung der »wirtschaftlichen, sozialen und kulturellen Rechte«. Diese Revolution wurde von der Überzeugung geleitet, dass einem Analphabeten die Pressefreiheit vollkommen gleichgültig ist. Es ist unerlässlich, zunächst einmal den sozialen, wirtschaftlichen und kulturellen Rechten Genüge zu tun, bevor man sich den bürgerlichen und politischen, das heißt den klassischen demokratischen Rechten zuwendet. James Wolfensohn veröffentlichte daraufhin Bericht um Bericht, Erklärung um Erklärung. Die Weltbank werde selbstverständlich beim Kampf um die Verwirklichung der wirtschaftlichen, sozialen und kulturellen Rechte in vorderster Front stehen. Im September 2000 hielt unser Klavierspieler in Prag sogar einen rührenden Vortrag über dieses Thema.

Einer der jüngsten intellektuellen Eiertänze, wie sie für die Weltbank typisch sind, betrifft die *empowered development*, das heißt die Forderung nach einer wirtschaftlichen und sozialen Entwicklung, die von den Opfern der Unterentwicklung selbst gesteuert (»ermächtigt«) wird.

Doch wie gesagt, keine der einander ablösenden Absichtserklärungen der Weltbank hat auf Dauer verschleiern können, was offensichtlich ist: dass die verschiedenen von ihr ins Werk gesetzten Strategien der »Entwicklung« allesamt eklatant gescheitert sind. Aber was tun? Um Einfälle ist die Weltbank niemals verlegen. Fortan wird sie halt auf mildernde Umstände plädieren und sich auf »Schicksalhaftigkeit« berufen.

Der Vortrag, den der Vizepräsident der Weltbank, zuständig für deren Außenbeziehungen, am 8. April 2002 im Genfer Palais des Nations vor UNO- und WTO-Kadern hielt, trug den Titel: »*Will development assistance ever reach the poor?*« (Wird Entwicklungshilfe jemals bei den Armen ankommen?) Antwort des trefflichen Vizepräsidenten: »Man weiß es nicht.«

Um die frohe Kunde in die Welt zu tragen, bedient sich James Wolfensohn einer handverlesenen Schar von Botschaftern. Was die Jesuiten für die katholische Kirche sind, das sind die *missi dominici* unseres Pianisten für die Weltbank: Die »Gesandten des Herrn« führen die unterschiedlichsten Missionen aus. Beispiele:

Nigeria ist eine Erdölgroßmacht und zugleich eine der korruptesten Gesellschaften der Erde. In Lagos, der Hauptstadt des Landes, hat James Wolfensohn ein Büro für *good governance* (Korruptionskontrolle) eingerichtet. Sein Vorsteher sammelt Informationen über alles, was mit Korruption zu tun hat; sie kommen von Einzelpersonen, gesellschaftlichen Bewegungen, Nichtregierungsorganisationen, Kirchen, Gewerkschaften oder aufmüpfigen Staatsbeamten. Er beobachtet die Preisabsprachen auf den Großbaustellen der Region, die heimlichen Zuwendungen von lokalen Direktoren multinationaler Gesellschaften an Minister und den Machtmissbrauch, den dieser oder jener Staatschef gegen klingende und nicht zu knappe Münze praktiziert. Kurzum, er registriert, dokumentiert und entwirrt, so gut es geht, die verschlungenen Wege, welche Korrumpierer und Korrumpierte einschlagen. Aber was wird danach aus diesem Wissen? Großes Fragezeichen.

Wolfensohn hat ferner einen geschäftsführenden Vizepräsidenten ernannt, der speziell für den Kampf gegen die extreme Armut zuständig ist. Auch er dokumentiert und informiert sich. ... Bis vor kurzem hatte diesen Posten Kemal Dervis inne.

Dervis ist ein fünfzigjähriger Ökonom türkischer Nationalität, ein feiner, warmherziger Mann, der in der Schweiz aufgewachsen ist. Seine Reifeprüfung legte der gläubige Muslim in einer katholischen Privatschule ab, dem Collège Florimont in Petit-Lancy bei Genf. (Anfang 2001 hat er die Weltbank verlassen. Danach wurde er Wirtschafts- und Finanzminister der Türkei.)

Eine weitere, ganz untypische Persönlichkeit, die für Wolfensohn arbeitet: Alfredo Sfeir-Younis. Seit November 1999 leitet er in Genf das *World Bank Office*, die Vertretung der Weltbank beim europäischen Sitz der UNO und bei der WTO. Der Mann ist nicht alltäglich. So schreibt der Journalist André Allemand über den Botschafter unseres Pianisten: »Mit dem gedämpften Charisma eines bärtigen Richard Gere zeichnet der allerneueste Vertreter der Weltbank eine Organisation im vollen philosophischen Umbruch, ganz Ohr für die Ärmsten der Armen und aktiv bestrebt, die Armut aus der Welt zu verbannen.« Allemand gibt ihm den Spitznamen *L'Enjoliveur,* »der Verhübscher«.[39]

Sfeir-Younis ist ein Chilene libanesischer Abstammung. Ein Kosmopolit und der geborene Diplomat. Spross einer großen maronitischen Familie im Libanon, deren einer Zweig in Chile ansässig wurde, ist er der Neffe des Patriarchen der maronitischen Kirche, Nasrallah Sfeir. Seit 1967, als sein Vater zum chilenischen Botschafter in Damaskus und Beirut ernannt worden war, hatte der junge Alfredo alle Umwälzungen, Kriege und Turbulenzen im Fruchtbaren Halbmond miterlebt.

Der »Verhübscher« ist ein Pionier. Er war der erste *environmental economist* (Umweltökonom), der in die Weltbank Einzug hielt. Heute zählt sie deren 174. Darüber hinaus hat er sieben Jahre lang unter oft schwierigen Bedingungen im afrikanischen Sahel gearbeitet. Da er sich zu festen antifaschistischen Überzeugungen bekennt, hat er sich einst gegen die Diktatur Pinochets gestellt.

Als Buddhist pflegt er die Meditation.

Vor allem aber ist Don Alfredo ein Meister der sprachlichen Zweideutigkeit.

Kostprobe: »Die gegenwärtigen wirtschaftlichen Schwierigkeiten rühren vor allem von der Verteilung der Reichtümer her, nicht so sehr von Problemen bei der Produktion oder beim Konsum. ... Die Welt leidet an einem Mangel an *global governance.*«[40]

Jeder kalvinistische Pastor in Genf muss beim Lesen dieser Zeilen in Entzücken verfallen. Siehe da, ein Mitbruder! Endlich ein verantwortungsbewusster Bankier, der nicht Wachstum, Produktivität und Profitmaximierung im Munde führt! Doch was der naive Leser dieser Ausführungen nicht weiß: Der Genfer Botschafter des Pianisten ist ein vehementer Verfechter der *stateless global gover-*

nance – der Weltregierung ohne Staat – und des Konsens von Washington.

Don Alfredo ist ein Hartgesottener. Ein hochmögender Einflussagent: Bei gewissen Gelegenheiten, und auf Anweisung des Pianisten, spielt er auch den Geheimagenten, wie etwa während der Welthandelskonferenz in Seattle 1999. »Im letzten Dezember war ich in den Straßen von Seattle unterwegs, mit dem Auftrag, meiner Organisation über die von den Demonstranten angesprochenen Punkte zu berichten.«[41]

Ein weiterer ganz atypischer *missus* des Pianisten heißt Mats Karlsson. Er war enger Mitarbeiter und Schüler Pierre Schoris, des geistigen und moralischen Haupterben Olof Palmes, und wirkte als Chefökonom des schwedischen Außenministeriums und Staatssekretär für Entwicklungshilfe. Er ist überzeugter Sozialist. Neben Pierre Schori ist auch Gunnar Sternäve, Vordenker der schwedischen Gewerkschaften, sein Freund. Doch als einer der Vizepräsidenten der Weltbank ist Karlsson heute für deren Außenbeziehungen und die Kontakte zur UNO zuständig.

Ich sage es ganz ohne Ironie: Einige Ideologen der Weltbank haben für mich etwas Verführerisches. Ihre Kultur, ihr intellektuelles Feuer sind faszinierend. Manche unter ihnen sind sogar guten Willens. Alfredo Sfeir-Younis und Mats Karlsson, um nur diese zu nennen, sind zutiefst sympathische Menschen. Das Problem ist nur: Auch wenn sich ihre Theorien verändern und neuen Gegebenheiten anpassen, bleibt ihre Praxis doch immer dieselbe. Sie entspringt der reinen Banker-Rationalität, was die systematische Ausbeutung der betreffenden Populationen und die erzwungene Öffnung ihrer Länder für die Beutejäger des globalisierten Kapitals impliziert.

Denn nicht anders als die WTO und der IWF ist auch die Weltbank eine Hochburg des neoliberalen Dogmas. Allen Schuldnerländern zwingt sie in jeder Situation den Konsens von Washington auf. Sie betreibt die Privatisierung der öffentlichen Güter und des Staates.

Dann, im Januar 2000, das Erdbeben! Joseph Stiglitz, Wolfensohns wichtigster und ihm am nächsten stehender Kollege, Chefökonom und erster Vizepräsident der Weltbank, tritt zurück und verurteilt gleichzeitig in aller Öffentlichkeit die übertriebene Privatisierungsstrategie und die Unwirksamkeit der Institutionen von Bretton Woods.[42]

Wolfensohn wird von Zweifeln gepackt. Er geht sogar so weit, sich Fragen zu stellen: Das Kapital kommt, Kredite gehen hinaus, Staudämme werden errichtet, liefern elektrischen Strom... und ringsumher verhungern überall Menschen. Überall in der Dritten Welt kehrt die Malaria im Geschwindschritt zurück und fordert jedes Jahr eine Million Opfer, Schulen schließen, Analphabetismus breitet sich aus, Krankenhäuser verfallen, Patienten sterben, weil Medikamente fehlen. Aids richtet Verheerungen an.

Irgendetwas läuft falsch. Wolfensohn fragt nach, reist herum, lädt Aktivisten gesellschaftlicher Bewegungen zum runden Tisch, hört zu, denkt nach und versucht, das gigantische Scheitern seiner Bank zu begreifen.[43]

Aus den Zweifeln des Pianisten erwächst ein neues Organigramm.[44] Der *Social Board*, die Sozialabteilung, deren Personal Wolfensohn verstärkt, muss künftig zwingend von jedem Projektleiter konsultiert werden. Die Abteilung hat die Aufgabe, zu untersuchen und zu bewerten, welche Folgen die Intervention der Weltbank – Bau einer Autobahn, eines Staudamms, einer Flussbegradigung, eines Hafens, einer Fabrikanlage – für die Menschen der Empfängergesellschaft haben wird. Es geht darum, die sozialen und familiären Konsequenzen jeder einzelnen Investition zu bewerten.

Wie wird die neue Autobahn das Leben in den Dörfern tangieren, durch die sie hindurchführt? Wie wird sich ein Industriekonglomerat auf den regionalen Arbeitsmarkt auswirken? Was wird aus den Bauern, die dem Bau eines Staudamms weichen müssen, nachdem ihr Grund und Boden enteignet wurde? Umfangreiche Anpflanzungen von Kulturen, die für den Export bestimmt sind, erfordern die Vernichtung von tausenden Hektar Urwald: Inwieweit wird das regionale Klima hierdurch beeinträchtigt? Die Fragen, mit denen sich der *Social Board* zu befassen hat, sind zahllos. Nur: Er hat keinerlei Macht. Sogar wenn er zu völlig negativen Schlussfolgerungen gelangt und eine Katastrophe nach der anderen kommen sieht, kann er den Bau des Industriekonglomerats, das Fällen der Bäume, die Umleitung des Flusses nicht verhindern.

Die Bankiers entscheiden immer völlig souverän.

Wer arbeitet übrigens mit der Sozialabteilung zusammen? Mitglieder internationaler Nichtregierungsorganisationen (NGOs), die als »glaubwürdig« gelten. Pfui über Extremisten! Die Weltbank will »kompetente« und »vernünftige« Kritiker.

Die NGOs werfen zahlreiche Probleme auf. Wir werden auf sie im vierten Teil unseres Buches zurückkommen.

Amnesty International, Terre des Hommes, Greenpeace, Human Rights Watch, Oxfam, Ärzte der Welt, Ärzte ohne Grenzen, die Landlosenbewegung, Via Campesina, Action Contre la Faim: Dies alles sind NGOs, die großartige Arbeit leisten. Ihre Aktivistinnen und Aktivisten sind das Salz der Erde. Aber viele andere NGOs sind von zwiespältiger, zweifelhafter Herkunft, und sie verhalten sich manchmal auf eine Art und Weise, die man nur wüst nennen kann. So sind viele von ihnen Ableger der größten transkontinentalen kapitalistischen Gesellschaften, von denen jede eine, zwei, sogar mehrere NGOs finanziert, die von A bis Z ihre Gründung sind. Die Chefs dieser NGOs sind in keiner öffentlichen Versammlung gewählt worden. Ihre Finanzquellen unterliegen dem Geschäftsgeheimnis. Die Überweisungen an sie erfolgen auf dem Umweg über Stiftungen, die in Liechtenstein ansässig sind, oder über eine IBC auf den Bahamas.[45]

Wie spielen sich die Dinge bei der Weltbank ab?

Die Weltbank bringt soziale Begleitprogramme auf den Weg, welche die Folgen ihrer Investitionen (in Industrie, Infrastruktur usw.) für die Menschen abfedern sollen. Die Durchführung dieser Programme vertraut sie so genannten »glaubwürdigen« nichtgouvernementalen Organisationen an. Den Grad der »Glaubwürdigkeit« einer NGO legt natürlich der Pianist selber fest. Diese Organisationen entnehmen dabei eine Provision in Höhe von mindestens fünf

Prozent der Kredite, die dem von ihnen betreuten Programm bewilligt worden sind.

Viele der mit dem Pianisten zusammenarbeitenden NGOs sichern sich damit ein erkleckliches Finanzpolster.

Resultat: Die Reden, welche auf den großen internationalen Konferenzen gehalten werden, und die an die Adresse der Weltbank gerichtete Kritik werden plötzlich milder. Diese NGOs verhalten sich letztlich wie feile Dirnen.

Die Manipulation bestimmter NGOs durch den geschickten Wolfensohn hat noch einen anderen Effekt. Viele der vom *Social Board* als »Experten« konsultierten Führungspersönlichkeiten und Kader der NGOs werden später diskret in die höheren Etagen der Weltbank gehievt. Durch ihre »vernünftige«, »maßvolle«, »kompetente« Kritik an den von der Weltbank durchgeführten Investitionsvorhaben und ihrer Politik der forcierten Privatisierung erkaufen sie sich eine schöne Karriere bei der Bank. In der Zentrale der Weltbank gibt es eine eigene Abteilung, die sich mit der Auswahl, der Behandlung und der Überwachung geeigneter NGOs befasst: die *Civil Society Unit*, die William Reuben untersteht.

Um das doppelte Spiel zu ermessen, das der Pianist spielt, wollen wir die Ausarbeitung und Realisierung eines konkreten Projekts verfolgen, der Erdölleitung vom Tschad nach Kamerun, für welche die Machbarkeitsstudien seit Mitte der Neunzigerjahre vorliegen. Von allen Industrieprojekten auf dem afrikanischen Kontinent ist dieses mit den größten privaten Finanzinvestitionen verbunden. Mitte 2001 wurden die für den Start des Projekts erforderlichen Investitionen auf 3,7 Milliarden Dollar geschätzt. Aber so viel geht aus den Akten der multinationalen Erdölgesellschaften hervor: Die Mitwirkung der Weltbank ist unentbehrlich, weil nur sie den betroffenen Völkern die Zustimmung zum Verlauf der Erdölleitung abringen kann. In der ersten Phase der Verwirklichung des Projekts steuert die Weltbank fast 200 Millionen Dollar bei: Es geht darum, Bohrungen und Nutzung der kürzlich entdeckten Erdölfelder im Doba-Becken im Süden des Tschad sicherzustellen. Anschließend muss jedoch eine 1000 Kilometer lange Erdölleitung durch den

Urwald bis nach Kribi, an der Atlantikküste Kameruns, gebaut werden. Für diese zweite Phase werden von der Weltbank 300 Millionen Dollar locker gemacht.

Seit über zwanzig Jahren leidet der Tschad unter einer Serie von brutalen Militärdiktaturen. Einander zerfleischende Tubu-Clans aus dem Norden und andere Stämme des Tibesti-Gebirges waren in N'Djamena an der Macht. Außergerichtliche Hinrichtungen, Folter, Verschwindenlassen sind im Tschad an der Tagesordnung. Unter diesen Umständen konnte sich keine dieses Namens würdige Zivilgesellschaft entwickeln.

Kamerun ist mit einem genauso korrupten politischen Regime geschlagen wie der Tschad. Auf der von Transparency International jährlich vorgelegten Liste der korruptesten Regimes der Welt rangiert Kamerun 2001 an vierter Stelle.[46] Aber im Gegensatz zu den Vorgängen im Tschad hat in Kamerun der Staat wenig Einfluss auf die Gesellschaft. Der Präsident und General Idriss Déby und der unbedeutende Paul Biya sind kaum miteinander zu vergleichen. Déby herrscht durch Terror und lässt seine Gegner ermorden. Der Präsident von Kamerun hingegen lebt die meiste Zeit im Hotel »Intercontinental« in Genf und hat kaum noch Einfluss: Das Regime, an dessen Spitze er steht, ist in völliger Auflösung begriffen. Das soziale Gefüge zerfällt. Der Staat Kamerun ist nur noch eine Fiktion.

Das Machtvakuum in Kamerun begünstigt das Aufkommen von NGOs, sozialen Bewegungen, kritischen Umweltgruppen im Lande. So kommt es, dass verschiedene Teile der kamerunischen Zivilgesellschaft feste Verbindungen zur Partei der Grünen und zu Greenpeace in Frankreich unterhalten. Und während des französisch-afrikanischen Gipfeltreffens der Staatschefs in Yaounde im Jahre 2000 demonstrierte die kamerunische Zivilgesellschaft ihre eindrucksvolle Mobilisierung: Sie organisierte einen Gegengipfel, der den von Jacques Chirac präsidierten offiziellen Gipfel nach dem Urteil der öffentlichen Meinung in den Schatten stellte. Kurzum, schon bald trafen James Wolfensohn und seine Erdölfreunde auf den lebhaften und hartnäckigen Widerstand von kamerunischen Bewegungen, die mit Greenpeace Frankreich und mit Abgeordneten der französischen Grünen (namentlich Marie-Hélène Aubert) im Bunde standen. Diese Oppositionsbewegung forderte die gerechte Aufteilung der zukünftigen Einnahmen aus dem Erdöl, Garantien gegen Korruption sowie die Verlegung der geplanten Erdölleitung, um den von Pygmäen bewohnten Urwald zu schonen.

Im Juni 1997 musste die Weltbank einen Rückzieher machen. Wolfensohn verwarf die erste, von ihm selbst in Auftrag gegebene Studie über die »Auswirkung [des Projekts] auf das ökologische und soziologische Umfeld«. Aber die Erdölgesellschaften gaben nicht klein bei: Sie mobilisierten ihre Freunde in Washington und an der Wall Street.[47] Resultat: Anderthalb Jahre nach dem Widerruf der ersten Verträglichkeitsstudie gab Wolfensohn den Erdölgesellschaften nach.

Sein Argument: Wir haben »vernünftigen Einwänden Rechnung getragen«. Der Verlauf der Erdölleitung wurde etwas geändert. Außerdem musste der tschadische Staat etwas von seiner »Verwaltungshoheit« abgeben.[48]

Was ist geschehen? Die Erdölgesellschaften sind dem General und Präsidenten auf den Pelz gerückt. Aber wie dem auch sei, die Regierung in N'Djamena hat ein Gesetz beschließen lassen, wonach 80 Prozent der künftigen Einnahmen aus Erdöl in wirtschaftliche Entwicklung, Bildung und Gesundheit gesteckt und 10 Prozent in einem »Sonderfonds für künftige Generationen« eingefroren werden. Idriss Déby unterzeichnet ein Gesetz gegen die Korruption? Das ist genauso wenig glaubwürdig, wie wenn sich Pinochet 1973 für den Kampf um Sozialismus und Menschenrechte und gegen die Folter engagiert hätte. Gipfel der Lächerlichkeit: Der Despot im Tschad hat die Bildung eines »öffentlichen Kontrollausschusses« angekündigt, der die Anwendung des neuen Gesetzes überwachen soll.

Der Pianist wiederum nahm die Ankündigung des Despoten zum Vorwand, um die letzten Widerstände gegen die Realisierung der Pipeline zu beseitigen. Bruno Rebelle, Vorsitzender von Greenpeace Frankreich und langjähriger Beobachter der Umtriebe der Weltbank, kommentierte damals nur lapidar: »Die Reden ändern sich, die Praktiken bleiben dieselbe. Dies ist das Musterbeispiel einer nicht-ethischen Investition, die die Weltbank eigentlich nicht tätigen dürfte.«[49]

Im Mai 2000 veröffentlichte die britische Tageszeitung *The Guardian* eine aus der Weltbank selbst stammende geheime Denkschrift. Mehrere Ökonomen der Bank kündigten Wolfensohn und seinen Erdölfreunden ihre Solidarität. Ihrer Ansicht nach barg die Erdölleitung das Risiko »signifikanter« politischer und ökologischer Zerstörungen.[50]

Alle Fragen von Journalisten im Zusammenhang mit der Erdölleitung sind geeignet, den Pianisten auf die Palme zu bringen. Man betrachte nur sein Interview mit *Libération* im Juni 2000. Die zwei Journalisten (Christian Losson und Pascal Riche) waren die ganze Zeit höflich und objektiv geblieben.

Frage: »Es wird Ihnen auch häufig vorgeworfen, Sie könnten nicht in bescheidenen Maßstäben denken und würden gigantische Baustellen wie die Pipeline zwischen Tschad und Kamerun finanzieren.«

Antwort: »Diese Pipeline war das Ergebnis jahrelanger Gespräche mit zwei Regierungen, der Zivilgesellschaft und dem privaten Sektor. Der Tschad ist ein sehr armes Land, mit 230 Dollar Einkommen pro Kopf und Jahr. Seine einzige Chance sind seine Erdölreserven. Kann man ihm helfen, sie zu exportieren, und gleichzeitig die Umwelt und die Menschenrechte respektieren und die Zweckentfremdung der Gewinne verhindern? Wir haben alle erdenklichen Vorsichtsmaßregeln getroffen: 41 Experten haben 28 Bände allein über die Umweltfrage geschrieben, wir haben jeden Baum fotografiert und sind die ganze Strecke der künftigen Pipeline zu Fuß abgeschritten! Ich füge hinzu, dass das Projekt aus dem Wunsch der französischen Regierung hervorging, die einer ehemaligen Kolonie helfen wollte.«[51]

»Jeden Baum fotografiert« – »die ganze Strecke der künftigen Pipeline zu Fuß abgeschritten«: Die Bemerkung wäre amüsanter, wenn die Lügen nicht gar so krass wären.

In dem zur Abholzung vorgesehenen Urwald wohnen überall Menschen, und zwar schon seit Jahrtausenden. Es sind Bagyeli-Pygmäen. Aber die Söldlinge der Weltbank kümmern sich nicht um sie.

Die Bagyeli-Pygmäen zählen etwa 4500 Seelen, ihre Wohnplätze sind über den ganzen unermesslichen Urwald verstreut. Sie sind Sammler und Jäger. Quer durch ihre Ländereien also werden die Bulldozer auf eine Strecke von 1000 Kilometern eine 30 Meter breite Schneise für das schwarze Gold schlagen. In den Urwäldern der Pygmäen werden Pumpanlagen, Überwachungsstationen, Landepisten für die Pipeline-Ingenieure, Depots und Reparaturwerkstätten, Wohnungen für das Kontrollpersonal usw. errichtet.

Die Bagyeli-Pygmäen werden von der Londoner NGO Survival unterstützt. Im Juni 2000 lud sie den Anführer des Waldvolks, Jacques Nung, nach London ein. In Europa äußerte sich Nung mit unendlicher Vorsicht: »Ich sage nicht, dass der Wald völlig zerstört werden wird. Aber es sollen Bäume gefällt werden, die wir zur Herstellung von Holzwaren oder Medizin verwenden. Ich selbst bin gewohnt, jagdbares Wild ganz in meiner Nähe zu finden – in Zukunft werde ich dafür erst einmal 15 oder 20 Kilometer laufen müssen. Wir sind nicht gegen das Projekt, wir wollen nur, dass wir mehr einbezogen werden.« Und weiter: »Beim ersten Kontakt neigt der Pygmäe dazu, zu allem Ja zu sagen, um Ihnen gefällig zu sein, aber zwei Tage später kann er auch Nein sagen. Man muss sich Zeit mit ihnen nehmen, ihnen mehr erklären. Bisher haben immer andere für uns entschieden. Jetzt nehmen wir unser Schicksal selbst in die Hand.« Zum Abschluss sagte Nung: »Man hat zu uns gesagt: Wir werden euch Häuser bauen. Aber habe ich jemals ein Haus verlangt?«[52]

Die Chancen der Bagyeli-Pygmäen gegenüber James Wolfensohn und den Erdölgesellschaften sind minimal. Astronomische Profite stehen auf dem Spiel: Die aus dem Doba-Becken und der Pipeline zu erwartenden Einkünfte werden heute auf 10 Milliarden Dollar veranschlagt. Nach den gegenwärtig geltenden Verträgen werden drei Viertel dieser Summe zu den multinationalen Erdölgesellschaften zurückfließen.

Der von James Wolfensohn ins Leben gerufene *Social Board* und seine »unabhängigen« Experten stehen dem tschadisch-kamerunischen Pipeline-Projekt durchaus wohlwollend gegenüber. Sie haben zur Errichtung eines »Erdöl-Sonderfonds zur Bekämpfung der Armut« geraten. Wer aber sind dessen satzungsgemäße Nutznießer: Bauernvereinigungen? NGOs? Gewerkschaften? Bürgerinnen und Bürger der ausgebluteten Länder? Weit gefehlt! Die einzigen Nutznießer des Sonderfonds sind die Regierungen in Yaounde und N'Djamena. Weder eine Bewegung der Zivilgesellschaft noch eine NGO, noch eine Gewerkschaft kommt in den Statuten des Fonds vor.

Im November 2000 hat die tschadische Regierung mit Bewilligung der Weltbank 17 Milliarden CFA-Francs (rund 25 Millionen Dollar) aus dem Fonds entnommen. Vorwand: Der Norden des Landes sei von einer Hungersnot bedroht. Indessen hat Jean-Bawoyeu Alingué, der Anführer der Opposition gegen Déby, Dokumente veröffentlicht, aus denen hervorgeht, dass der größere Teil der entnommenen Summe zum Ankauf von Waffen bestimmt war.[53] Der von der Weltbank eingerichtete Fonds zur Bekämpfung der Armut diente also dazu, den Krieg des Despoten gegen einen Teil des tschadischen Volkes zu finanzieren.

3. Die Feuerteufel vom IWF

Im Internationalen Währungsfonds (IWF) herrscht eine Demokratie besonderen Typs. Die 183 Mitgliedsstaaten stimmen gemäß ihrer jeweiligen Finanzkraft ab – »*one dollar, one vote*«. So kommt es, dass auf die USA 17 Prozent der Stimmrechtsanteile entfallen. Ihre Finanzkraft und die Tatsache, dass der Dollar als internationale Reservewährung fungiert, verleihen ihnen ein entscheidendes Gewicht in der Organisation.

Die Söldlinge vom IWF sind so etwas wie die Feuerwehrleute des internationalen Finanzsystems. Was sie aber nicht hindert, sich bei Gelegenheit auch als Feuerteufel zu betätigen...

Wenn sie bei einer ernsten Krise an exotischen Finanzplätzen intervenieren, achten sie also vor allem darauf, dass kein internationaler Spekulant seine ursprüngliche Einlage einbüßt. Ein britischer Kommentator fasst die Lage so zusammen: »*So when sceptics accuse rich country governments of being mainly concerned with bailing out western banks when financial crisis strikes in the world, they have a point* (Wenn manche Skeptiker den Regierungen reicher Länder vorwerfen, es komme ihnen bei einer internationalen Finanzkrise nur darauf an, Verluste westlicher Banken zu vermeiden, dann haben sie nicht ganz Unrecht).«[54]

Die Wichtigkeit der Fragen, die der IWF zu lösen sucht, ist mir vollkommen klar. Es ist absolut notwendig, die Stabilität der Währung und der Wechselkurse zu sichern. Andererseits sind zahlreiche Länder, und namentlich die 49 ärmsten, nicht imstande, ein Mindestmaß an Infrastruktur aufzubauen, was ihrer Entwicklung hinderlich ist. Es ist daher völlig normal, dass der IWF über dieses Problem nachdenkt, wie es gewiß notwendig ist, die Ineffizienz eines oft aufgeblähten öffentlichen Dienstes, die Korruption usw. zu bekämpfen. Aber auch wenn der IWF bisweilen echte Probleme anpackt, so tut er es doch mit falschen Methoden.

Jubilé 2000, eine transnationale soziale Bewegung, die aus christlichen Kreisen in Großbritannien hervorgegangen ist, hat durch eine beispielhafte Mobilisierung des Volkes vom G8 eine Verringerung der Auslandsschulden der ärmsten Länder erwirkt. Ein komplizierter Mechanismus wurde in Gang gesetzt: Um an dem Entschuldungsprogramm teilnehmen zu können, müssen die Schuldnerregierungen ein *debts reduction strategy paper* (Strategiepapier zum Schuldenabbau) ausarbeiten, das heißt einen Entwicklungsplan, aus dem hervorgeht, wie sie das ihnen zur Verfügung gestellte Geld zu verwenden gedenken. Die Stichhaltigkeit dieser Pläne wird durch die Finanzierungsinstitute von Bretton Woods überprüft. Von deren Verdikt hängt dann die Verringerung der Schulden (genauer gesagt: der Umfang der Schuldenverringerung) ab.

Ich persönlich bin sehr für solche *debts reduction strategy papers*.

Das Regime von Präsident arap Moi in Kenia ist durch und durch verrottet. Ohne Konditionalität (Bedingungen für die Inanspruchnahme der Ziehungsrechte) und Reinvestitionsplan würde die Verringerung der kenianischen Auslandsverschuldung nur dazu dienen, die von arap Moi und seinen Kumpanen auf ihren Privatkonten in Zürich und London deponierten Summen zu vergrößern. Aber ich bin radikal gegen jene, seien es der IWF oder die Weltbank, die die geforderten Pläne prüfen. Diese Aufgabe sollte logischerweise wieder dem UNDP oder der UNCTAD zufallen, die im System der Vereinten Nationen für Entwicklungsfragen zuständig sind.

Die Anhänger des Konsens von Washington praktizieren nämlich eine ganz besondere Art von Schuldenerlass: Wenn sie armen Ländern einen Teil ihrer Schulden erlassen, so darum, weil sie dann Raten und Zinsen der Restschuld umso sicherer einkassieren können...

Jeffrey Sachs ist kein Revolutionär. Er ist ein Mann, der aus dem konservativen rechten Lager kommt. Er unterrichtet Ökonomie an der Universität Harvard. Aber die Heuchelei der Operation »Teilerlass der Schulden« ist ihm zuwider. Hören wir, was er zu sagen hat: »Anstatt über einen Umfang der Schuldenentlastung nachzudenken, der es den betroffenen Ländern wirklich erlauben würde, Krankheiten zu bekämpfen und ihren Kindern eine solide Grundschulbildung zu geben, haben die 1999 in Köln versammelten G8-Chefs willkürlich ein ›vertretbares‹ Verschuldungsniveau definiert, das 150 Prozent der Exporte entspricht. Dieser noch heute gültige Schwellenwert ist völlig absurd.« Und weiter: »Dutzende von Ländern brauchen nicht nur einen vollständigen Erlass ihrer Schulden, sondern auch massive Hilfe. [...] Die erforderlichen Summen sind in absoluten Zahlen beträchtlich, aber gemessen an den enormen Einnahmen der reichen Länder verschwindend gering. Eine zusätzliche Hilfe in Höhe von 20 Milliarden Dollar pro Jahr könnte vieles verwirklichen helfen und schlüge für die 1 Milliarde Einwohner der reichen Länder mit nur 20 Dollar pro Kopf zu Buche. Entweder die G8 geben – nach reiflicher Überlegung – mehr Geld aus, um die Armut zu bekämpfen, oder ihre Bosse verschanzen sich in ihren Festungen gegen einen immer verzweifelter werdenden Großteil der Menschheit.«[55]

Die vom IWF angewendeten Methoden sind nicht gut – sofern sie nicht geradezu katastrophal sind. Werfen wir einen Blick nach Lateinamerika!

In den Siebzigerjahren belief sich die kumulierte Auslandsverschuldung der lateinamerikanischen Staaten auf etwa 60 Milliarden US-Dollar. 1980 waren es 204 Milliarden Dollar. Zehn Jahre später hatte sich die Summe auf 443 Milliarden Dollar mehr als verdoppelt. Heute bewegt sich die Auslandsverschuldung Lateinamerikas in der Gegend von 750 Milliarden Dollar.[56] Diese Verschuldung ist der Anlass für den Transfer von durchschnittlich 25 Milliarden Dollar pro Jahr an die Gläubiger – und das seit dreißig Jahren. Anders gesagt: Der Kontinent musste drei Jahrzehnte lang 30 bis 35 Prozent der Einkünfte aus dem Export seiner Güter und Dienstleistungen zur Schuldentilgung verwenden. Im Jahre 2001 schuldete jeder Bewohner Lateinamerikas (Greise und Säuglinge inbegriffen) den Gläubigern des Nordens durchschnittlich 2550 US-Dollar.[57]

Von den vielen Katastrophen, die die zündelnden Feuerwehrleute des IWF in Lateinamerika ausgelöst haben, wollen wir nur die spektakulärste herausgreifen, den Fall Argentinien:

Das einst wohlhabende Argentinien mit seiner maßlosen Auslandsverschuldung und seiner hemmungslosen Strategie der Privatisierung des öffentlichen Sektors und der Deregulierung der Finanzmärkte stand lange unter der Fuchtel des IWF. Dieser hatte dem Land eine Wirtschafts- und Finanzpolitik verordnet, die in erster Linie den Interessen der transkontinentalen ausländischen – namentlich amerikanischen – Großgesellschaften diente. So kam es, dass die Landeswährung unter dem Regime der Peso-Dollar-Parität stand.

2001 betrug das Wirtschaftswachstum weniger als 1,9 Prozent, das Bruttoinlandsprodukt 7544 Dollar pro Kopf. Damit rückte Argentinien in gefährliche Nähe der 49 am wenigsten fortgeschrittenen Länder des Planeten. Anfang Dezember 2001 kam die Krise schließlich voll zum Ausbruch. Die Auslandsverschuldung hatte 146 Milliarden Dollar erreicht. Um die finanzielle Ausblutung des Landes durch Kapitalflucht zu den Offshore-Plätzen und Auslandsbanken (vor allem in Nordamerika und der Schweiz) zu stoppen, ordnete Präsident de la Rúa die Sperre sämtlicher privaten Bankkonten an. Dieses Einfrieren nannte man *corralito*.[58] Es kam zu einer Panik. Die Wirtschaft brach zusammen. Die Arbeitslosigkeit kletterte auf 18 Prozent. Unternehmenspleiten folgten einander in immer schnellerem Tempo. Der IWF verweigerte jeden neuen Kredit. Der Volkszorn fegte de la Rúa und drei seiner Nachfolger hinweg.

Im Februar 2002 erklärte der Oberste Gerichtshof Argentiniens den *corralito* für verfassungswidrig. Aber das Unheil war angerichtet, die Katastrophe perfekt. Die argentinische Wirtschaft ist ausgeblutet, der Mittelstand größtenteils ruiniert.

Im Jahr 2002 leben zwei von fünf Einwohnern Argentiniens in extremer Armut.[59]

Jahrzehntelang mussten die Länder Lateinamerikas unzählige Strukturanpassungspläne umsetzen, welche die schwarzen Raben in Washington ausgebrütet hatten. Der IWF hat auch zahlreiche Steuerreformen diktiert (natürlich immer zugunsten des Auslandskapitals und der inländischen herrschenden Klassen). Er erzwang massive Haushaltskürzungen im Sozial-, Bildungs- und Gesundheitswesen, die Liberalisierung der Einfuhren, die Ausweitung der Plantagenflächen, die Beschneidung der für die Lebensmittelproduktion vorgesehenen Flächen und die Einführung von Sparmaßnahmen aller Art. So haben zwei Generationen von Lateinamerikanern mit ihrem Blut, ihrem Schweiß, ihrer Demütigung, der Zerstörung ihrer Familien die Diktate des IWF bezahlt.

Wenden wir uns nun Brasilien zu, einem der vielschichtigsten und faszinierendsten Länder der Erde! Es steht ebenfalls seit Jahrzehnten unter der Fuchtel des IWF. Allerdings wies das Land eine Besonderheit auf: Während sich in der Casa Rosada, dem Sitz der argentinischen Exekutive im Zentrum von Buenos Aires, seit Jahrzehnten Machthaber ablösten, von denen einer unfähiger und korrupter war als der andere, weckte umgekehrt 1995 der Amtsantritt des brasilianischen Präsidenten Fernando Henrique Cardoso eine ungeheure Hoffnung in der Bevölkerung (und auf dem übrigen Kontinent). Eine Hoffnung, die sich heute zerschlagen hat.

Donnerstag, 14. März 2002, im großen Sitzungssaal des Erzbischofs von São Paulo. Der südliche Sommer geht seinem Ende entgegen, aber die Luft ist noch schwül, die Hitze drückend. An dem großen, weißen Konferenztisch haben mehrere Dutzend Männer und Frauen Platz genommen, unter ihnen die mutigsten und klügsten des Landes: Anwälte, Ärzte, Journalisten, Bauern, katholische Priester, evangelische Pastoren, Gewerkschafter, Vertreter der wichtigsten Bereiche der Zivilgesellschaft. Francisco Whittacker von der Kommission »Gerechtigkeit und Frieden« des brasilianischen Episkopats fasst die Situation zusammen: »So ein Jammer! Schade um die vertane Chance!« Alle am Tisch sind seiner Meinung.

Selten in der Geschichte der großen modernen Nationen ist ein Land von so vielen fähigen und brillanten Köpfen regiert worden wie Brasilien zwischen 1995 und 2002. Angefangen beim Präsidenten der Republik selbst, Fernando Henrique Cardoso, einem der berühmtesten Soziologen der Gegenwart. Sein Werk strahlt in die ganze Welt aus. »Sklaverei und Kapitalismus« ist sogar ein Klassiker geworden.[60] Vor der Militärdiktatur geflohen, war Cardoso in den Siebzigerjahren ein einflussreicher und geschätzter Professor an der Universität Nanterre, in Paris.

Sein Außenminister Celso Lafer ist Philosoph. Er war an der Cornell University einer der brillantesten Schüler von Hannah Arendt und hat ein bemerkenswertes Buch über die Philosophie der Menschenrechte geschrieben.

Der Justizminister, Aloysio Núñez, war in den »bleiernen Jahren« persönlicher Vertreter Carlos Marighelas in Paris. Als überzeugter Sozialist hatte er in Frankreich nützliche Verbindungen zur

Organisation des bewaffneten Widerstands in Brasilien geknüpft. Erziehungsminister Paulo Renato de Souza war Gründungsrektor der Universität Campinas. Nicht zu vergessen der Staatssekretär für Menschenrechte, Paulo-Sergio Pinheiro, ebenfalls ein mutiger Widerstandskämpfer gegen die Diktatur, der in Paris eine bemerkenswerte, von Georges Poulantzas betreute Doktorarbeit (über Arbeiterunterdrückung) vorgelegt hatte. – Die Beispiele ließen sich vermehren.

Alle diese Minister waren also einst radikal kritische Intellektuelle gewesen, Männer der Linken. Doch mit Ausnahme Paulo-Sergio Pinheiros scheinen sie alle ihre Gesinnung frohgemut gewechselt zu haben. Als überzeugte (oder zur Überzeugung gezwungene) Adepten des neoliberalen Credos haben sie ihr Land den Beutejägern ausgeliefert. Während sie keinen ihrer kritischen Gedanken an den Konsens von Washington wandten, um der Arroganz der Finanzinstitute von Bretton Woods Widerstand zu leisten, wurden sie zu willfährigen Knechten – um nicht zu sagen: zu Lobrednern – des nordamerikanischen Finanzministeriums und seiner Söldlinge in der 19. Straße in Washington.

Die Konsequenzen sind dramatisch. Wie viele der 173 Millionen Brasilianerinnen und Brasilianer leiden gegenwärtig an chronischer schwerer Unterernährung, die zu Invalidität und häufig zum Tode führt? Die offizielle Antwort der Regierung (März 2002) lautet: 22 Millionen.[61] Die parlamentarische Opposition des Landes spricht von 44 Millionen Opfern[62], die nationale Bischofskonferenz von 55 Millionen.[63]

Im Juni 2001 diskutierte ich in Genf mit der neuen Bürgermeisterin von São Paulo, der Psychoanalytikerin Marta Suplicy. Eine elegante, kultivierte Frau, hervorgegangen aus dem Großbürgertum der Stadt, aber beseelt von einem glühenden Gerechtigkeitssinn. Sie ist Mitglied des PT (Partido dos Trabalhadores, Arbeiterpartei). Unerschrocken, entschlossen und lebhaft, hat sie das Bürgermeisteramt in dieser Acht-Millionen-Megalopolis seit dem 1. Januar 2001 inne. Sie ist gewillt, ihre Stadt auch gegen den Widerstand des in seinem Egoismus erstarrten Bürgertums zu verändern.

Wir kommen auf die Frage der Unterernährung zu sprechen, die in den Vororten der Stadt solche Verheerungen anrichtet. Mit traurigem Lächeln sagt Marta Suplicy: »Wissen Sie, wir haben in Brasilien ein Sprichwort. Es heißt: Der Hunger ist im Norden. Nicht im Süden, weil da die Mülleimer der Reichen sind.«

Zwei Monate später stand ich auf der Praça da Sé, im Stadtzentrum von São Paulo. Um die Brunnen, auf den Treppenstufen zur Kathedrale, an den grauen Mauern drängten sich die Armen. Dauerarbeitslose mit leerem Blick und zerschlissenen Sandalen; schmutzige, struppige, aber fröhliche Kinder; alterslose Frauen, mit Plastiktüten behängt. Alle durchsuchten sie aufmerksam die Mülleimer, die vor ihnen auf der Straße und am Rand des Stadtparks aufgereiht standen. Sie tauchten Kopf und Hand hinein und angelten ein Stück Graubrot, verfaultes Gemüse, einen Knochen, ein verdorbenes Stück Fleisch heraus.

Das Bürgertum in São Paulo ist steinreich. Die Mülleimer quellen über.

Heute beträgt die Auslandsverschuldung des reichen und mächtigen Brasilien 52 Prozent des Bruttoinlandsprodukts. Die fälligen Zinsen machen 9,5 Prozent des BIP aus.

Im August 2001 ist die Regierung Cardoso erneut kniefällig geworden und hat den IWF um die Bewilligung eines neuen Kredits über 15 Milliarden Dollar gebeten. Die Bitte wurde bewilligt – zum Zinssatz von 7,5 Prozent pro Jahr.

Im August 2001 tritt Finanzminister Pedro Malan in Brasília vor die nationale und internationale Presse und freut sich über den »glücklichen Abschluss« der Verhandlungen in Washington. Dem Volk aber kündigt er »neue, schmerzhafte Opfer« an. Sie seien »unerlässlich«, behauptet er.[64] Bevor der IWF den Notkredit bewilligte, hatte er nämlich von Malan neue, einschneidende Haushaltskürzungen verlangt. Malan hatte sich gefügt und zur Senkung der Ausgaben verpflichtet. Auf welchen Gebieten? Natürlich bei der Erziehung, bei der Bildung, beim Gesundheitswesen! Weder die Steuerprivilegien noch die Pfründen des brasilianischen Bürgertums werden angetastet.

Wie alle anderen vom neoliberalen Dogma besessenen Wirtschafts- und Finanzminister der Welt glaubt auch Pedro Malan felsenfest an den von Ricardo und Smith versprochenen *Trickle-down*-Effekt.[65] Wachstum, herbeigeführt durch die totale Liberalisierung der Märkte, wird eines Tages den Völkern das Glück bescheren. Unterdessen wächst das Elend erschreckend.

In den Megalopolen im Südosten und in der Mitte Brasiliens tobt ein regelrechter Klassenkampf. Im Jahr 2001 zählte man in Brasilien über 40 000 Attentatsopfer und gewaltsam Getötete.[66] Die organisierte transkontinentale Kriminalität existiert in Brasilien ebenso wie in vielen anderen Ländern der Welt. Aber 90 Prozent der Gewalt, welche die Megalopolen unsicher macht, gehen auf das Konto der extremen Armut, in der ein großer Teil der Brasilianer dahinvegetiert.

In São Paulo bewegen sich die Superreichen nur noch im Hubschrauber, die Reichen in der gepanzerten Limousine. Privatmilizen und vier Meter hohe Mauern schützen die Anwesen der Nabobs. Die Einladung eines Freundes aus dem mittleren Bürgertum anzunehmen, gleicht einem Kampfeinsatz. Um auf sein Anwesen zu gelangen, einen Aufzug benutzen, ein Stockwerk betreten zu können, ist die Kenntnis von allerlei Geheimcodes unerlässlich. Sämtliche Türen sind gepanzert. Sogar das mittlere Bürgertum lebt in Wohnungen, die an Panzerschränke erinnern.

Auf das Elend reagiert die Regierung mit Repression. Besonders unmenschlich und repressiv ist die Justiz des Bundesstaats São Paulo. »*Pegar e stockar* (festnehmen und wegsperren)« heißt ihre Devise. Die soziale Rehabilitation der Straffälligen ist hier nicht vorgesehen. Gegenwärtig gibt es im Bundesstaat São Paulo etwas über 100 000 Strafgefangene.[67] Ihr Durchschnittsalter beträgt 24 Jahre. Die Höchststrafe in Brasilien sind 35 Jahre Freiheitsentzug. Die Rückfallquote liegt bei fast 72 Prozent. Ungefähr 80 Prozent der Strafgefangenen sind Schwarze oder Mischlinge.

Am Freitag, dem 15. März 2002, besuchte ich nachmittags das Polizeirevier Nr. 44 in Guaianases, einem östlichen Vorort von São Paulo. Was ich dort an Grauen antraf, übersteigt jede Vorstellungskraft. Sechs Zellen befinden sich zu beiden Seiten eines winzigen, mit Wellblech überdachten Innenhofs. Vor zehn Jahren für die Aufnahme von dreißig Häftlingen errichtet, beherbergen sie heute deren 173. Jede Zelle weist einen einzigen Abtritt sowie ein Rohr auf, aus dem manchmal etwas Wasser tropft. Ansonsten sind die Zellen bar jeder Ausstattung.

Die Häftlinge teilen sich selbst in drei Schichten ein, damit der Reihe nach jeder von ihnen, auf dem Betonboden ausgestreckt, einige Stunden schlafen kann. Aus Mangel an Licht ist die Haut der Männer grau. Unter der Haut zeichnen sich die Knochen ab.

Junge Burschen von 18 Jahren mischen sich unter 65-jährige Männer. Die rechtliche Situation der Häftlinge ist unterschiedlich: Die einen sind bereits verurteilte Strafgefangene, die anderen Untersuchungshäftlinge, wieder andere sind bei einer der vielen Razzien festgenommen worden, welche die Militärpolizei in regelmäßigen Abständen in den benachbarten Elendsvierteln durchführt. Zwei Häftlinge habe ich entdeckt, die ihre Strafe schon seit mehreren Monaten abgesessen hatten, jedoch von dem zuständigen Beamten, Hauptkommissar Dr. Luiz, schlicht und einfach vergessen worden waren.

Natürlich gibt es in dem Zellenblock weder Bücher noch Radio. Besuche sind selten. Die meisten Häftlinge tragen kastanienbraune oder graue Shorts und ein löcheriges Trikot und gehen barfuß.

Jeden Tag außer samstags, sonntags und an Feiertagen öffnen sich die Zellengitter, damit die Häftlinge ein paar Schritte auf dem winzigen Hof tun können. Die Wächter, mit Eisenrohren bewaffnet, passen jenseits der gepanzerten Tür auf, die den Hof gegen das Polizeirevier absperrt. Der Kontakt zwischen ihnen und den Häftlingen beschränkt sich auf Überwachungs- und Kontrollvorgänge.

Einschüsse von Kugeln in einer Mauer des Innenhofs, in etwa ein Meter Höhe, zeugen von einem beliebten Sport der Militärpolizei, deren kleine Kaserne sich gegenüber dem Polizeirevier befindet: Wenn sie Ausgang haben, terrorisieren sie die Häftlinge häufig durch Garben aus ihren Maschinenpistolen, um sie zu zwingen, sich zu Boden zu werfen.

Der Gestank überall ist unerträglich.

Im Auftrag der Vereinten Nationen unterwegs, hatte ich das Revier Nr. 44 aufs Geratewohl aus den 93 Polizeirevieren des Bundesstaates ausgewählt. Nach meiner überraschenden Inspektion befürchtete ich, dass die Häftlinge, mit denen meine Mitarbeiter und ich gesprochen hatten, Repressalien ausgesetzt sein könnten. Daher fanden sich auf meine Bitte am Montag, dem 18. März, Abgesandte der Menschenrechtskommission und der Anwaltskammer im Polizeirevier Nr. 44 ein. Hier einige Auszüge aus dem Bericht, den mir später der Rechtsanwalt Alexandro Trevizzano Marim erstattete:

»Man brachte uns in das Gefängnis des Polizeireviers in Guaianases, das wie die 92 anderen derartigen Gefängnisse in diesem Bundesstaat an ein regelrechtes Konzentrationslager erinnert, vergleichbar mit den schlimmsten Lagern, die die Geschichte der Menschheit kennt, insbesondere denen, welche die Nationalsozialisten während des Zweiten Weltkriegs errichteten. Geisteskranke werden mit Menschen zusammengesperrt, die an ansteckenden Krankheiten, namentlich an Tuberkulose und Aids, leiden, aber auch mit Gesunden. Vier Personen sind gleichzeitig in demselben Raum zusammengepfercht, was gegen die Menschenwürde verstößt. Die Männer wechseln sich ab, um sich einige Stunden auf dem Boden ausstrecken zu können. Viele schreien vor Verzweiflung.«[68] Die Söldlinge des IWF vernehmen diese Schreie nicht.

Das Dogma der Herrscher und ihrer Söldlinge hat ein Herzstück: Privatisierungen. Jedes Mal, wenn ein Minister nach Washington fährt, um kniefällig eine Kreditverlängerung zu erbitten, entreißen ihm die Aasgeier vom IWF ein weiteres Stück von der Industrie oder dem öffentlichen Sektor seines Landes.

Die Methode ist immer die gleiche: Der IWF verlangt – und setzt durch –, dass Industrien oder Dienstleistungsunternehmen (Transport, Versicherung) eines rentablen Wirtschaftssektors an transnationale, im Allgemeinen nordamerikanische oder europäische Gesellschaften verkauft werden. Die nicht-rentablen Wirtschaftssektoren verbleiben natürlich bei der lokalen Regierung.

Auch in diesem Punkt macht Brasilien rasante »Fortschritte«. In seiner achtjährigen Amtszeit hat Präsident Fernando Henrique Cardoso den starken und profitablen öffentlichen Sektor Brasiliens fast zur Gänze verscherbelt. Bisher einzige Ausnahme: die nationale Gesellschaft »Petrobras«, die von ihren Beschäftigten und deren Gewerkschaften mit Zähnen und Klauen verteidigt wird.

Im August 2001 hält die Energiekrise Brasilien in ihrem Würgegriff. Unternehmen, öffentliche Einrichtungen, sämtliche Haushalte werden unter Androhung von Strafe gezwungen, ihren täglichen Stromverbrauch um 20 Prozent zu drosseln. Die Krise ist eine direkte Folge der chaotischen Privatisierung der staatlichen Gesellschaft »Electrobras« sowie einer anhaltenden Trockenheit, welche die Wasserreserven des Landes erschöpft.

Pedro Parente, Minister der »Casa civil« (Kanzleichef) des Präsidenten der Republik, rechtfertigt die Privatisierungen folgendermaßen: »Unsere staatlichen Gesellschaften sind gesund und sehr begehrt. Wir werden die durch ihren Verkauf erzielten Summen dazu verwenden, das brasilianische Volk aus seinem Elend herauszuführen.«[69] Ergebnis? Die Verkäufe waren exzellent, aber viele Milliarden Dollar haben sich in Luft aufgelöst. Wie das? Die Experten haben ihre Hypothesen: Einen Teil der Summe hat der laufende Haushalt mit seinen vielen traditionellen Schlupflöchern verschlungen. Aber ein weiterer Teil ist auf Privatkonten im Ausland transferiert worden – verschwunden in den abgrundtiefen Taschen der staatlichen Minister, Generäle, Richter, hohen Beamten und Bankiers...

In Brasília häufen sich die Korruptionsskandale. Im August 2001 legte der dritthöchste brasilianische Politiker, Bundessenatspräsident Jader Barbalho, seine Ämter nieder, nachdem ihm Generalstaatsanwalt Brindeiro der Amtspflichtverletzung, der Veruntreuung von Geldern und der passiven Bestechung beschuldigt hatte. Unterdessen wuchs die Not des Volkes weiter und riss weitere Millionen von brasilianischen Familien in den Abgrund.[70]

Mitte 2000 begann Joseph Stiglitz (der zu diesem Zeitpunkt bereits als Vizepräsident und Chefökonom der Weltbank zurückgetreten war), die Praktiken des IWF öffentlich zu verurteilen. Er richtete eine eigene Web Site im Internet ein, gab zahlreiche Interviews und schrieb verschiedene Zeitungsaufsätze.[71]

Stiglitz, Träger des Wirtschaftsnobelpreises für 2001, verfolgt durch seine runde Metallbrille mit unerbittlichem Blick die Aktivitäten der Institute von Bretton Woods, insbesondere die des IWF. Dessen Funktionären wirft er vor, zum Elend der Völker der Dritten Welt gewaltig beizutragen, ständig die gleichen Fehler zu wiederholen und sich der Realität zu verschließen. Er beschuldigt die zündelnden Feuerwehrleute vom IWF des Autismus. Wörtlich sagt er: »*Smart people are more likely to do stupid things when they close themselves off from outside criticism and advice* (auch kluge Leute machen leicht etwas Dummes, wenn sie sich gegen Kritik und Rat von außen sperren).«[72]

Stiglitz beschuldigt namentlich den IWF, durch seine Intervention die Finanzkrise verschärft zu haben, welche in der zweiten Hälfte der Neunzigerjahre mehrere asiatische Volkswirtschaften erfasste, und unmittelbar verantwortlich zu sein für die Schließung von Tausenden von Fabriken und Handelsgesellschaften und damit für das permanente Elend, in das Millionen von Arbeitnehmern mit ihren Familien abgerutscht sind.

Was genau kreidet Stiglitz dem IWF an? Zum Beispiel dies. Anfang Juli 1997 kommt es in Thailand zu einer Finanzkrise. Die nationale Währung, der Baht, verliert rapide an Wert, und Spekulationskapital verlässt fluchtartig das Land. Um der Situation Herr zu werden, entnimmt die Zentralbank in Bangkok Hunderte von Millionen Dollar aus ihren Reserven, um den Baht zurückzukaufen und so die nationale Währung zu stützen. Völlig umsonst.

Drei Wochen nach diesem Aderlass ist Thailand praktisch zahlungsunfähig.

Sehr schnell reißt die Thailandkrise andere Volkswirtschaften der Region wie Indonesien, Taiwan oder Südkorea mit in den Strudel. Die Abgesandten des IWF wenden daraufhin in der ganzen

Region die Methoden an, die sie – mit einem gewissen Erfolg, wie man zugeben muss – Mitte der Achtzigerjahre in Mexiko erprobt haben. Besonders die mexikanische Regierung hatte damals eine laxe Haushalts- und Währungspolitik betrieben und damit ungerührt zur Kapitalflucht, zu massivem Steuerbetrug, zur Korruption der Machthaber und zur grenzenlosen Staatsverschuldung beigetragen. Folge: eine Hyperinflation, die binnen kurzem das gesamte soziale Gefüge zu sprengen drohte. In ihrem dringenden Bedarf nach frischem Geld hatte sich die Regierung von Mexiko an den IWF gewandt. Dieser forderte eine strikte Beschränkung der öffentlichen Ausgaben sowie radikale Maßnahmen zur Bekämpfung der Hyperinflation, darunter das Einfrieren der Löhne. Die Einführung dieser Maßnahmen hatte der IWF zur Vorbedingung für die Gewährung eines neuen Kredits gemacht.

Stiglitz schreibt: »In Mexiko hat der IWF eine vernünftige Politik verfolgt.«[73]

Aber dieselbe Politik zehn Jahre später in Südostasien zu verfolgen war Wahnsinn. Stiglitz: »Ein Ökonomie-Student, der in der theoretischen Prüfung Maßnahmen wie die Thailand aufgezwungenen vorgeschlagen hätte, wäre wegen schwerer Denkfehler durchs Examen gerasselt.«[74]

Warum? Weil die Asienkrise von 1997 andere Wurzeln hat als die Krise Mexikos in den Achtzigerjahren.

Stiglitz sieht die Krise Thailands (Indonesiens, Taiwans, Südkoreas und anderer) Anfang der Neunzigerjahre beginnen. Auf starken Druck der USA, die sich auf die Finanzinstitute von Bretton Woods stützten, hatten Thailand, Südkorea, Taiwan, Indonesien und andere Länder jedes Hindernis für den Zustrom oder Abfluss von Kapital beseitigen müssen. Die jeweiligen Finanzmärkte waren sozusagen total liberalisiert worden.

Resultat: ein massiver Zustrom von kurzfristigem Investitionskapital zur Realisierung rascher und überhöhter Gewinne. Dieses Kapital verdarb in kürzester Zeit die Wirtschaft des Empfängerlandes: Anstatt langfristige Investitionen zu finanzieren und bescheidene Renditen in Kauf zu nehmen, suchte es den schnellen, überhöhten

Spekulationsgewinn – kurzum: das Bombengeschäft. So kam es, dass in Bangkok, Djakarta, Seoul die Grundstücksspekulation verrückt spielte: Bürohochhäuser schossen wie Pilze aus dem Boden, riesige Türme mit Spielcasinos und Freizeitclubs verschandelten bald die Megalopolen. Ganze Stadtviertel mit Luxuswohnungen und pompösen Villen fraßen sich in die ländliche Umgebung.

Doch das Angebot an bebauten Quadratmetern übertraf schon bald die Nachfrage. Die Immobilienblase platzte. Das ausländische Spekulationskapital verließ das Land so mühelos und schnell, wie es gekommen war. Und die Wirtschaft brach zusammen.

Die betroffenen Regierungen riefen die Feuerwehrleute vom IWF zu Hilfe und erbaten neues Kapital. Und der IWF reagierte zunächst einmal positiv: Ging es doch darum, den Konkurs von Banken, Pensionsfonds, Investitionsfonds und einzelnen – vor allem amerikanischen – Spekulanten zu verhindern, die kolossale Summen in die Immobilienspekulation in Asien investiert hatten. Diese ersten Kredite wurden natürlich, wie mit dem IWF vereinbart, von der thailändischen, indonesischen, südkoreanischen Regierung dazu verwendet, die Forderungen der ausländischen Spekulanten zu befriedigen.

Dann kam die Rosskur, die den lokalen Bevölkerungen verordnet wurde: eine vom IWF verhängte strenge Haushalts- und Währungsdisziplin, drastische Kürzung der Sozialausgaben und der Unternehmenskredite.

Von Südkorea bis Indonesien verloren binnen weniger Wochen Hunderttausende von Beschäftigten ihren Arbeitsplatz. Die Staaten mussten jede staatliche Hilfe für Bedürftige einstellen. Schulspeisungen wurden abgeschafft. In den Krankenhäusern gingen die Medikamente aus. Hunger und Unterernährung in den Elendsvierteln verschlimmerten sich. Ein ganzer Sektor der mittleren Klassen, der vom relativen Wachstum der Achtzigerjahre profitiert hatte, brach weg. Wie immer waren es die ärmsten Schichten der Bevölkerung, die am härtesten getroffen wurden: Sämtliche staatlichen Subventionen für die notwendigsten Güter wurden auf Geheiß des IWF gestrichen.

Wie kam es zu einer so verfehlten Reaktion der Feuerteufel vom IWF? Stiglitz nimmt kein Blatt vor den Mund. Ihm zufolge werden die Führungsetagen des IWF beherrscht von verbohrtem Dogmatismus, Arroganz und bürokratischer Trägheit. Die Rosskur hat in Mexiko gewirkt? Dann wird sie auch in Asien funktionieren. Außerdem waren die Module und Modellschemata schon in den Computern vorhanden. Man brauchte nur noch den Namen des »behandelten« Staates einzugeben und die Module mit den von der jeweiligen Zentralbank gelieferten statistischen Daten zu füttern.

Stiglitz zu lesen oder ihm zuzuhören macht mir Freude. Nichts Schöneres als ein Deserteur, der auf seinen ehemaligen Vorgesetzten einschlägt! So lese ich auf seiner Web Site mit Vergnügen die Stelle, wo er von jenen IWF-Abgesandten berichtet, die auf ihrer Reise in ein überschuldetes afrikanisches Land, das den IWF um Hilfe gebeten hatte, die falsche elektronische Ausrüstung aus Washington mitnahmen. Um die Situation im Land X zu analysieren, hatten sie die Festplatte für das Land Y eingeschoben. Während des gesamten Aufenthalts im Land X hatten sie also mit den Daten für das Land Y gearbeitet – ohne es zu merken!

Die Söldlinge des IWF nennen sich »apolitisch«. Das ist eine glatte Lüge. In der Praxis steht nämlich der IWF im ständigen unmittelbaren Dienst der Außenpolitik der USA.

Dieser Zusammenhang sprang besonders im Herbst 2001 ins Auge, als Washington seinen »Krieg gegen den Terrorismus« ausrief. Ein britischer Kommentator schrieb damals: »Der Internationale Währungsfonds und die Weltbank sind Bestandteile des amerikanischen Antiterrorarsenals [...]. Die USA haben keine Zeit verloren, ihre Verbündeten im Krieg gegen den Terrorismus zu entschädigen.«[75]

So hat der IWF Ende September 2001 auf Anordnung des US-Finanzministeriums 135 Millionen Dollar zugunsten Pakistans freigegeben. Auf bilateraler Ebene hat er von den USA die Aufhebung des während der Atombombenversuche 1998 gegen Pakistan verhängten Embargos erwirkt. Für die pakistanischen Akten beim

IWF war Conny Lotze zuständig. Er hatte zuvor erklärt: »Eine Kreditlinie von 596 Millionen Dollar zugunsten Pakistans ist am Sonntag [dem 23. September 2001] abgelaufen. [...] Wir sind mit den von der Regierung eingeleiteten Reformen zufrieden. Gegenwärtig wird eine [eventuelle] Verlängerung des Programms erörtert. Eine Entscheidung hierüber steht unmittelbar bevor.«[76]

Die tatsächlich erörterten Geschenke an die pakistanische Militärdiktatur umfassen einen Kredit in Höhe von 2,5 Milliarden Dollar und schlichtweg die Annullierung eines wesentlichen Teils der pakistanischen Auslandsverschuldung, die sich auf insgesamt 37 Milliarden Dollar beläuft.

Nicht anders im Fall Usbekistans! Seit 1995 hatte der IWF jede Beziehung zum usbekischen Regime aufgrund der katastrophalen Verwaltung seiner Kredite abgebrochen. Im September 2001 beschloss Präsident Bush, im Hinblick auf eine Intervention in Afghanistan Kampfbomber vom Typ F16 und F18 sowie Flugzeuge des AWACS-Frühwarnsystems auf dem Flughafen Taschkent zu stationieren, und, o Wunder! der IWF kehrte nach Usbekistan zurück. Warum? Conny Lotze weiß die Antwort: »Die usbekische Regierung hat uns in ihren Plan einbezogen, das Programm der wirtschaftlichen Stabilisierung wieder aufzunehmen.«[77] Und so werden Hunderte von Millionen Dollar auf Taschkent herabregnen.

Mit besonderer Deutlichkeit zeigt sich die Heuchelei der hohen IWF-Nomenklatura in Mittel- und Südasien seit dem Herbst 2001. Die Institute von Bretton Woods geben vor, *good governance* und insbesondere die Freiheit von Korruption zur unerlässlichen Vorbedingung für jede Kreditvergabe oder Umschuldung zu machen. Nun zählen die Präsidenten Islam Karimow in Usbekistan und Pervez Musharraf in Pakistan zu den abscheulichsten Satrapen der Dritten Welt. Trotzdem bleibt das Geld der Weltbank und des IWF für sie nicht aus. Die Erklärung für ihr Glück ist ihre Unterwerfung unter die amerikanische Politik.

4. Unrentable Völker

Wenden wir uns nun dem zu, was heute mit den 49 ärmsten Ländern der Welt geschieht! LAC (am wenigsten fortgeschrittene Länder [*less advanced countries*]) werden sie von IWF und Weltbank genannt. Die privaten Anleger sprechen lieber von »unrentablen Populationen«.

Die LAC bilden eine eigene Kategorie. Die (wenn man so sagen darf) Zulassung zum Club hängt von einer Reihe von Kriterien ab: Namentlich muss der Kandidat ein Pro-Kopf-Einkommen unter 700 Dollar jährlich aufweisen.[78] Weitere Kriterien betreffen das desolate Gesundheitswesen, den niedrigen Grad der Alphabetisierung der Bevölkerung, die fehlende wirtschaftliche Diversifizierung usw.

Die neuen Herrscher und ihre Söldlinge räumen den LAC allerdings einige Vergünstigungen ein: Befreiung von Quoten und Steuern auf bestimmte für die Märkte des Nordens bestimmte Exportartikel, Verlängerung der Fristen für die Umsetzung der von der WTO beschlossenen internen Liberalisierungsmaßnahmen, Erleichterungen bei bestimmten Darlehen, besondere Behandlung der Auslandsverschuldung.

Die LAC stehen 2002 für eine Bevölkerung von 640 Millionen Menschen, das sind etwas über 10 Prozent der Weltbevölkerung. Aber die unrentablen Völker generieren selbst weniger als 1 Prozent des Welteinkommens. 34 dieser Länder befinden sich in Afrika, neun in Asien, fünf im Pazifik und eines in der Karibik. Als die Kategorie der LAC vor dreißig Jahren eingeführt wurde, waren es nur 27.

Seit der Einführung der Kategorie der »am wenigsten fortgeschrittenen Länder« im Jahre 1971 ist nur Botsuana aus der Gruppe ausgeschieden. Dank einer auf den Eigenbedarf konzentrierten Agrarpolitik ist es dem Land gelungen, sich aus dem äußersten Elend herauszuarbeiten. Dafür ist der Senegal wieder dazugestoßen, der mehrere Strukturanpassungsprogramme des IWF hinter sich hat und mit dessen Wirtschaft es unaufhörlich bergab geht.

Die Kampagne *Jubilé 2000*, die im Wesentlichen von Christen in Großbritannien (und Deutschland) getragen wird, weist darauf hin, dass sich die Auslandsverschuldung der 49 am höchsten verschuldeten Staaten auf 124 Prozent des kumulierten Bruttoinlandsprodukts dieser Staaten beläuft.[79] Diese Staaten geben viel mehr für die Bedienung ihrer Schulden aus als für die Pflege ihrer sozialen Dienstleistungen: Die meisten von ihnen stecken nämlich jährlich über 20 Prozent ihrer Haushaltsausgaben in den Schuldendienst.[80] Darüber hinaus beträgt seit 1990 das Wachstum des Bruttoinlandsprodukts in jedem der LAC im Jahresdurchschnitt unter 1 Prozent, was jede Steigerung der Sparquote der Haushalte verhindert.

Trotzdem ist die staatliche Hilfe der reichen für die 49 ärmsten Länder, ausgedrückt in realem Wert pro Einwohner, zwischen 1990 und 2000 um 45 Prozent zurückgegangen.[81] Gleichzeitig sind die Einlagen von langfristigem privaten Auslandskapital pro Einwohner (in konstanten Dollar) seit 1990 um 30 Prozent gesunken. Darüber hinaus wird durch die Strukturanpassungspläne des IWF und der regionalen Banken, die den betreffenden Ländern im Interesse eines ausgeglichenen Haushalts auferlegt werden, die Ernährungssituation häufig verschärft, besonders dann, wenn diese Pläne die Abschaffung staatlicher Subventionen für Grundnahrungsmittel verlangen.

Im Jahr 2000 war das Pro-Kopf-Einkommen in 74 der 100 untersuchten Länder rückläufig.[82] Am stärksten gesunken ist es in den 49 LAC. Aber die Ungleichheit, die gegenwärtig in der planetarischen Gesellschaft herrscht, ist nicht nur eine monetäre. Sie betrifft selbstverständlich auch die Lebenserwartung in den einzelnen Ländern.

Die Weltgesundheitsorganisation (WHO) hat vor einiger Zeit einen neuartigen, zugleich quantitativen wie qualitativen Bewertungsmodus eingeführt, der die in Gesundheit verbrachten Lebensjahre misst. Dieser Indikator heißt EVCI *(espérance de vie corrigée de l'incapacité)*.

Es ergaben sich die folgenden Zahlen. In den 32 ärmsten Ländern der Welt liegt die EVCI unter vierzig Jahren. Die meisten dieser proletarischen Länder sind afrikanische. Das beste EVCI-Ergebnis zeigt Japan. Dort haben Menschen nach diesem Maßstab eine mittlere Lebenserwartung von 74,5 Jahren.[83]

Die Bilanz von drei Jahrzehnten so genannter Entwicklungshilfe – in Wahrheit Hilfe zur Integration der afrikanischen, asiatischen, lateinamerikanischen Volkswirtschaften in den globalisierten Kapitalismus – ist vernichtend. Rubens Ricupero: »Es ist deutlich geworden, dass trotz dreißigjähriger internationaler Tätigkeit zugunsten der LAC und trotz der Anstrengungen der Länder selbst die sozioökonomischen Schwierigkeiten, in denen die meisten von ihnen stecken, und ihre anhaltende Marginalisierung erdrückend sind.«[84] Doch selbst angesichts dieser seit Jahrzehnten unbefriedigenden Situation verkünden die Emissäre des IWF unverdrossen: »Wir werden die LAC aus dem Elend herausholen.« Der Skandal ist da. Betrachten wir vier Beispiele!

Zuerst Niger, das zweitärmste Land der Welt nach Sierra Leone.

Die 1,7 Millionen Quadratkilometer dieses herrlichen Landes beherbergen einige der ältesten und reichsten Kulturen der Welt: die Dscherma, die Tuareg, die Haussa, die Bororo, die Songhai. Aber nur drei Prozent der Fläche des Landes sind Ackerland. Daher kommt es, dass der größte Teil der zehn Millionen Einwohner des Niger am Rande der Hungersnot vegetiert.

Über 80 Prozent der Bevölkerung sind Analphabeten. Ein Gesundheitswesen existiert nicht. Seit der Ernte 2000 fehlen 160 000 Tonnen Hirse, um die Zeit bis zur nächsten Ernte zu überbrücken.

Trotzdem verfügt das Land heute über solide demokratische Grundlagen: Die Freiheitsrechte werden respektiert, die politische Debatte ist lebhaft, häufig sogar scharf. Der Niger beherbergt eine lebendige Gesellschaft. Seine Bürger, die vielen Immigranten, die dort wohnen, arbeiten verbissen daran, ihren Lebensunterhalt einer feindseligen Natur zu entreißen: Zwischen Juni und September können 100 Millimeter Regen zu wenig das Ackerland in eine ausgedörrte Wüste verwandeln, 100 Millimeter zu viel hingegen in einen durchnässten Morast, in dem die Sorghumstängel verfaulen.

In der kurzen, drei- bis viermonatigen Regenzeit, in der man die Hirse anpflanzt, hegt und schließlich erntet, arbeiten die Bauern, ihre Frauen und ihre Kinder vierzehn Stunden am Tag. Mittags ein Hirsekloß, abends ein wenig Maniok – das sind ihre kärglichen Mahlzeiten.

Doch mit einer Auslandsverschuldung von über 1,6 Milliarden Dollar ist der Niger überschuldet. Deshalb diktieren in Niamey die Feuerteufel vom IWF ihr Gesetz. Praktisch die gesamten Einkünfte aus Ausfuhren werden in den Schuldendienst gesteckt.

An einem schönen Nachmittag in der Regenzeit 2001 befand ich mich im Regierungspalais am Ufer des Niger. Durch die Fenster sah man, wie die untergehende Sonne sich in den braunen Fluten spiegelte. Hyazinthenteppiche trieben den Strom herab und legten sich über die Reisfelder auf den Inseln und an den Ufern des Niger. Erschöpfte Bauern in ihren Pirogen kämpften gegen diese Pflanzenplage: Mit bloßen Händen rissen sie die schwimmenden Hyazinthen auseinander, sie versuchten, die Reisschösslinge von ihnen zu befreien und die Arbeit mehrerer Monate zu retten.

Auf den ockergelben Wänden des Ministerpräsidentenbüros spielten die letzten Strahlen der Abendsonne mit den bunten Nachtfaltern, die sich in den Vorhängen der großen Fenster verfangen hatten. Hama Amadou ist ein hochgewachsener Peuhl im besten Alter, mit klugem, energischem Gesicht. Früher war er Zöllner und danach Unterpräfekt. Er ist durch die harte Schule Séni Kountchés gegangen.[85] Seit Anfang 2000 steht er an der Spitze der Regierung der Republik Niger.

Hama Amadous Stimme schwankt zwischen Wut und Überdruss: »Wissen Sie, wie das ist? Jeder Abgesandte eines Staats, einer UNO-Behörde oder einer NGO stellt mir, bevor er sich auf das Sofa setzt, wo Sie jetzt sitzen, als Erstes die Frage: ›Ist bei Ihnen mit dem IWF alles in Ordnung?‹«

Ich verstehe nicht: Bilaterale Hilfe – ob sie von Staaten, von NGOs oder von der UNO kommt – hängt nicht vom IWF ab.

Der Ministerpräsident erregt sich: »Vor dem IWF gibt es kein Entrinnen! Der bestimmt bei uns alles. Das ist der neue Kolonialherr.«

Das im Januar 2001 von Hama Amadou vorgestellte Regierungsprogramm sieht den Bau von mindestens 1000 neuen Schulen pro Jahr vor. Nun hat der Niger im Frühjahr 2001 an private Anbieter die Lizenz für Mobiltelefonnetze verkauft. Natürlich hatte der Ministerpräsident vorgehabt, die damit eingenommenen Summen in den Bau von Schulen zu stecken. Doch der in Niamey ansässige Satrap des IWF hinderte ihn daran: Vorrang hat die Bedienung der Schuldzinsen! Zwischen der Alphabetisierung der Kinder des Niger und den Interessen der Beutejäger gab es für den Satrapen kein Schwanken. Kinder wird es immer geben – hungrig, elend, ohnmächtig. Analphabeten können der Karriere des Satrapen nicht gefährlich werden. Aber die Beutejäger können ihn durch ein einfaches Telefongespräch mit dem IWF-Generaldirektor jederzeit abberufen lassen.

Der Reichtum des Niger sind vor allem 20 Millionen Stück Vieh: Zebukühe, weiße Dromedare, Ziegen und Schafe, deren Qualität im ganzen westlichen und sudanischen Afrika berühmt ist. Das mineralische Salz in den Böden vieler Weidegebiete gibt diesen Tieren ihre außerordentliche Widerstandskraft und ihr besonders saftiges Fleisch.

Am Ende der Regenzeit wird in In Gall, einer Wüstenoase rund hundert Kilometer westlich von Agadèz, mehrere Tage lang die »Salzkur« gefeiert, das zentrale Fest der Völker des Niger. Es bildet die wichtigste Etappe der großen Transhumanz, wenn die Viehzüchter des Südens nach den Regenfällen zu den Weidegebieten des Nordens ziehen. Einige der ältesten und geheimnisvollsten Zeremonien der alten Völker Afrikas werden dann begangen, zum Beispiel der Gerewol, ein Schönheitswettbewerb der Bororo-Hirten, die zu diesem Anlass kunstvoll bemalt und mit Federn geschmückt sind. Die jungen Bororo-Mädchen erwählen auf diesem Fest ihren Bräutigam. Oder der Illoudjan, die große Fantasia der Kameltreiber, bei der die komplizierte Hierarchie aus weißen Tuareg und ihnen untertanen schwarzen Vasallen dramatisch dargestellt und bekräftigt wird. Der Präsident der Republik, die gesamte Regierung, die Sultane und Könige der alten Tradition, aber auch eine riesige Menschenmenge versammeln sich in der Oase, auf dem Marktplatz und entlang der »Salzkur«, wo Zehntausende von Tieren den Boden lecken.

Die Satrapen des IWF haben in hochnäsiger Unkenntnis dieser schönen Traditionen die Privatisierung des nigerischen Veterinäramts (ONVN) und der staatlichen Veterinärapotheken verfügt. Ergebnis: Impfstoffe, Medikamente, Vitamine, kurzum alle in der Veterinärmedizin benötigten pharmazeutischen Produkte, werden jetzt von örtlichen Repräsentanten der transnationalen pharmazeutischen Gesellschaften oder von privaten – zumeist nigerianischen oder libanesischen – Händlern verkauft, die sich an der (gut 1000 Kilometer entfernten) Atlantikküste eindecken und ihre Waren dann auf dem nigerischen Markt weiterverkaufen. Die Verfallsdaten der Produkte werden dabei häufig missachtet. Jede staatliche Kontrolle dieser Waren wurde abgeschafft.

Vor allem aber sind die Preise so exorbitant, dass die meisten Viehzüchter sie nicht bezahlen können.

Was die staatlichen Tierärzte betrifft, so sind sie entlassen worden, ausgewandert oder in den Ruhestand getreten. Es gibt zwar noch einige Veterinärbeamte, die zum Ministerium für Viehzucht gehören, aber ihre Anreisen sind kostenpflichtig.

Die wirtschaftlichen und sozialen Folgen der Privatisierung des ONVN sind katastrophal: Ganze Herden gehen ein, als Opfer von Seuchen, von Parasiten, ja von verdorbenen Medikamenten; Hunderttausende von Viehzüchterfamilien, außerstande, die Preise auf dem freien Markt zu bezahlen, verlieren ihren Lebensunterhalt und vermehren seither die notleidenden Massen in den Städten.

Aber selbst im Unglück bewahren sich die Nigerer ihren umwerfenden Sinn für Humor: Sie nennen die großen Gläubigerbanken »Talibanken« und die Währung, welche sie terrorisiert, »Mullah-Dollar« …

Für das Überleben des Niger stellt der grenzüberschreitende Viehhandel eine unentbehrliche Einnahmequelle dar. Einer der wichtigsten Viehmärkte des Landes befindet sich in der kleinen Stadt Belayara.

Jeden Sonntag im Morgengrauen ziehen lange Dromedarkarawanen in die Stadt, geführt von den Bellah, den schwarzen Untertanen der Tuareg. Songhai-Bäuerinnen sitzen zu Tausenden unter den Bäumen um den Platz. Belayara liegt drei Autostunden nördlich von Niamey, an der Straße nach Albala, dort, wo die landwirtschaftliche Zone in die Viehzüchterzone übergeht.

Aus den Sultanaten Kano, Sokoto und Katsina im benachbarten Nigeria kommen Großkaufleute in der weißen Tunika, die Sonnenbrille auf der Nase, in luxuriösen Toyota-Geländewagen mit überdimensionalen Radioantennen angefahren. Sie sehen aus wie Mafiosi, so als kämen sie direkt aus einem Film von Francis Ford Coppola. Sie kaufen Zwiebeln, Mais, Hirse, vor allem aber Dromedare, Ochsen, Kühe, Schafe und Ziegen.

Die Händler aus Mali sind würdevoller, spröder, diskreter. Auch sie kaufen Tiere zu Tausenden und treiben sie in langen Zügen nach Westen.

In Belayara kostet eine schwarze Ziege mit Hörnern 11 000 CFA-Francs.[86] Auf einem Markt weiter nördlich von Nigeria oder Mali kann der Händler sie leicht zum dreifachen Preis weiterverkaufen. Zur Bekämpfung von Seuchen, die mit Tierkrankheiten einhergehen, hat die WTO sehr strenge veterinärmedizinische Gesundheitsnormen erlassen. Diese Vorschriften sind vollkommen gerechtfertigt. Sie gelten für jedes Tier, das zum Export bestimmt ist. Nun ist aber, wie gesagt, die staatliche Veterinärbehörde des Niger auf Geheiß des IWF privatisiert worden. Die meisten Viehzüchter können daher die von der WTO geforderten tierärztlichen Bescheinigungen nicht vorlegen. Zwar unterhält die FAO in Niamey ein Privatlabor namens INSPEX. Aber nur die betuchtesten Viehzüchter haben die Mittel, um die von INSPEX berechneten Gebühren für die Durchführung der Kontrollen bezahlen zu können.

Die Abschaffung des staatlichen Sektors der nigerischen Veterinärpharmazie durch den IWF hat also verderbliche Folgen nicht nur für die Gesundheit, sondern auch für den Marktwert des nigerischen Viehbestandes. Namentlich die arroganten Kaufleute aus

Nigeria machen sich ein Vergnügen daraus, vom Tuareg-, Peuhl- oder Dscherma-Viehzüchter die Vorlage der berühmten Impfbescheinigung zu verlangen, bevor sie über den Kaufpreis überhaupt verhandeln. Außerstande, sie vorzulegen, muss der Viehzüchter zähneknirschend in einen saftigen Preisnachlass einwilligen.

Außer den 20 Millionen Stück Vieh produziert der Niger auch etwa die gleiche Menge Hühner. Auch auf diese Hühner haben die Bürokraten aus der Rue de Lausanne 154 in Genf ihr Augenmerk gerichtet. Die WTO verbietet nämlich die Öffnung der Grenzen für alle Hühner aus einem Land, das irgendwo einen Infektionsherd aufweist. Aber auch hier das gleiche Bild: Da der IWF die amtstierärztlichen Dienstleistungen im Niger abgeschafft hat, ist die fragliche Bescheinigung für niemanden erschwinglich. Der nigerianische Händler umkreist den riesigen Korb voller laut gackernder Hühner, den die Bäuerin mit dem farbigem Schurz vor sich hingestellt hat. Er wiegt jedes Huhn in der Hand, verlangt die Bescheinigung zu sehen – und drückt den Preis.

Bis vor kurzem verfügte die Republik Niger über eine andere wirksame und nützliche Einrichtung: die Nationale Nahrungsmittelbehörde (Office national des produits vivriers du Niger, ONPVN). Diese Behörde wachte traditionsgemäß über die Sicherheit der Lebensmittelversorgung in den verschiedenen Bevölkerungsgruppen. Manchmal gelang ihr dies auch, sofern die Unwetter der Regenzeit oder die nachfolgenden Dürreperioden die Pflanzungen nicht allzu gründlich zerstört hatten. Der ganze Stolz des ONPVN war seine Flotte geländegängiger Lastkraftwagen mit ihren versierten Fahrern.

Im Büro des Ministers für Außenhandel lerne ich einen freundlich lächelnden, korpulenten Ingenieur kennen: den Generaldirektor des ONPVN. Wie viele hohe Beamte der Republik Niger hat er eine solide Hochschulausbildung in seiner Heimat sowie in Frankreich und den USA genossen.

Das Lächeln des Generaldirektors ist jedoch trügerisch: Er ist in einen aussichtslosen Kampf verwickelt. Der IWF verlangt die Privatisierung des ONPVN.

Schon hat die Behörde einen großen Teil ihrer Lastwagen verkaufen müssen. Die Fahrer wurden entlassen.

Folge: Die paar Privatunternehmer, die seither den Markt für Lebensmitteltransporte beherrschen, arbeiten nach dem Prinzip der Profitmaximierung.

Bisher sorgte das ONPVN für die sichere Belieferung der 11 000 Dörfer und Nomadensiedlungen des Niger mit Saatgut und Düngemitteln. Nach der Ernte füllte das ONPVN die überschüssige Hirse, die die Dorfgemeinschaften im Hinblick auf einen späteren Verkauf dort speichern wollten, in seine eigenen Silos. In Notzeiten brachten die Lastwagen des ONPVN die Säcke mit Sorghum oder Reis aus der internationalen Lebensmittelhilfe in die entferntesten Winkel des Buschs oder der Wüste. Während das ONPVN abgewickelt wird, sehen die Privatunternehmer vor allem auf Rentabilität und lehnen die Belieferung von Gemeinden ab, die zu weit entfernt oder zu umständlich zu erreichen sind.

Ein zehnjähriger Krieg, den mehrere aufständische Tuareg-Stämme gegen die nigerische Armee führten, hat im Norden des Landes seine Spuren hinterlassen. Es gibt Gebiete, die immer noch unsicher sind und in die sich die Lkw-Fahrer der Privatunternehmer, im Unterschied zu denen des ONPVN, nicht trauen.

Und überhaupt die Fahrer: Welche Folgen hatte dies alles für sie? Als ich später in die Gegend um Doss und Gaya komme, klagen mir die Dorfältesten ihr Leid. Der Fahrer eines Privatunternehmens weigert sich grundsätzlich, das Risiko eines geplatzten Reifens oder eines Unfalls einzugehen, indem er eine mit Schlaglöchern übersäte oder durch massive Regenfälle unterspülte Landstraße befährt. Die Arbeitslosigkeit im Niger liegt bei über 40 Prozent. Ein Fahrer, der seinen Wagen beschädigt, wird, auch wenn er sich noch so professionell verhalten hat, auf der Stelle entlassen. Danach hat er kaum noch Chancen, Arbeit zu finden. Mit einem Wort: Durch die rasante Privatisierung des ONPVN werden Hunderttausende von Familien, die im Busch oder in den Nomadenlagern der Wüste leben, in Kürze von jeder Lebensmittelversorgung abgeschnitten sein.

Im Niger verschlimmert der IWF die Not, anstatt sie zu bekämpfen.

Guinea ist ein Land der Ackerbauern und Viehzüchter im Westen Afrikas. Seine Landschaften sind von atemberaubender Schönheit. In der Regenzeit überziehen grausilberne Wolken den Himmel. In der Trockenzeit ist der Himmel von einem durchsichtigen, duftigen Blau.

Nach mehreren vom IWF verordneten Strukturanpassungsprogrammen, die auf Jahre der Korruption und der Misswirtschaft durch die lokalen Machthaber folgten, liegt Guinea heute am Boden, wie man am Sektor Viehzucht ersehen kann. Dieser Sektor aber ist – ebenso wie im Niger – ausschlaggebend für die Stabilität der nationalen Wirtschaft.

Getreu seiner Politik einer totalen Liberalisierung der Märkte verordnete der IWF 1986 die Auflösung des amtstierärztlichen Dienstes in Guinea. Dieser Dienst kontrollierte unter anderem den Import der für den Viehbestand bestimmten Medikamente. So kam es, dass die staatlichen Vorräte an veterinärmedizinischen Präparaten Mitte 1993 erschöpft waren.

Und was geschah? Völlig unkontrolliert begannen Privatpersonen, die von den Viehzüchtern benötigten veterinärmedizinischen Impfstoffe, Medikamente und Instrumente einzuführen. Und heute ist die Lage dramatisch.

Da keine staatliche Instanz mehr eine Güteprüfung durchführt, ist bei vielen dieser Impfstoffe und Medikamente das Verfallsdatum abgelaufen, ehe sie in Conakry auf den Markt kommen. Die Methode vieler Privatimporteure ist simpel: Sie kaufen in Europa (ganz besonders in Frankreich) zu billigen Preisen Vorräte von Medikamenten mit abgelaufenem Verfallsdatum auf, tauschen dann das Etikett aus und verkaufen die Ware auf dem örtlichen Markt. Der Viehzüchter kauft sie – und trägt unwissend zur Erkrankung, ja zum Tod seiner Tiere bei.

Doch ob mit abgelaufenem Verfallsdatum oder nicht, die veterinärpharmazeutischen Produkte, die von Vertragshändlern der multinationalen Gesellschaften oder von privaten Zwischenhändlern verkauft werden, sind für die meisten Viehzüchter ohnehin zu teuer. Im Gesamten betrachtet, werden sie in Conakry um 50 Prozent teurer verkauft als in Paris.

Um eine Veterinärapotheke zu eröffnen oder mit tiermedizinischen Produkten zu handeln, ist keinerlei Lizenz erforderlich. In Guinea sind die Veterinärapotheker generell afrikanische, zumeist malische oder ivoirische Einwanderer. Anders gesagt: Wegen des IWF sind die guineischen Viehzüchter heutzutage jedem x-beliebigen Gauner ausgeliefert. Der guineische Staat hat es auch aufgegeben, eine Agrarpolitik oder staatliche Viehzucht zu betreiben. Seitdem die öffentlichen Dienstleistungen demontiert wurden, gibt es keinerlei Kontrolle mehr. Der freie Markt ist König.

Ich habe den Kampf eines mit mir befreundeten Viehzüchters verfolgt. Er heißt Mory Diané. Ihm gehört eine 120-köpfige Herde; zwei Drittel der Tiere sind Schafe, der Rest Ziegen. Mory besitzt auch ein zur Viehzucht geeignetes, 25 Hektar großes Gelände in Mafrey, einem 500-Seelen-Dorf im Land der Soussou, 85 Kilometer nördlich von Conakry.

Mory, der auch einen Handel betreibt, wohnt in der Hauptstadt. Mehrmals in der Woche setzt er sich in seinen alten Suzuki und fährt nach Mafrey.

Er ist ein ausgezeichneter Viehzüchter, der in Frankreich studiert hat und seine Kunst ständig vervollkommnet. Vor Ort beschäftigt er zwei Hirtenfamilien. Es sind Peuhl aus dem Massina, bei denen die Viehzucht Familientradition hat. Mory zahlt ihnen einen regelmäßigen Lohn: 220 französische Francs (knapp 35 Euro) pro Monat und Familie.

Das Gelände, auf dem sich die Herde bewegt, hat eine eigene Süßwasserquelle und mehrere Tümpel. Das Weideland ist das ganze Jahr grün. Mit seinem dichten Graswuchs und den blattreichen Sträuchern ist es für die Schafe und Ziegen ausgezeichnet geeignet.

Die Schafe kommen aus Guinea, die Ziegen aus dem Massina. Zwei Widder stammen aus Mauretanien. Andere Tiere der Rassen

Bali Bali und Bororo kommen aus dem Niger beziehungsweise aus Mali.

Vor 1993 verzeichnete Morys Herde Jahr für Jahr rund achtzig Geburten. Heute kommt er auf kaum die Hälfte.

Durch das Loslassen der Widder kann Mory die Geburten steuern. Er beginnt damit im Mai, damit die Mutterschafe nicht in der Regenzeit lammen. Zu diesem Zeitpunkt sind nämlich die Mutterschafe (die durch den Zusammenbruch der tierärztlichen Versorgung unzureichend geimpft sind) am schwächsten und damit am anfälligsten für Krankheiten und tödliche Infektionen.

Lämmer werden alle fünf Monate geboren. Die männlichen Tiere verkauft Mory. Alle fünf Monate wirft die Herde somit rund 15 000 französische Francs (knapp 2400 Euro) ab.

Mory ist schlau. Er setzt alle Hebel für das Überleben seiner Herde in Bewegung. In der Hauptstadt klappert er die Minister, die Generäle, die Imame ab. Diese bestellen bei ihm die Hammel zur Feier des Aid-el-Kebir-Festes. Schon drei Monate vorher beginnt Mory, die Tiere zu mästen. Die Investition ist enorm: Um dreißig Tiere zwei bis drei Monate zu mästen, muss Mory mindestens 2,5 Tonnen Mais kaufen. Außer dem gestoßenen Mais braucht er auch Hirsekleie, Salz und manches andere. Aber der Verkaufspreis ist gut. Am Vorabend des Festes wird ein ganzer lebender Hammel verkauft.

Mory klappert auch die wenigen Supermärkte ab, die es in Guinea, namentlich in Conakry, gibt. Einige bestellen bei ihm Tiere für die ausländischen Entwicklungshelfer. Der Supermarkt verkauft das Kilo Lammfleisch (ohne Knochen) für 8000 Guinea-Francs, das sind 40 französische Francs (6 Euro). Mory verkauft auch auf der Weide. Dann beträgt der Kilopreis (mit Haut und Knochen) 20 französische Francs.

Seit die Söldlinge des IWF die »Wahrheit der Preise« verordnet, das heißt die staatliche Kontrolle tierpharmazeutischer Produkte abgeschafft haben, haben multinationale Gesellschaften und Quacksalber freie Bahn. Trotz der mit diesem System verbundenen Gefahren – Waren mit abgelaufenem Verfallsdatum, die von Zwischenhändlern ohne Skrupel weiterverkauft werden – kommt Mory natürlich nicht ohne Impfstoffe und Medikamente aus. Um seine Herde zu schützen, benötigt er insbesondere Synanthic, ein Mittel zur Entwurmung des Bauchs, die Antibiotika Oxxtrectacline und Intramicine, Ivomec und Cydectin zur Bekämpfung von Parasiten im Blut sowie polyvalente Vitamine.

Im Februar 2001 galten für diese Medikamente folgende Preise: 100 Kompretten Synanthic kosteten 250 französische Francs (38 Euro); die Antibiotika werden in Ampullen zu 100 Millilitern abgegeben und kosteten pro Ampulle 100 Francs (15 Euro); die Mittel gegen Blutparasiten werden ebenfalls injiziert und in Ampullen zu 100 Millilitern abgegeben, die pro Stück 400 Francs (60 Euro) kosteten.

Mory Diané ist bestimmt einer der besten Viehzüchter des Landes. Durch das Studium tiermedizinischer und pharmazeutischer Literatur hält er sich ständig auf dem Laufenden. Er unterhält Beziehungen zur Nomenklatura der guineischen Hauptstadt. Seine vielen Kunden geben ihm Zuversicht. Kurzum, Mory Diané ist eine Ausnahmeerscheinung unter den guineischen Viehzüchtern.

Trotzdem sagte er mir bei unserem letzten Gespräch im Februar 2002: »Ich habe keine Ahnung, wie lange ich den Rest meiner Herde noch am Leben erhalten kann.«

Und nun stelle man sich die Lage der anderen guineischen Viehzüchter vor – häufig Analphabeten, abgeschnitten von der Stadt, mit Haut und Haaren den multinationalen Gesellschaften oder den Gaunern des freien pharmazeutischen Marktes vor Ort ausgeliefert! Mit der von ihnen verordneten Demontage der staatlichen tiermedizinischen Dienste und der staatlichen Kontrolle der veterinärpharmazeutischen Preise haben es die schwarzen Raben vom IWF geschafft, die Viehzucht in Guinea zu ruinieren. Gleichzeitig haben sie dazu beigetragen, Hunger und Fehlernährung in dem Land gravierend zu verschärfen.

Drittes Beispiel: der Anbau und Verkauf von Reis in Mauretanien.

Mauretanien ist ein prachtvolles, gewaltiges Land halb wüstenartigen Charakters, dessen Meeresküste sich vom Mündungsgebiet des Senegal im Süden bis zum Kap Blanc im Norden erstreckt. Wie Guinea und Niger gehört es zu den am wenigsten fortgeschrittenen Ländern der Erde (LAC).

Mehrere aufeinander folgende Dürreperioden und die Anziehungskraft der Stadt haben sein soziales Gefüge verändert.[87] Unmittelbare Folgen sind ein Rückgang der Nomadenbevölkerung und eine Zunahme der sesshaften Landleute und der Stadtbewohner. Heute machen die Nomaden etwa 20 Prozent der Bevölkerung aus, die Stadtbewohner 30 Prozent und die sesshaften Bauern etwa 50 Prozent.

Die mauretanische Volkswirtschaft bekommt seit den Siebzigerjahren die geballten negativen Folgen von zyklischen Dürreperioden und von sinkenden Eisenerzpreisen auf dem Weltmarkt zu spüren (das Land ist ein wichtiger Eisenerzproduzent).

Weniger als ein Prozent der Böden sind für die Urbarmachung geeignet. Verglichen mit dem schwachen Bruttoinlandsprodukt ist die Auslandsverschuldung erdrückend.

Aus diesem Grund haben in Mauretanien die Söldlinge des IWF das Sagen.

Bis 1983 war die Bodenbebauung von den überkommenen Traditionen der verschiedenen uralten Kulturen geprägt, die in Mauretanien heimisch sind. Bei den Poulard, einer schwarzafrikanischen Population, die hauptsächlich im Tal des Senegal im Süden des Landes lebt, war der Boden Gemeinschaftsbesitz. In jedem Dorf strukturierte der Dorfälteste die landwirtschaftlichen Zyklen und die Gemeinschaftsarbeit. Er überwachte auch die Vermarktung der landwirtschaftlichen Erzeugnisse und die gerechte Verteilung der erzielten Verkaufserlöse.

Die Wolof, die Sarakolé, die Toucouleur hatten ihr jeweils eigenes System der Gemeinschaftsarbeit. Bei den arabischstämmigen Mauren oblagen die wichtigsten wirtschaftlichen und sozialen Aufgaben den Stammeshäuptlingen.

Dieses klug eingerichtete Gleichgewicht nun wurde 1983 zerstört.

Die vom IWF inspirierte mauretanische Rechtsverordnung vom 5. Juni 1983 besagt: »Grund und Boden sind Eigentum des Volkes. [...] Rechtliche Verkörperung des Volkes ist der Staat.« Mit einem Federstrich waren so die gewohnheitsrechtlichen Bodenordnungen und alle traditionellen Formen des Gemeineigentums abgeschafft.

Der Staat legte Grundbücher an und teilte die Ländereien in private Parzellen auf: Jede Familie wandte sich daraufhin an den örtlichen Gouverneur, der ihr den Eigentumstitel an einem bestimmten Grundstück übertrug.

Das neue System scheiterte sehr schnell, da die meisten Familien nicht in der Lage waren, ganz allein für die Bebauung ihrer Parzellen zu sorgen. Der ausgeblutete Staat wiederum verfügte nicht über die notwendigen Gelder, um alle Landwirte mit Düngemitteln, landwirtschaftlichem Gerät, Transportfahrzeugen, Bewässerungspumpen, Silos und anderen Hilfsmitteln auszurüsten.

Ein großer Teil der neuen individuellen Grundeigentümer war daher gezwungen, Grund und Boden an Geschäftsleute und große Nahrungsmittelkonzerne aus dem Ausland zu verkaufen. Infolgedessen kam es zu einer enormen Konzentration von landwirtschaftlichem Grundbesitz in der Hand einiger weniger Finanziers.

Die Poulard organisierten unverzüglich den Widerstand, indem sie einen merkwürdigen Aufstand gegen den Bewässerungslandbau anzettelten. Tatsächlich fürchteten sie – und fürchten noch immer – die Aneignung ihrer Ländereien durch die Mauren.

Mauretanische Intellektuelle, mit denen ich befreundet bin, üben heftige Kritik an den Strukturanpassungsprogrammen des IWF, weil sie die Wirtschaft ihres Landes fortgesetzt ruinieren. Gegen die Monetarisierung der Landwirtschaft haben sie jedoch nichts einzuwenden. Ihrer Ansicht nach trägt sie nachhaltig zur Beseitigung verabscheuungswürdiger sozialer Abhängigkeitsverhältnisse, insbesondere aus der Zeit des Feudalismus und einer tribalistischen Klientelwirtschaft, bei. Andere, dem IWF gegenüber nicht minder kritische Intellektuelle vertreten den entgegengesetzten Standpunkt: Die kollektivistische Bodenordnung habe immerhin die Aufrechterhaltung eines heiklen Gleichgewichts zwischen den einzelnen Gemeinschaften erlaubt, die das heutige Mauretanien ausmachen. Die Abgaben an die Häuptlinge, gestützt auf das System eines gewohnheitsrechtlich organisierten Kollektiveigentums, hätten starken Symbolwert gehabt und seien für den Zusammenhalt und die Identität der traditionellen Gemeinschaften konstitutiv gewesen.

In Mauretanien gibt es also keine einfachen Lösungen.[88] Eines aber steht fest: Die Unterernährung in diesem Land greift rapide um sich. In Nouakchott, Shinguetti, Tamchaket, in allen Orten des Landes halten ausgemergelte Kinder und Bettler mit erloschenem Blick vor dem Reisenden die Hand auf. Elendsviertel der schlimmsten Art säumen die Marktflecken – die letzte Zuflucht bäuerlicher Familien, die der IWF ruiniert hat.

Vor der Umwälzung der Agrarstrukturen wurden von dem in Mauretanien konsumierten Reis nur fünf Prozent im Land selbst produziert. Heute sind es über 50 Prozent.

Aber die Preise für mauretanischen Reis sind explodiert: Hergestellt von einheimischen Agrar-Großbetrieben, die durch die Privatisierung entstanden sind, ist er heute fast doppelt so teuer wie der Reis, den die Regierung früher aus Thailand importierte. Daher die rapide und beängstigende Fehlernährung und der Hunger in den untersten Schichten der mauretanischen Gesellschaft.[89]

Der IWF bestreitet nicht, dass die Preise für heimischen Reis in Mauretanien exorbitant sind. Aber er pariert mit dem Hinweis, dass die Regierung durch die heimische Reiserzeugung Devisen spart. Soll heißen: Diese Devisen sind für die Tilgung der Auslandsschulden bei westlichen Banken bestimmt. Aber müssen wirklich Kinder verhungern oder an Krankheiten infolge von Unterernährung sterben, bloß damit Devisen in genügender Menge für den Schuldendienst, das heißt zum Nutzen der Beutejäger, bereitstehen?

Was in Mauretanien, im Niger und in Guinea geschieht, ist kein Einzelfall. Es ist das gemeinsame Los aller Länder, die der IWF mit seinen Privatisierungs- und Strukturanpassungsprogrammen heimsucht. Schon Mitte der Achtzigerjahre empörte sich der im Oktober 1999 verstorbene Präsident von Tansania, Julius Nyerere: »Müssen wir weiter unsere Kinder verhungern lassen, nur damit wir unsere Schulden zurückzahlen können?«[90]

Die Empörung des *Maliwu*[91] verpuffte wirkungslos in der Luft. Keine Regierung irgendeines verschuldeten Dritte-Welt-Landes hat auch nur die leiseste Chance, dem IWF eine souveräne, an der Befriedigung der Bedürfnisse des eigenen Volkes ausgerichtete Politik entgegenzusetzen. Beispiele für die Missetaten, welche die Söldlinge des IWF an den ärmsten Völkern dreier Kontinente verüben, gibt es mehr als genug. Hier ein letztes: Sambia.

Während ich den Niger, Guinea und Mauretanien aus eigener Anschauung kenne, kenne ich Sambia nur von kurzen Aufenthalten her. Daher zitiere ich hier aus der klassischen Untersuchung von Oxfam *(Oxford Committee for Famine Relief)* über die wirtschaftlichen und gesellschaftlichen Folgen der Strukturanpassungsprogramme, die der Regierung in Lusaka vom IWF verordnet wurden. Das Jahrzehnt zwischen 1991 und 2001 war von tiefgreifenden Reformen geprägt. Wirtschaft und Gesellschaft Sambias wurden durch das IWF-Diktat zerrüttet. Die Studiengruppe von Oxfam veröffentlichte eine makro- und mikroökonomische Untersuchung, die diese Zerrüttung beschreibt.[92]

Sambia erstreckt sich über 752 000 Quadratkilometer fruchtbarer Böden und zählt über 10 Millionen Einwohner, die einigen der ältesten südafrikanischen Kulturen angehören. Der Reichtum Sambias sind seine Bodenschätze, vor allem Kupfer. Die Bauern pflanzen Tabak, Baumwolle und Kaffee an. Der Vater der sambischen Emanzipation ist Kenneth Kaunda. Derselben Generation angehörend wie Patrice Lumumba, Modibo Keita, Ahmed Ben Bella, Gamal Abdel Nasser, Amilcar Cabral, führte er sein Volk 1964 in die Unabhängigkeit. Nach seiner Wahlniederlage 1991 gab er die Macht ab.

Unter der Präsidentschaft Kenneth Kaundas erlebte Sambia drei Jahrzehnte lang eine Wirtschaft mit starkem öffentlichen Sektor, die sich im Wesentlichen um die Befriedigung der primären Bedürfnisse der Bevölkerung drehte. Das erste Strukturanpassungsprogramm unterzeichnete Präsident Chiluba, nachdem er 1991 an die Macht gekommen war. Der IWF demontierte praktisch den gesamten öffentlichen Sektor, strich die meisten Subventionen für Sozialleistungen (Schulspeisung u.ä.m.), privatisierte einen großen Teil der Krankenhäuser und öffnete das Land für kapitalistische transnationale Gesellschaften. Diese erhielten steuerliche Vorzugsbedingungen, die Genehmigung zum Rücktransfer von Unternehmensgewinnen in Form von Devisen der Zentralbank, Befreiung von arbeitsrechtlichen Vorschriften usw.

Welches Urteil fällt Oxfam über dieses Jahrzehnt wild gewordener Privatisierungen? Ein absolut negatives: »Das Bruttoinlandsprodukt hat sich seit 1991 nicht nennenswert vergrößert. Die wirtschaftliche Stabilisierung ist nicht erreicht. Das Pro-Kopf-Einkommen ist zurückgegangen, und 70 Prozent der Bevölkerung leben heute in extremer Armut.«[93]

Mit geradezu erschütternder Naivität sagen einem die zündelnden Feuerwehrleute vom IWF gerne: »Aber was wollen Sie denn! Wir respektieren doch skrupulös die absolute Souveränität jedes Staates! Wir zwingen niemandem irgendetwas auf. Sie tun uns Unrecht!« Und streng genommen haben sie Recht. Der Mechanismus der Unterjochung, den sie anwenden, wahrt nämlich den Schein der Nichteinmischung in die inneren Angelegenheiten der Staaten. Sehen wir uns das genauer an!

Ein Land erstickt an seinen Schulden? Der Bankrott droht? Es kann weder die nächste Tilgungsrate, ja nicht einmal die Zinsen der nächsten Fälligkeit finanzieren? Dann tritt sein Finanzminister wieder einmal die demütigende Pilgerreise nach Washington an, wo er um neue Notkredite, einen Zahlungsaufschub oder eine Refinanzierung bitten wird. Was geschieht dann?

Um das besser zu verstehen, wollen wir uns ansehen, was in São

Tomé und Príncipe vor sich geht, einer Inselgruppe im Golf von Guinea, rund 300 Kilometer vor der Küste Gabuns gelegen, mit rund 500 000 Einwohnern. Die Bevölkerung ist einnehmend und bunt gemischt, zutiefst geprägt von einer mannigfaltigen, reichen Kultur. Die Fischerdörfer des Südens bewohnen Angolares, ehemals entlaufene Sklaven. In den Kakaoplantagen arbeiten Kapverdier, die unter Salazar hierher deportiert wurden. Die herrschende Klasse der Inselgruppe besteht im Wesentlichen aus Mischlingen, Kindern der Liebe zwischen Portugiesen und Afrikanerinnen.

Die Hauptstadt des Archipels – São Tomé – ist die älteste europäische Stadt auf schwarzafrikanischem Boden. Mitte des 16. Jahrhunderts herrschte der dortige Bischof über ein Gebiet, das sich von der Mündung des Senegal bis zur Mündung des Kongo erstreckte. Noch in den Zwanzigerjahren war São Tomé der führende Kakaoproduzent der Welt. 1975 befreite es sich von der Okkupation durch die Portugiesen.

Heute herrscht die Not. 3,6 Prozent Bevölkerungswachstum, galoppierende Inflation[94], 50 Prozent der erwerbsfähigen Bevölkerung von Arbeitslosigkeit betroffen, die Kakaopreise im Keller…

1975 betrug die Kakaoproduktion 12 000 Tonnen. 2002 sind es nur mehr 4000 Tonnen.

Die Kartelle des organisierten Verbrechens, namentlich aus Russland und der Ukraine, versuchen, gegen viel Geld auf der Hauptinsel Freizonen und Spielcasinos einzurichten; auch bemühen sie sich um die Billigflagge von São Tomé, um leichter ihre Waffen- oder Drogengeschäfte abwickeln zu können. Mit großer Würde widersetzt sich die Regierung von São Tomé diesen Versuchungen.

Aber die Auslandsverschuldung hat sie an der Gurgel.

Der Ministerpräsident, Guilherme Posser da Costa, ist ein kultivierter Intellektueller, elegant, diskret, das graue Haar kurzgeschnitten. Seine Stimme klingt sanft. Seine Ansichten sind abgewogen. Als typisches Produkt der vielschichtigen lusitanischen Kolonialkultur wirkt er wie eine Romanfigur von José Saramago oder Fernando Pessoa. Er sitzt auf dem abgewetzten schwarzen Sofa seines bescheidenen Büros im Hafenviertel der Hauptstadt. Wut blitzt in seinen Augen auf, als er mir von seinen wiederholten Besuchen in Washington erzählt.[95] Aus naheliegenden Gründen kann ich die Äußerungen dieses noch amtierenden Ministerpräsidenten nicht wörtlich wiedergeben.

Später werde ich hören, was mir ein ehemaliger Minister über seine Pilgerfahrten nach Washington zu erzählen hat. Ihn darf ich zitieren: »Ein Königshof im Mittelalter war ein Muster an Demokratie, verglichen mit den IWF-Büros. Stundenlanges Warten! In knappen Worten erteilte Anordnungen! Kaum verhohlene Verachtung für die angebliche Inkompetenz der bettelnden Minister! Sie wollen frisches Geld? Dann unterschreiben Sie diese ›Absichtserklärung‹!«

Die »Absichtserklärung« *(letter of intent)* ist die Hauptwaffe des IWF. Es ist ein Erpressungswerkzeug. Die Absichtserklärung enthält eine Liste von inneren Reformen, Haushaltskürzungen, Steueranpassungen usw., die der IWF der Bittsteller-Regierung des LAC »vorschlägt«. Das Gesamt dieser Vorschläge macht den »Strukturanpassungsplan« aus.

Die Geier verordnen immer dieselben Reformen: »Steuerdisziplin«; »Haushaltstransparenz«, Privatisierung der nationalen Industrien und Ressourcen, Liquidierung der öffentlichen Dienste (namentlich Krankenhäuser und Schulen müssen rentabel werden).

Die Unterschrift unter diesen Brief – konkret gesagt: die Überführung der aufgezählten Forderungen in die nationale Gesetzgebung – ist Vorbedingung dafür, das der IWF dem Gläubigerkartell grünes Licht gibt.

Aus der Zwangsjacke der Satrapen von Washington befreit sich so schnell kein Land.

5. Die Arroganz

Paul Valéry schrieb: »Keine Tatsache dringt in jene Welt vor, wo der Glaube wohnt.«

Die geistig-seelische Innenausstattung der Söldlinge, vor allem jener von der Weltbank und vom IWF, stellt für mich ein unauflösliches, spannendes Rätsel dar. Anders als die Beutejäger und ihre Gebieter sind die Söldlinge nicht in erster Linie von Machtbesessenheit und Gier getrieben. Es sind vor allem Fundamentalisten des monetaristischen Dogmas, Gefangene eines Weltbildes und eines Analysemodells, die sie zu idealen Janitscharen des amerikanischen Imperiums machen.

Viele dieser Funktionäre sind, so gesehen, wahre Missionare. Die meisten unter ihnen sind hochkompetente Leute, die ein langes Studium mit oft brillantem Abschluss hinter sich haben. Weltbank und IWF rekrutieren ihre Mitarbeiter praktisch nur an nordamerikanischen Universitäten. Wer in der H-Street Northwest 1818 in Washington einziehen will, sollte vorzugsweise einen Ph.D. (Doktor) an einer der Elite-Hochschulen der USA gemacht haben.[96] Die Nationalität spielt praktisch keine Rolle (außer bei den allerhöchsten Kadern).

Jeder dieser jungen Leute – Männer wie Frauen – könnte in jeder beliebigen Bank, Vermögensverwaltung oder Börse an der Wall Street, in Paris, in Frankfurt oder in London problemlos mindestens das Fünffache dessen verdienen, was er bei der Weltbank oder beim IWF bekommt. Nein, wie Krösusse leben die mittleren und gehobenen Kader der Weltbank wirklich nicht, und sie führen sich auch nicht so auf. Sie verdienen im Jahr 85 000 bis 95 000 Dollar. Aber die Lebenshaltungskosten in Washington sind hoch: Für eine dreiköpfige Familie zahlt ein Weltbank- oder IWF-Kader eine Monatsmiete von mindestens 3000 Dollar. Dafür verschreiben sich die Kader mit Leib und Seele ihrer Mission.

Ein ungeschriebenes Gesetz räumt den Europäern den Posten des IWF-Generaldirektors ein und behält den USA den seines Stellvertreters vor. Die neue Bush-Administration hat für diesen Posten eine allseits gefürchtete Frau nominiert: Anne Krueger.[97] Sie ist Republikanerin, gehört zum rechten Flügel ihrer Partei und hat an der Universität Stanford viele Jahre Finanz- und Wirtschaftswissenschaften gelehrt. In den Achtzigerjahren, unter Ronald Reagan, wütete sie als Chefökonomin der Weltbank.

Die Europäer haben denn auch Widerstand geleistet. Sie waren entsetzt über die reaktionären Vorstellungen von Madame Krueger. Aber das amerikanische Finanzministerium schaltete auf stur. Die Europäer schlugen Tim Geithner vor, unter Präsident Clinton stellvertretender Finanzminister und zuständig für internationale Angelegenheiten. Das Finanzministerium lehnte ab.

So blieb es bei der ultrakonservativen Madame Krueger. Joseph Stiglitz nennt sie »die Hohepriesterin der alten Irrtümer«.[98]

Zu allem Überfluss hat das amerikanische Finanzministerium als Chefökonomen noch einen weiteren Reaktionär vom gleichen Schlage durchgesetzt: den Harvardprofessor Kenneth Rogoff.

Die ideologische Verblendung, die auf Vorurteilen beruhende Blindheit bei Männern und Frauen, die oft von großer persönlicher Intelligenz sind, stellen ein Rätsel dar, das sich durch die ganze menschliche Geschichte zieht. Trotz ihrer unbestreitbaren intellektuellen Qualitäten, ihrer gelehrten Studien, ihrer Diplome, ihrer Bildung scheinen die Funktionäre des IWF unempfindlich zu sein für die Katastrophen, die sie auslösen, taub für die Schreie ihrer Opfer, ohne Witterung für den Geruch des Blutgeldes, das die Beutejäger anhäufen. Wie ist dieses Rätsel zu verstehen?

Ein Hauptgrund für diese Blindheit ist zweifellos die große Isolierung, in der die Familien der so genannten »Finanzgemeinde« in Washington leben. Die meisten Beamten des IWF wohnen nämlich in den eleganten Vororten Washingtons – die höchsten Kader in Georgetown, die mittleren in den Kleinstädten des nahe gelegenen Virginia. Und sie leben in einer Art von Symbiose mit den amerikanischen Beamten des Finanzministeriums, schlürfen mit jedem Sonntagscocktail in irgendeinem *country club* Virginias die Ideologie der *treasury boys* ein. Mit denen sie auch Golf spielen.

Am Sonntagvormittag tätigen die *treasury boys* und die Söldlinge des IWF, begleitet von ihren Frauen, ihre Einkäufe in denselben Supermärkten, auf denselben kleinen Wochenmärkten Virginias. Am Nachmittag folgt ein Picknick im Freien auf dem Grundstück von Freunden, abends das gemeinsame Barbecue in einem der zahllosen Clubs rund um die Hauptstadt.

Im Juli 2000, bei meinem letzten Besuch in diesem Milieu, waren Larry Summers und James Rubin die Abgötter dieser Leute – Finanzminister der eine, Sprecher von Präsident Clinton der andere. Kurzum, das kollektive Über-Ich des Imperiums waltet in ihnen und vereinnahmt sie, ohne dass sie sich darüber wirklich im Klaren wären.

Ein anderer Grund hängt mit der Art zusammen, wie die Söldlinge die Kontinente zu bereisen pflegen. Wenn sie unterwegs sind, haben sie nämlich immer ihre Laptops und ihre schematisierten Modellanalysen dabei. Sie wohnen in Luxushotels, halten sich in jedem Schuldnerland nicht länger als einige Tage auf und treffen nur mit ausgewählten Führungspersonen zusammen, wenn möglich solchen, die in den USA studiert haben.

Die einheimischen Bauern, die Ausgestoßenen, die Bettler, die Straßenkinder? Die Geier aus Washington bekommen sie niemals zu Gesicht. Oder nur flüchtig, hinter den getönten Scheiben einer Regierungslimousine.

Eine dritte Erklärung dafür, dass sich die meisten Beamten der Bretton-Wood-Institutionen in erstaunlichem Ausmaß der Wirklichkeit verschließen, hängt mit der ersten zusammen und beruht darauf, dass diese Leute sogar ihre eigene, unmittelbare Umgebung nicht kennen.

Kürzlich traf ich bei einem Besuch in Washington einige meiner ehemaligen Studenten der Universitäten Genf und Bern wieder, die heute beim IWF arbeiten. Ein Paradox erschütterte mich: Nicht nur das Leben der meisten Menschen in den Ländern, deren Regierungen sie »beraten«, ist ihnen unbekannt, sie sind auch unbeleckt von jeder Kenntnis der Realität, in der die übergroße Mehrheit der Bewohner Washingtons lebt.

Ich bin fasziniert von der fremdartigen Schönheit dieser Stadt. An den flachen, grünen Ufern des Potomac reihen sich die weißen Monumente aus der jungen Geschichte der USA aneinander, Treffpunkt für umherspazierende Schüler. Riesige Mammutbäume ragen in den prächtigen Parkanlagen empor.

Das Lincoln Memorial, mit der überlebensgroßen Statue des auf seinem Marmorsitz thronenden Befreiers der Sklaven, spiegelt sich in einem See, auf dem Enten schaukeln.

Die Avenuen verlaufen geradlinig, sind schattenreich und still.

Am Kapitol, dem Sitz des Parlaments, ist keinerlei Unruhe zu bemerken. Vor der großen Holztür hört man das Murmeln der langen Reihen von Besuchern. Viele tragen einen bunten Sonnenschirm.

Kleine unterirdische Bahnen verkehren zwischen den Glaskästen, in denen die Abgeordneten des Repräsentantenhauses und des Senats ihre Büros haben, und dem Kapitol.

Überall wirkt der Zauber des Südens.

Auch die Polizei ist fast unsichtbar. Alle Menschen, von den mächtigsten Männern und Frauen bis zu den schwarzen Pförtnern des Kapitols, sind von einer ermutigenden Freundlichkeit, die das Herz erwärmt. Man kann seine Nase an den Gartenzaun des Weißen Hauses pressen, ohne dass die Wachen über diese Majestätsbeleidigung zetern oder gar ihre Revolver zücken. (Ich spreche von dem Klima, das vor den Massakern des 11. September 2001 herrschte.)

Und trotzdem: Nur zwei Straßen hinter dem Kapitol tut sich eine andere Welt auf. Eine unsichtbare Grenzlinie verläuft zwischen den Lindenbäumen und zerschneidet den sonnenheißen Asphalt.

»*Don't go there, please*«, bittet mich der Senator aus New York, der mir mit unendlicher Freundlichkeit die Untergeschosse, die Salons und den Sitzungssaal des Senats gezeigt hat. Mit *there* (»dorthin«) meint er die Wohnviertel der Schwarzen, das Ghetto, ein dreckiges, von Crack, Alkohol und Kriminalität ruiniertes Pflaster. Diese Viertel beherbergen die übergroße Mehrheit der Einwohner von Washington, D.C.

Die meisten Fundamentalisten von der Weltbank und vom IWF setzen offenbar nie einen Fuß hierher. So wie sie die Dritte Welt in Übersee nicht kennen, sind sie blind für den Schmutz, der sich zwei Schritte hinter ihren voll klimatisierten Büros anhäuft.

Auf der Pennsylvania Avenue suche ich verzweifelt einen Taxifahrer, der bereit ist, mich »dorthin« zu bringen. Gut eine halbe Stunde lang hagelt es nur Absagen. Die Hitze ist erdrückend, der Asphalt schmilzt. Schließlich hält ein Äthiopier an. Wir unterhalten uns über die jüngsten Ereignisse in Addis Abeba. Dann beginne ich vorsichtig zu verhandeln. Erst schüttelt er den Kopf, dann besinnt er sich anders und sagt: »Okay. Aber angehalten wird dort nicht. Und ich bestimme, durch welche Straßen wir fahren.«

Und so habe ich sie gesehen: eine Welt von Autowracks, von ausgeweideten Häusern mit leeren Fenstern, von zerlumpten jungen Burschen, alles Schwarze, die Augen glanzlos vom Crack...

Das Elend der Welt reicht bis an die Schwelle des Weißen Hauses. Durch einen seltsamen Fluch gelingt es dem Imperium nicht, die zahllosen Opfer zu verstecken, die es jeden Tag produziert. Wie die Wellen eines verrufenen Meeres schlagen sie an das Kapitol.

Aber die Ayatollahs der Bretton-Woods-Institutionen sind entschieden blind, taub und ohne Geruchssinn. Sie bemerken die Opfer nicht, die sie den ganzen Tag produzieren.

Kein Zweifel trübt ihr Gewissen.

TEIL IV

Die Welt demokratisieren

CHOR:
[...] Woran sind wir, meine arme Elektra, woran sind wir?
ELEKTRA:
Woran wir sind?
DAS WEIB NARSES:
Ja, erkläre es uns! Ich bin etwas schwer von Begriff. Ich spüre es wohl, dass irgendetwas vor sich geht, aber ich kann mir keinen Reim darauf machen. Wie heißt das, wenn der Tag anbricht, so wie heute, und alles verpfuscht und verdorben ist, aber die Luft sich regt, und wenn man alles verloren hat, wenn die Stadt brennt und die Unschuldigen einander töten, aber die Schuldigen schon irgendwo verenden, an diesem Tag, der anbricht?
ELEKTRA:
Frage den Bettler! Er weiß es.
DER BETTLER:
Es hat einen sehr schönen Namen, Weib Narses. Es heißt: Morgenröte.

JEAN GIRAUDOUX, *Électre*

1. Die Hoffnung: die neue planetarische Zivilgesellschaft

Der Abend am Ufer des Niger war drückend schwül in dieser Regenzeit 2001. Die schwachen gelben Lampen auf der Terrasse des »Grand Hôtel« – an dem nichts groß ist als sein Name – erloschen in regelmäßigen Abständen. In Niamey bricht die Stromversorgung oft zusammen. Aus dem Kohlenbecken vor uns stieg der köstliche Duft von Lammspießchen auf. D. B. und ich waren die einzigen ausländischen Gäste auf der Terrasse.

Der Himmel hing schwer und schwarz über uns. Auf einer großen Brücke in der Ferne fuhren die letzten Lastwagen gen Süden, zur Atlantikküste. Die Lichter ihrer Scheinwerfer glitten über die trüben Fluten des Flusses. D. B. war aus der Wüste Ténéré zurückgekehrt, wo er einen Film über das Leben, die Sitten und die Wanderzüge der Tuareg gedreht hatte. Mit eigenen Augen hatte er gesehen, welche Schäden an den Kamel- und Ziegenherden der IWF mit der von ihm verordneten Schließung der staatlichen Behörde für Veterinärmedizin angerichtet hatte.[1] Er war Zeuge der Sorge und Verzweiflung der Viehzüchter, des Elends ihrer Familien geworden.

Ich erzählte ihm von meinen Gesprächen mit dem Dschermakoi von Dosso – dem König der Dscherma – und mit dem Ministerpräsidenten, von ihren Sorgen, ihrer Ohnmacht gegenüber den arroganten Söldlingen der Weltbank. Plötzlich unterbrach mich D. B.: »Wird es eines Tages einen Nürnberger Gerichtshof für diese Leute geben?«

Ich verstand ihn nicht. »Was wollen Sie damit sagen?«

D. B., berühmter Ethnologe, Verfasser anerkannter wissenschaftlicher Bücher, Träger höchster Auszeichnungen für seine Dokumentarfilme, ist ein ungemein höflicher Mensch. Aber an diesem Abend packte ihn die Wut.

»Aber das ist doch klar! Die Nazis, die Faschisten jeder Couleur, sind trotz ihrer monströsen Verbrechen immer nur über bestimmte Menschengruppen hergefallen. Diesen Gruppen oder Ethnien sprachen sie die Menschlichkeit ab, an ihnen verübten sie Völkermord.« Ich verstand noch immer nicht, worauf er hinauswollte.

D. B. setzte hinzu: »Aber der Neoliberalismus fällt über die ganze Menschheit her! In einigen Jahrzehnten werden diese Leute, die jetzt den Planeten beherrschen, ernsthaft Rede und Antwort stehen müssen.«

Diese Herrscher aber – die Beutejäger – verschwenden keinen Gedanken an das Elend in Brasilien oder Nordkorea, die Korruption in China, die unaufhaltsame Wüstenbildung in Afrika, den Kampf der Frauen und der Jugend in Algerien, das Ringen der westlichen Lohnabhängigen um die Aufrechterhaltung des öffentlichen Dienstes, die schleichende seelische Erkrankung von Langzeitarbeitslosen.

Der zeitgenössische Kapitalismus ist dumm und zynisch; er hat seine protestantischen Wurzeln völlig vergessen. Von ihm ist nichts mehr zu erwarten. Man muss ihn bekämpfen, isolieren und ausschalten.

Die Errichtung der planetarischen Tyrannei des Finanzkapitals, die fortschreitende Monetarisierung aller zwischenmenschlichen Beziehungen, der Verrat an den Werten der Aufklärung haben dem republikanischen Nationalstaat nicht wieder gut zu machende Schäden zugefügt.

Dieser historische Prozess wirft viele Fragen auf.

Wo sind Ansätze für die Geburt einer postnationalen Demokratie zu finden? Wer könnte in einer von Ungleichheit und Not verwüsteten Welt die Reichen zu der notwendigen, partiellen Umverteilung ihrer Reichtümer zwingen? Und wer den Armen eine Überlebenschance und den Aufstieg zu sozialer Mobilität garantieren? Welche neuen Formen der gesellschaftlichen Selbstregulierung könnte es am Beginn des 21. Jahrhunderts geben?

Wie können nach dem Tod des republikanischen Staates neue Mechanismen der öffentlichen Kontrolle entwickelt werden, die eine kapitalistische Produktionsweise von nie gekannter Zerstörungskraft zu bändigen vermögen? Und wie wäre diese gewaltige Kraft in einen zivilisatorischen Faktor umzuwandeln, in ein Instrument, das den Zugang zu einer gerechteren, freieren, würdigeren Welt eröffnet?

Wer kann heute den Anspruch erheben, die Bestie zu zähmen? Welche Regierung könnte sich rühmen, den Beutejägern ihr Gesetz aufzuzwingen?

Wie kann man angesichts des vordringenden Dschungels für die Zivilisation kämpfen? Was ist zu tun, um die menschlichen Werte der Solidarität, der sozialen Gerechtigkeit, der Selbstbestimmung über sich zu bewahren? Wie kann man verhindern, dass der Mensch regrediert?

Auch Habermas fragt sich: »An die nationalstaatlichen Akteure richtet ein solcher Entwurf die paradoxe Erwartung, heute schon in den Grenzen ihrer aktuellen Handlungsmöglichkeiten ein Programm zu *verfolgen*, das sie doch erst jenseits dieser Grenzen *realisieren* können [...]. So ergibt sich für eine Weltinnenpolitik ohne Weltregierung wenigstens eine Perspektive [...]. Wie ist eine demokratische Legitimation von Entscheidungen jenseits des staatlichen Organisationsschemas denkbar? Und unter welchen Bedingungen kann sich das Selbstverständnis der global handlungsfähigen Aktoren dahingehend wandeln, dass sich die Staaten und supranationalen Regime zunehmend als Mitglieder einer Gemeinschaft verstehen, die ohne Alternative zur *gegenseitigen* Interessenberücksichtigung *und zur Wahrnehmung allgemeiner Interessen* genötigt sind?«[2]

Die erste Antwort kommt von den »Souveränisten«. Angesichts der Beutejäger wollen sie die Republik neu errichten und versuchen, das Imperium durch die Nation zu bekämpfen.

Ungeachtet der guten Wahlergebnisse, welche die »souveränistischen« Kandidaten in Europa und besonders in Frankreich erzielen, glaube ich nicht an die Auferstehung des republikanischen Nationalstaats, wie ihn Régis Debray, Max Gallo und Jean-Pierre Chevènement verteidigen. Ich glaube, dass das Unglück unwiderruflich geschehen ist. Die Gewaltsamkeit des Kapitals hat die normative Kraft des Staates weitgehend gelähmt. Aus einer republikanischen Kultur sind wir in die Ära des Dschungels übergegangen.

Die andere Antwort ist die von Jürgen Habermas: Danach wären vor allem Organisationen wie die Vereinten Nationen imstande, das normative und moralische Erbe der sich auflösenden Nationalstaaten zu übernehmen und mit neuem Leben zu erfüllen. Die UNO, zum Beispiel, wird nach Habermas den Erfordernissen eines transnationalen Regimes gerecht: »Die demokratische Ordnung ist nicht von Haus aus auf eine mentale Verwurzelung in der ›Nation‹ als einer vorpolitischen Schicksalsgemeinschaft angewiesen.«[3] Die UNO könnte dann die Verkörperung des internationalen öffentlichen Gewissens werden.

Die Vereinten Nationen bilden ein hochkompliziertes Gefüge aus Zehntausenden von Männern und Frauen mit den verschiedenartigsten Fähigkeiten, Biografien, Besoldungen und Funktionen. Manche von ihnen sind brillant und hoch kompetent. Einige wenige sind schlichtweg korrupt.

Die sie überwölbende Struktur der UNO ist undurchsichtig: Kernstück des Systems sind die 22 »Sonderorganisationen« (so ihre offizielle Bezeichnung). Zu ihnen gehören namentlich: die Weltgesundheitsorganisation (WHO), die Internationale Arbeitsorganisation (ILO), die Weltorganisation für geistiges Eigentum (WIPO), die Weltorganisation für Meteorologie (WMO), die Ernährungs- und Landwirtschaftsorganisation (FAO) das Welternährungsprogramm (WFP), das Weltkinderhilfswerk (UNICEF), die Organisation der Vereinten Nationen für Erziehung, Wissenschaft und Kultur (UNESCO) usw.

Alle diese Sonderorganisationen sind generell stark bürokratisiert, aber trotzdem – mit einigen Ausnahmen – von großer Effizienz vor Ort. Sie leisten eindrucksvolle Arbeit.

Denken wir nur an den weltweiten Kampf der WHO gegen die Seuchen, an das Bemühen von UNICEF, FAO und WFP um Hilfe für die Hungeropfer, an die geduldige Strategie des Hochkommissariats für Menschenrechte gegen Rassismus, Diskriminierung und Folter oder an den Beistand, den das Hochkommissariat für Flüchtlinge Tag für Tag Millionen von verfolgten Menschen in aller Welt leistet.

Indessen ist alles, was die Experten der Vereinten Nationen mit Mut und Intelligenz unternehmen, um den betroffenen Populationen zu helfen, nur sehr wenig, verglichen mit den Schäden, welche die Geier vom IWF denselben Populationen zufügen.

Die Lage ist grotesk: Alle UNO-Behörden, die mit Entwicklungs- und humanitärer Hilfe befasst sind, haben dem in Genf ansässigen Wirtschafts- und Sozialrat der UNO (ECOSOC) jährlich ihren Tätigkeitsbericht vorzulegen. Weltbank und IWF sind ebenfalls Institutionen der UNO und unterliegen daher im Prinzip einer ähnlichen Kontrolle ihrer Aktivitäten (nur die WTO ist kein Teil der UNO). Nach Artikel 63, Absatz 2 der Charta der Vereinten Nationen muß der Wirtschafts- und Sozialrat die Tätigkeit der anderen Institutionen, Behörden, Fonds und Programme der Vereinten Nationen »koordinieren«.[4]

Man übertreibt kaum die gegenwärtige Lage von Hunderten von Millionen Männern, Frauen und Kindern der südlichen Hemisphäre, wenn man sagt: Die Söldlinge der Weltbank und des IWF zerstören jeden Tag mit roher Hand, was die Experten der humanitären und Entwicklungshilfebehörden an zaghaften sozialen Fortschritten erzielt haben.

Die NATO und die imperiale Logik der USA triumphieren auf dem Gebiet der kollektiven Sicherheit.[5] Der Traum vom Fortschritt für alle weicht der zunehmenden Unterentwicklung, Marginalisierung, Verelendung und Zerstörung eines immer größer werdenden Teils der Menschheit. Die von der UNO angestrebte internationale Schiedsgerichtsbarkeit fällt der Arroganz des amerikanischen Imperiums zum Opfer. Und die gerechte Verteilung der Güter auf diesem Planeten? Ein frommer Wunsch... Jeden Tag entscheidet die Unsichtbare Hand des Marktes darüber, wer leben und wer sterben soll.

Die Beutejäger triumphieren. Sie verordnen die Privatisierung der Welt. Statt ihnen die Stirn zu bieten, versuchen die Vereinten Nationen, sie zu zähmen, jedoch ohne Erfolg.

Fassen wir zusammen: Die Hypothese von Habermas ist genauso wenig tragfähig wie die der »Souveränisten«.

Wo also ist Hoffnung?

In der neuen planetarischen Zivilgesellschaft! Was ist darunter zu verstehen? Die Zivilgesellschaft hat eine entscheidende Rolle beim Bruch mit der Feudalgesellschaft gespielt. Der rasche Siegeszug des republikanischen Staates hat sie von der Vorderbühne der Weltgeschichte verdrängt und dann der Vergessenheit überantwortet. Heute erlebt sie eine spektakuläre Renaissance.

Sie ist der Ort, an dem neue soziale Bewegungen sich formieren, nie gekannte Funktionen und Strukturen sich ausbilden, neuartige Beziehungen zwischen den Menschen und den Nationen aufkommen und über die Welt und die Gesellschaft ganz neu nachgedacht wird – fernab der erstarrten Lehrsätze des herrschenden Dogmas oder seiner rituellen Ablehnung.

Betrachten wir zunächst die ideologischen Vorbedingungen ihrer Entstehung.

2. Das Prinzip Großmut

Die neoliberale Ideologie praktiziert eine erschreckende Gehirnwäsche. Für die Reichen ist diese Gehirnwäsche ein Segen. Die »Anti-Terror«-Koalition von Präsident George W. Bush kriminalisiert jede Opposition gegen die Globalisierung. Jeder Widerstand gegen die Privatisierung der Welt wird mit einem Bannfluch belegt. Wer immer den exorbitanten Reichtum der Reichen gefährdet, stellt sich selbst außerhalb der zivilisierten Welt. Den Besitzenden ist die neoliberale Ideologie wohlgefällig – sorgt sie doch dafür, dass sie ihre Schäfchen ins Trockene bringen können.

Und die Armen? Sie haben keine Ideologie mehr. Der Neoliberalismus hat ihnen das Gehirn leer gewaschen. Ihnen bleibt nichts als ein elementares, starkes Gerechtigkeitsgefühl, die unauslöschliche Forderung nach einem »Recht auf Leben« – eine Forderung, ähnlich den Beschwerden, die bei den Generalständen von 1789 die Allerärmsten unter den Mittellosen erhoben, all jene Elenden und Hungernden, die auf die Hinrichtung Ludwigs XVI. und die Radikalisierung der Revolution warten mussten, bevor sie die Bühne der Weltgeschichte stürmen konnten. Man nannte sie die *Enragés*, die Wütenden. Einer ihrer ersten Wortführer war der Priester Jacques Roux, und er war es auch, der als Erster vom »Recht auf Leben« sprach.[6]

Über zweihundert Jahre lang herrschte dann, zumindest theoretisch, eine Art von labilem Gleichgewicht zwischen dem Wort der Mächtigen und dem Wort der Unterdrückten. Im ganzen 19. Jahrhundert und noch bis weit ins 20. Jahrhundert hinein stand die Arbeiterkultur in Blüte. Das Lager der Armen hatte seine Künstler, seine Intellektuellen, seine Philosophen. Es brachte seine eigenen Zeitungen heraus. Es hatte seine Theater, seine Festlichkeiten, seine Umzüge, seinen Kalender. Seine Gewerkschaften, seine Hilfsvereine und Genossenschaften, seine Parteien wurden mächtig. Kurzum, das Lager der Armen verfügte in dieser Zeit über eine solide kollektive Struktur von großer Lebendigkeit und Dynamik, über eine in allen Farben schillernde Kreativität und einen felsenfesten Widerstandswillen.

Heute ist dieses Gleichgewicht zerstört. Das Wort der Opfer ist praktisch aus dem Diskurs verschwunden. Wie ist das zu erklären? Abgesehen von der eben erwähnten weltweiten Strategie der neoliberalen Gehirnwäsche trugen offenkundig die Machenschaften der Sowjetunion und ihrer Satellitenstaaten – die ja bei den Unterdrückten der Dritten Welt jahrzehntelang einen Vertrauensvorschuss genossen – eine gravierende Mitschuld am Zerfall des kollektiven Über-Ichs der beherrschten Klassen.

Die Bolschewisten in Russland haben, wie die Roten Khmer in Kambodscha und andere Parteien und Bewegungen, welche im Lager der Armen aufkamen und sich um die Fahne des Kommunismus scharten, die Würde des Menschen geleugnet, indem sie das unveräußerliche Recht eines jeden auf sein individuelles Glück für nichts achteten. Für sie sollte die Befriedigung der kollektiven Bedürfnisse Vorrang haben vor der Befriedigung der individuellen Bedürfnisse. Der Mensch sollte sich zum Nutzen des Kollektivs opfern – für die Partei, die Vorhut der Bewegung, den Staat.

Der Mensch konkretisiert seine Freiheit in der frei gewählten Tat. Die Bolschewisten und ihre Jünger in aller Welt schafften die Freiheit der Wahl ab.

Auch das Bedürfnis nach Transzendenz und damit nach Religion wurde geleugnet – leider! Mitte der Achtzigerjahre habe ich das sowjetische Zentralasien besucht. In Buchara, Samarkand, Taschkent gab es viele prächtige Moscheen, die, einst aus millenarischer Glaubensglut erstanden, nun mit Holzbrettern vernagelt, der Witterung preisgegeben oder – seltener – in ein Museum verwandelt waren. Der Kult des (in Bronze oder Eisen gegossenen) Staatschefs hatte die Religion ersetzt.

Ich kannte Pjöngjang unter Kim Il Sung. Die Absurdität des Kults um den »Dschutsche«, ins Werk gesetzt von den Architekten, Museumsleuten, Ideologen und Historikern des Regimes, überstieg jedes Vorstellungsvermögen. Der Irrsinn fraß sich auf den kilometerlangen, von Wohnsilos gesäumten »Prachtstraßen« bis in die Hauptstadt hinein.

In der Sowjetunion und ihren Satellitenstaaten wurde eine freie philosophische oder politische Diskussion durch die penible Kontrolle der Geister abgewürgt. Die Universität war – zumindest auf dem Gebiet der Sozialwissenschaften – durch die strikte Verpflichtung der Professoren zur Einhaltung der Parteilinie blutleer geworden. Die Psychoanalyse, die Soziologie, überhaupt alle Wissenschaften, welche versuchen, die Rätsel des Bewusstseins oder des menschlichen Unterbewussten zu ergründen, waren verboten.

Die Sowjetunion hat den »mit der Scholle verwachsenen Bauern« neu erfunden. Die Außengrenzen des Landes waren hermetisch abgeriegelt. Auf Flüchtlinge wartete der Tod im Stacheldrahtzaun oder auf Minenfeldern. Wer in der Stadt wohnen wollte, benötigte eine Sondererlaubnis, die von der politischen Polizei ausgestellt wurde.

Ich weiß noch, wie es in Ostberlin unter kommunistischer Herrschaft war. Diese prächtige Stadt wimmelte von »Vopos« (Volkspolizisten). Auf dem Bahnsteig des Bahnhofs Friedrichstraße erblickte ich eines Tages, zufällig nach oben schauend, auf einem Balkon unter dem riesigen Glasdach einen Vopo, gestiefelt und gespornt, der durch ein Fernglas die Fahrgäste musterte. Neben ihm zwei Soldaten, die MP auf die Reisenden gerichtet. Unten, an den Gleisen, inspizierten Soldaten mit Schäferhunden die Unterseite der Waggons, um sicherzugehen, dass nur ja kein »Republikflüchtling« versuchte, die DDR zu verlassen.

Dieser Rückfall in die Leibeigenschaft hat Generationen von Menschen daran gehindert, sich frei zu bewegen, zu reisen, andere Völker kennen zu lernen und die Welt zu erkunden.

Die Bolschewisten und ihre Nachahmer haben außerdem die so genannte proletarische Kultur (»Proletkult«) erfunden, die auf staatlichen Zwang aufbaute. Dissidenten unter den Künstlern wurden streng bestraft. Wladimir Majakowski nahm sich 1930, Alexandr Blok 1921 das Leben. Wsewolod Meyerhold wurde 1940 von der politischen Polizei hingerichtet.

Diese »proletarische« Kultur hat jede eigenständige Kreativität erstickt und den Reichtum, die unendliche Vielfalt des kulturellen Erbes der von den Kommunisten beherrschten Völker beschnitten.

Die Bolschewisten haben den Markt bekämpft und damit jeden freien Warenverkehr erstickt. Wirtschaftsplanung ersetzte die individuelle Initiative. Ergebnis: Knappheit, Rationierung und Unsicherheit, zum System perfektioniert. Wer, selbst als durchreisender Ausländer, in eins der zahlreichen, häufig sehr schönen Hotelrestaurants im Stadtzentrum Moskaus (zum Beispiel im »National« oder im »Metropol«) gehen wollte, brauchte gute Verbindungen zu mindestens *einem* Mitglied der örtlichen Nomenklatura.

Und dann gab es natürlich die Massenmorde. In der Ukraine überantwortete Stalin vorsätzlich elf Millionen Bauern samt ihren Frauen und Kindern dem Hungertod. Und was soll man von der

Zwangsdeportation von Dutzenden von Millionen Menschen – Tschetschenen im Kaukasus, Tataren in Sibirien und Millionen anderer – in die Polarregionen halten? Die Bolschewisten haben ganze Völker aus dem Boden ihres Lebens, ihrer Geschichte herausgerissen und sie damit der Mittel zum Überleben und zur Weiterentwicklung beraubt.

Zur Debatte steht hier die kommunistische Ideologie als ganze, nicht nur der hypertrophierte bürokratische Apparat. Diese Ideologie gründete auf einer irrigen Vorstellung vom Menschen und einer abgrundtiefen Verkennung seiner wahren Wünsche. Als im November 1956 der Aufstand in Ungarn von den Panzern der Roten Armee niedergewalzt wurde, glaubte Jean-Paul Sartre »die blutige Fratze des geliebten Gesichts« zu erkennen.

Aber Sartre täuschte sich. Das »geliebte Gesicht« war ein Gebilde unserer Träume.

Den entschiedensten, achtbarsten Widersachern der von den westlichen Kapitalisten praktizierten Gehirnwäsche diente die kommunistische Ideologie – in der Fassung, die Stalin, Trotzki oder Rosa Luxemburg[7] ihr gaben – fast ein Jahrhundert lang als Referenzideologie. Bei der Nachricht von Stalins Tod brachen Millionen von Arbeiterinnen und Arbeitern, Intellektuellen und Bauern auf der ganzen Welt in Tränen aus. Für sie war der Ausdruck »Väterchen der Völker« keine von den Kommunisten in Moskau ausgeheckte Propagandalüge.

Was die Sozialdemokratie betraf, so war sie sehr schnell als eigenständige Kraft verschwunden. In den USA, wo doch ein riesiges Industrieproletariat unter unmenschlichen Arbeitsbedingungen dahinvegetierte, löste sie sich schon Ende des 19. Jahrhunderts auf – Opfer einer von den Rockefellers, Vanderbilts und anderen Magnaten veranstalteten rücksichtslosen Gehirnwäsche.

In Europa verfiel sie bald dem Nationalismus. Der letzte wirklich internationalistische und antikapitalistische Kongress der Zweiten Internationale, 1907 in Stuttgart abgehalten, wurde noch von den machtvollen Stimmen eines Jean Jaurès und August Bebel beherrscht. Dann hat es das nationalistische Bürgertum in den einzelnen europäischen Staaten geschafft, den sozialdemokratischen Gedanken durch das Gift des Fremdenhasses, des Antisemitismus und eines chauvinistischen Nationalismus allmählich in Verruf zu bringen. Und der Zweiten Internationale ist es nirgendwo gelungen, jene soziale Demokratie zu etablieren, der das Sinnen und Trachten eines Jacques Roux und später eines Gracchus Babeuf gegolten hatten.

Stalin starb am 5. März 1953 im Kreml an einer Gehirnblutung. Danach milderte sich allmählich der staatliche Terror gegen »Abweichler« – zunächst im Schneckentempo, im Laufe der Zeit aber immer zügiger. Vor allem in der Amtszeit Leonid Breschnews (von 1964 bis 1982) griff die Korruption in weiten Teilen des Staates und der Gesellschaft enorm um sich. Es bildeten sich immer einflussreichere mafiose Kartelle, die die Wirtschaft infiltrierten und punktuelle Bündnisse mit diesem oder jenem Regionalsekretär, diesem oder jenem Leiter eines Industriekombinats oder einer Kolchose eingingen. Der von immer wiederkehrenden Versorgungsengpässen zermürbten Bevölkerung erwies diese Mafia unschätzbare Dienste, indem sie in allen Großstädten den Schwarzmarkt organisierte und versorgte.

Am 10. März 1985 wurde Michail Gorbatschow zum Generalsekretär des ZK der KPdSU gewählt. Wenig später proklamierte er *glasnost* und *perestroika*: den Beginn einer Politik der begrenzten Transparenz, Öffnung und Demokratisierung. In der öffentlichen Meinung der Sowjetbürger, namentlich der Russen, keimte eine ungeheure Hoffnung auf: Das Land würde sich dem Westen öffnen, im Konzert der Kulturvölker mitspielen, sich satt essen, aufatmen, die Welt genießen, endlich leben.

Im August 1991 löste sich die Sowjetunion auf, und die ungeheure Vitalität der Mafiabanden konnte förmlich explodieren. Heute beherrschen sie sämtliche Sektoren und kontrollieren den Zugang zum Markt. Und sie richten den Blick gen Westen. So ist in Russland und in den auf den Trümmern der Sowjetunion (wieder) errichteten Republiken der wildeste Kapitalismus eingefallen. Unter diesen Umständen lebt der gewöhnliche Bürger in ständiger

Sorge, ist desorientiert und total verunsichert. Mit voller Wucht trifft ihn das wirtschaftliche und soziale Elend nach dem Zusammenbruch der alten Institutionen.

In dieser Situation bilden die Fürsten des Verbrechens, die neuen Bojaren, eine Art von eiserner Garde, die allein imstande ist, der Aggression der westlichen Kapitalisten Widerstand zu leisten. Alle Landmarken von einst sind eingeebnet. Mit Donnergetöse hat der totalitäre Staat bei seinem Sturz alle alten Wertvorstellungen, Verhaltensweisen, Institutionen und Gewissheiten mitgerissen und unter sich begraben. Ein kalter, verzweifelter Nihilismus hat sich in den Köpfen eingenistet. Festzustellen bleibt aber auch: Die einzigen ernst zu nehmenden Gegner der Beutejäger sind die russischen Fürsten des Verbrechens. Ein westlicher Bankier, in Moskau erschossen, das ist ein Stück wiederhergestellter russischer Würde.

Auf den Trümmern der Sowjetunion hatten die Beutejäger sehr rasch begonnen, Milliarden von Dollar auszugeben und alles aufzukaufen, was zum Verkauf stand. Und es stand alles zum Verkauf. Das Gesetz des Dschungels praktizierend, rissen sie so die fabelhaften Reichtümer dieses unermesslichen Landes an sich – mit stillschweigender Billigung der Armen, die ohne Ideologie, desorientiert, jedes moralischen Halts beraubt waren.

Sehr schnell gelang es den Beutejägern und ihren Söldlingen, dank ihrer Bündnisse mit alten Apparatschiks wie Jelzin, Tschernomyrdin oder Putin die lokale Konkurrenz zu entwaffnen. So kommt es, dass der IWF den Regierungen und staatlichen Gesellschaften der Russischen Föderation, der Ukraine, Kasachstans und vieler weiterer Republiken auf dem Territorium der ehemaligen Sowjetunion zwischen 1991 und 1995 nicht weniger als 31 Milliarden Dollar an Krediten überwiesen hat. Der größte Teil dieses Geldsegens fiel massiven mafiosen Unterschlagungen zum Opfer und landete ziemlich schnell auf Privatkonten in den Steuerparadiesen der Schweiz, der Bahamas, Liechtensteins und Jerseys.

Eine kleine Episode ist symptomatisch. Michail Gorbatschow wurde, wie erwähnt, 1985 zum Generalsekretär des ZK der KPdSU gewählt. Da er erkannte, dass das Überleben des Systems von schleunigen Reformen abhing, führte er gewisse Freiheitsrechte ein, begann, die Wirtschaft zu liberalisieren, und entwickelte die Theorie von der »Menschheit, die über alle Nationen und Ideologien hinweg zu einem gemeinsamen Abenteuer aufgebrochen« sei.[8] In dieser Zeit versuchte die Auslandsabteilung beim ZK der KPdSU fieberhaft, Kontakt mit der Zweiten Internationale – oder was noch von ihr übrig war – aufzunehmen. Daher lösten die sozialdemokratischen Delegationen aus Europa unter den Kristalllüstern des Kreml oder im Gästehaus der Partei in Moskau einander ab. So kam es zum Beispiel, dass Willy Brandt, Präsident der Zweiten Internationale, und Michail Gorbatschow wirkliche Freunde wurden. Ich selbst wurde damals von der Akademie der Wissenschaften und dem ZK gebeten, ein öffentliches Streitgespräch mit dem großen russischen Nationalökonomen Juri Nikolajewitsch Popow zu führen. Die Begegnungen fanden in Moskau und in Genf statt, und es wurde darüber ein Buch herausgebracht.[9] Popow, Gorbatschow nahe stehend und Herold der neuen Linie, entwickelt darin die Theorie von der Notwendigkeit eines Wiederaufbaus der internationalen Sozialdemokratie. Ein enormes, tragisches Missverständnis, wenn man bedenkt, in welchem Zustand sich sozialdemokratische Parteien und Gewerkschaften Anfang der Achtzigerjahre befanden! Diese Gruppierungen überlebten nämlich nur dank ihrer Macht zur Erpressung, wodurch sie die Angst der Unternehmer und der Rechten vor der Gefahr einer kommunistischen Wählerschaft in soziale Vorteile ummünzen konnten.

Während der Kommunismus unter Gorbatschow im Verschwinden begriffen war, verflüchtigte sich gleichzeitig der Einfluss der Sozialdemokraten...

Unter diesem Trümmerhaufen der alten Widerstandsideologien ist selbstverständlich das Individuum wieder ins Recht zu setzen. Aber schon taucht eine neue Lüge am Horizont auf: Die neoliberale Ideologie der neuen Herrscher will uns glauben machen, dass ausgerechnet *sie* die Ära der Individualität einläutet! Der Individualismus als Markenzeichen des globalisierten Kapitalismus!

Was verkünden die neuen Herrscher? Dass die Wege der Freiheit unbegrenzt sind. Etwa so wie im Supermarkt, wo der Konsument ja auch jederzeit unter Tausenden von Produkten auswählen kann.

Die Arbeit wurde ihrer Würde beraubt, sie ist extrem gefährdet, aber gleichzeitig tun sich vor dem Erwerbstätigen schier unbegrenzte Möglichkeiten auf: Er wird im Laufe seines Lebens praktisch bruchlos von einem Beruf zum nächsten wechseln, so wie es die technologischen Entwicklungen und die von einem ständig expandierenden Markt gebotenen Möglichkeiten gerade mit sich bringen. Woraus laut neoliberalem Credo eine Freiheit ohne Grenzen für die Erwerbstätigen resultiert.

In Wirklichkeit wird das vom globalisierten Kapital zugerichtete Individuum auf seine reine Funktionalität reduziert. Es hat nur den Eindruck, frei zu sein, weil es im Labyrinth der auf es einwirkenden Warenverhältnisse die Entfremdung nicht zu durchschauen vermag, die es beherrscht und seiner Individualität beraubt.

Marx Horkheimer entlarvt die neoliberale Lüge von der durch das Kapital hervorgebrachten Individualität: »Die Maschine hat den Piloten abgeworfen, sie rast blind in den Raum. Im Augenblick ihrer Vollendung ist die Vernunft irrational und dumm geworden. Das Thema dieser Zeit ist Selbsterhaltung, während es gar kein Selbst zu erhalten gibt« [...] Und weiter: »Individualität setzt das freiwillige Opfer unmittelbarer Befriedigung voraus zugunsten von Sicherheit, materieller und geistiger Erhaltung der eigenen Existenz. Sind die Wege zu einem solchen Leben versperrt, so hat einer wenig Anreiz, sich momentane Freuden zu versagen. [...] Gesellschaftliche Macht ist heute mehr denn je durch Macht über Dinge vermittelt. Je intensiver das Interesse eines Individuums an der Macht über Dinge ist, desto mehr werden die Dinge es beherrschen, desto mehr werden ihm wirklich individuelle Züge fehlen, desto mehr wird sein Geist sich in einen Automaten der formalisierten Vernunft verwandeln.«[11]

Das vom globalisierten Kapital zugerichtete Individuum besitzt keinerlei Identität, keinerlei Freiheit mehr.

Das globalisierte Kapital erzeugt atomisierte Individuen, armselige, voneinander isolierte Dinge ohne eigenes Koordinatensystem, deren Existenz ganz und gar durch äußere Zwänge bestimmt wird.

Philippe Zarifian gibt von den real existierenden Individuen im Zeitalter des weltweiten Siegeszugs des globalisierten Kapitals folgende Definition: »Kümmerformen von sozialen Wesen, anfällig, geschwächt, den großen Systemen Wirtschaft, Verwaltung, Justiz hilflos ausgeliefert.«[12]

Lichtjahre trennen das real existierende Individuum in der Ära des siegreichen Finanzkapitals von dem Individuum, wie es die Philosophen der Aufklärung und die Väter der Französischen Revolution gedacht und gewollt haben.

Im Juli 1794 vor den Wohlfahrtsausschuss gestellt, dessen Mitglieder über ihn zu Gericht sitzen werden, ruft Saint-Just aus: »Ich verachte den Staub, aus dem ich gemacht bin und der zu euch spricht: Mag man mich verfolgen und diesen Staub zum Schweigen bringen! Aber ich wehre mich dagegen, dass man mir dieses unabhängige Leben entreißt, das ich mir selbst in Jahrhunderten und unter dem freien Himmel erworben habe.«[13]

An Saint-Just erinnern 179 Jahre später die letzten Worte Salvador Allendes, gesprochen am Tag seines Todes, dem 11. September 1973. Aus dem brennenden Präsidentenpalais (der Moneda) wendet er sich ein letztes Mal an das chilenische Volk: »Militärflugzeuge haben die Sendeanlagen von Radio Portalés und Radio Corporación bombardiert. Meine Worte sind nicht Worte der Bitterkeit, sondern der Enttäuschung. Welche Strafe die Eidbrüchigen auch ereilen mag, [...] *Trabajadores*, ich werde nicht aufgeben, und ich werde nicht abtreten [...]. In diesem historischen Augenblick weiß ich, dass ich die Treue meines Volks mit meinem Leben bezahlen muss. Ich sage euch: Der Samen, den wir in das Gewissen von Tausenden und Abertausenden von Chilenen senken, die dieses Namens würdig sind, kann nicht für immer ausgetilgt werden [...]. Sie [die putschenden Militärs] haben die Macht. Sie können uns unterjochen. Aber die sozialen Bewegungen bricht man weder durch Verbrechen noch durch Gewalt. Die Geschichte ist auf unserer Seite. Und es sind die Völker, die sie machen. [...] Das Volk soll sich verteidigen, aber es soll sich nicht opfern. Es soll sich nicht von Kugeln durchlöchern und sich nicht demütigen lassen. [...] Arbeiter meines Vaterlandes! Ich glaube an das chilenische Volk und an seine Bestimmung. Andere Menschen werden kommen und diesen schwarzen, bitteren Moment überwinden, da der Verrat triumphiert. [...] Wisset, dass sich schon bald die breiten Straßen wieder öffnen werden, auf denen der freie Mensch dem Aufbau einer besseren Gesellschaft entgegen schreitet.

Es lebe Chile!
Es lebe das Volk!
Es leben die arbeitenden Menschen!«[14]

Was es heute wiederherzustellen gilt, ist das Individuum, wie es von Voltaire, Diderot, Rousseau erdacht und von den Revolutionären von 1792 ins Werk gesetzt worden ist. Die bürgerliche Individualität ist nichts anderes als dieses Wagnis, in dem das Sein seine Einzigartigkeit bekräftigt, ohne je seine Abhängigkeit von der Welt zu vergessen. Hören wir noch einmal Zarifian: »Die Ausrichtung am Anderen, an den anderen Menschen, als eine subjektiv als nützlich, ja notwendig empfundene Tätigkeit; die Ausrichtung an den Zuständen der Natur, die die Arbeit verwandelt, indem sie dabei – nach der berühmten Formel von Marx – den arbeitenden Menschen verwandelt. [...] Handeln heißt, Sinn für ein frohes Leben zu haben. Es bewährt sich im Durchbruch zu einer Menschheit ohne Grenzen.«[15]

Die Autonomie des Individuums ist ein globales Produkt der Zivilgesellschaft, daher hören die Individuen in der neuen, planetarischen Zivilgesellschaft auf, Feinde oder potenzielle Konkurrenten zu sein: Sie erkennen einander als Mitglieder ein und derselben Weltgemeinschaft an. Sie stärken einander durch ihre Kooperation, wobei jedoch jeder seine eigene Individualität bekräftigt.

Allerdings wohnt dieser Rekonstruktion des Individuums im Sinne der Aufklärung ein gravierender Widerspruch inne, nämlich der zwischen den Neigungen, die allen Individuen gemeinsam sind, und der radikalen Bekräftigung der eigenen Individualität eines jeden einzelnen in jedem Augenblick. Doch laut Zarifian löst sich dieser Widerspruch ganz natürlich durch eine gemeinsame Praxis des Widerstands auf: »Es gibt zwischen den Menschen gemeinsame Neigungen und Vorstellungen, die sich dies klarzumachen vermögen, insofern diese Neigungen in ihren sich überschneidenden Seelenregungen zueinander passen. Anstatt einander aufzuheben oder zu schwächen, verstärken sie einander und vermehren die Kraft jedes einzelnen und aller. Man darf daher vermuten, dass die Praxis der Großmut etwas Gutes ist.«[16]

Diese Neigungen setzen eine Kultur, eine Kenntnis der Welt und der anderen voraus, die das Gegenteil eines Rückzugs auf sich selbst sind. Ebenfalls eine Autonomie, aber eine ganz andere als die des funktionalisierten, durch die Ideologie der Beutejäger zugerichteten Individuums.

Noch ein anderer Widerspruch beherrscht das Individuum, das sich an der einen oder anderen Front des Widerstands gegen das globalisierte Kapital engagiert: die Spannung zwischen Zugehörigkeit und Differenz. Wir werden weiter unten die Probleme kennen lernen, vor denen heute die vielen Antiglobalisierungsbewegungen in ihrer täglichen Praxis stehen, namentlich die Bewegung der Landarbeiter ohne Land (*Movimento dos Trabalhadores Rurais Sem Terra*, MST) in Brasilien. Zwei Gefahren lauern ständig: die Überbewertung des Unterschiedes zwischen mir und dem anderen und die Weigerung, meine Zugehörigkeit zu einer Gemeinschaft bestimmten Ursprungs zu analysieren.

Die Existenz einer Bewegung wie des MST ist immer im Werden. Und dieses Werden ist die ständige Aktualisierung der Dialektik zwischen der Zugehörigkeit des Individuums zu einer bestimmten Gemeinschaft und der Distanz, die es von anderen Individuen trennt, welche anderen Gemeinschaften angehören, aber in demselben Kampf engagiert sind.

Der Prozess der Individuation ist also immer problematisch.

Noch ein letztes Wort zu diesem Punkt. Großmut ist die starke Triebfeder praktisch aller Bewegungen, die heute auf den fünf Kontinenten in der verschiedensten Form gegen die Oligarchien des globalisierten Kapitals kämpfen. Aber was ist diese Großmut?

Gleichzeitig das Gefühl, welches die Empfindung des Widerwillens gegen Unterdrückung erzeugt, und die Sehnsucht nach einer besseren Welt. Man muss sich diese Großmut daher als eine trotz aller Bemühungen noch unfertige Mischung aus Leidenschaft und Tat, aus Gefühlsregung und Begriff vorstellen. Das ist beim Lesen der folgenden Seiten im Auge zu behalten.

3. Die Fronten des Widerstands

Die Kämpfe werden vor Ort erdacht. Sie werden nicht dekretiert. Aber die Streitkräfte sind zerstreut. Man muss also Fronten aufbauen. Das ist die Methode, der sich die im Entstehen begriffene neue planetarische Zivilgesellschaft bedient.

Welches sind diese Fronten, denen es immer häufiger gelingt, den Beutejägern in den Arm zu fallen und ihre Strategien zu durchkreuzen? Zahlreiche auf allen fünf Kontinenten agierende Bewegungen sind heute miteinander verbündet.

Bei der großen Kundgebung gegen den G8-Gipfel in Genua im Juli 2001 vertraten die 200 000 Teilnehmer über 800 verschiedene Volksbewegungen, Gewerkschaften und NGOs aus 82 Ländern.

Vom 31. Januar bis 5. Februar 2002 wurde in Porto Alegre, im Süden Brasiliens, das zweite Weltsozialforum abgehalten. Bei strahlendem Sonnenschein und 34° Celsius kamen über 60 000 Personen aus fünf Kontinenten, vor allem aus Europa und Südamerika, zusammen. In den öffentlichen Gebäuden der Stadt, insbesondere in dem riesigen Komplex der Katholischen Universität (*Pontifica Universitade Catolica*, PUC) des Bundesstaats Rio Grande do Sul, wurden über 700 Diskussionsforen (»Workshops«), über 100 Seminare und 28 Vollversammlungen mit 26 Themen veranstaltet. Im Harmunia-Park wurde sechs Tage und sechs Nächte lang gefeiert. Überall in der Stadt wurden Umzüge veranstaltet. Über 2000 soziale Bewegungen, Gewerkschaften und NGOs aus 88 verschiedenen Ländern waren in Porto Alegre vertreten.

Die Workshops hatten sich drei Ziele gesetzt: den Austausch von

Erfahrungen »im Widerstand«; Überlegungen zur Koordination der Aktionen; Brückenschlag zwischen den Netzwerken.

Es wurden mehrere Diskussionsforen nebeneinander abgehalten. Zum Beispiel das Forum der Bürgermeister oder das der Parlamentarier. Das Weltsozialforum lehnt es ab, dass ein Staatsoberhaupt oder ein Regierungschef, gleichviel, wer es ist, das Wort ergreift. So durfte Fidel Castro nicht zum Forum sprechen... Auch eine Wortmeldung des belgischen Ministerpräsidenten wurde nicht zugelassen. Vom Podium verbannt sind ferner alle bewaffneten Bewegungen, mögen sie bei manchen Teilnehmern auch noch so viele Sympathien genießen. So hatten weder die Guerilleros der kolumbianischen FARC *(Fuercas Armadas Revolucionarias de Colombia)* noch die baskische ETA Zugang zu den Diskussionsforen, Versammlungen, Seminaren oder Workshops.

Es ist faktisch unmöglich, eine vollständige Liste aller Akteure der neuen planetarischen Zivilgesellschaft aufzustellen. Um einen Überblick über sie zu gewinnen, möchte ich einen anderen Weg vorschlagen.

Es gilt zunächst, die Fronten auszumachen. Schematisch kann man ihrer sechs unterscheiden.

1. Arbeiter- und Gewerkschaftsorganisationen. Viele von ihnen erlebten nach der ersten großen Versammlung der neuen planetarischen Zivilgesellschaft in Seattle (an der Westküste der USA) im November 1999 eine erstaunliche Renaissance, in Amerika ebenso wie in Asien und Europa. Beispielhaft ist in dieser Hinsicht das Schicksal der – unter anderem von Christophe Aguiton inspirierten – Gewerkschaft *Sud*.[17]
2. Bauernbewegungen. Ihnen kommt in der neuen Zivilgesellschaft eine zentrale Stellung zu. Ihre Organisationen sind schlagkräftig und mobil, und sie werden von bedingungslos entschlossenen Anführern und Aktivisten getragen. Weiter unten werde ich auf den Kampf des MST in Brasilien eingehen. Der MST war Ausgangspunkt der *Via Campesina*, jener Dachorganisation, die überall auf der Welt Kleinbauern, Viehzüchter,

Pächter und umherziehende Landarbeiter vereinigt. Zu ihr gehören so unterschiedliche Bewegungen wie die französische *Fédération paysanne* unter Führung von José Bové und François Dufour oder die Gewerkschaft der ausgeplünderten ecuadorianischen Indios (*Confederación de Nacionalidades Indígenas del Ecuador*, CONAIE).
3. Die dritte Front des Widerstands bilden jene Frauen, die überall auf der Welt gegen sexuelle Diskriminierung kämpfen. Die auf fünf Kontinenten tätigen Bewegungen für die Rechte der Frau haben sich erstmals beim internationalen Frauenmarsch 1998 verbündet. Ihre Heldin – deren Konterfei bei vielen Kundgebungen herumgetragen wird – heißt Olympe de Gouges, die 1792 eine »Erklärung der Rechte der Frau und Bürgerin« verfasste. Sie endete 1793 auf dem Schafott.
4. Ein großer Teil ihrer Widerstandskraft wächst der neuen planetarischen Zivilgesellschaft von einer ganz unerwarteten Seite zu: von den indigenen Völkern und ihren traditionellen, vorkapitalistischen Gesellschaften. Die gewaltsame Vereinheitlichung des Planeten durch das zentralisierte Finanzkapital und seine Warenrationalität ist eine mit Händen zu greifende Tatsache. Der zähe kulturelle Widerstand, den ihr viele Völker der südlichen Hemisphäre entgegensetzen, ist demgegenüber weniger bekannt. Solange ein lokales kollektives Gedächtnis – durch Feste, Riten, Sprache, Tradierung von Mythen und Glaubensüberzeugungen – der Herrschaft der Beutejäger und der Aggression, der Rationalität, der »Sinngebung« durch das Kapital entgegentritt, ist die Verdinglichung[18] noch nicht endgültig vollzogen. Eine alternative Identität hält sich hartnäckig am Leben. Die Sehnsucht nach dem ganz Anderen, der Wille, sich selbst zu sein, speisen die Hoffnung des künftigen Kampfes. Sogar dort, wo die mündliche Tradition so weit verebbt ist, dass kein sichtbarer Ritus, kein immer wiederkehrendes Fest das soziale Leben der Beherrschten mehr gliedert, erfüllt die Erinnerung an die verlorene Identität die geistigen Räume wie das strahlende Licht eines erloschenen Sterns. Die zapatistische Front der nationalen Befreiung, die sich

aus dem kulturellen Erbe und den Weltschöpfungsmythen der südmexikanischen Indianervölker speist, die gewaltige Bewegung der indianischen Aymara-Gemeinschaften auf den Hochebenen Boliviens, die kulturelle Renaissance und der Kampf der Quechua-Gemeinschaften in den peruanischen Regionen Ayacucho und Cuzco – sie alle sind Beispiele für die Entschlossenheit indigener Völker und ihre aufrührerische Kraft.
5. Umweltbewegungen, -verbände und -parteien. Sie sind vor allem in den Industriestaaten Europas und Asiens tätig – überall dort, wo die Zerstörung der Natur am sichtbarsten ist. Doch tauchen Umweltbewegungen auch in den Ländern Afrikas und der arabischen Welt auf. Schon werden Bündnisse geknüpft. Weiter oben haben wir den Kampf beschrieben, den die Grünen in Frankreich zusammen mit ihren Verbündeten in Kamerun führen, um die Zerstörung des Urwalds durch den Bau der von der Weltbank verordneten Erdölleitung Doba–Kribi zu verhindern.
6. Eine sechste Kategorie von Widerstandsfronten ist schwieriger zu charakterisieren. Sie vereinigt die großen sozialen Bewegungen (oder NGOs), die sich nicht auf eine partielle Intervention beschränken, sondern den Anspruch erheben, die planetarische Ordnung des Finanzkapitals als ganze zu reflektieren, der Kritik zu unterziehen und zu bekämpfen.

Betrachten wir einige relevante Bewegungen dieser sechsten Gruppe etwas näher!

Eine der wichtigsten, was die Kraft der theoretischen Durchdringung wie ihr Mobilisierungs- und Widerstandspotenzial betrifft, ist Attac.[19] 1997 aus einer Initiative der Monatszeitschrift *Le Monde diplomatique* sowie einiger französischsprachiger Intellektueller und Gewerkschafter hervorgegangen, greift sie eine Idee von James Tobin auf, Träger des Wirtschaftsnobelpreises (1981) und ehemaliger Wirtschaftsberater des US-Präsidenten John F. Kennedy: die Besteuerung von Spekulationskapital durch Zinsabschläge (abgestuft je nach dem Zeitpunkt der Investition an einem bestimmten Ort). Der Ertrag aus dieser »Tobin-Steuer« sollte einem von den Vereinten Nationen verwalteten weltweiten Hilfsfonds zur Finanzierung von Infrastrukturprojekten im Gesundheits- und Schulwesen der benachteiligtsten Regionen der Welt und zur Entwicklung der wirtschaftlichen Produktionskräfte in den ärmsten Ländern zugute kommen.

Schon seit einigen Jahren wird jedoch deutlich, dass Attac viel mehr ist als ein Verein von Bürgerinnen und Bürgern zur Verteidigung der Tobin-Steuer. Aufgrund seiner fernen revolutionären Tradition ist Frankreich das Land der Vereine, deren Gesamtzahl heute auf 800 000 geschätzt wird.[20]

Unter ihnen nimmt Attac in jeder Hinsicht eine Sonderstellung ein: Als Netzwerk organisiert, hat es in ganz Frankreich 220 örtliche Komitees. Dazu kommen über 40 internationale Sektionen, die Attac International angeschlossen sind. Die einflussreichsten unter ihnen sind Attac Deutschland, gegründet im Oktober 2001 in Berlin, und Attac Schweiz.[21] Alle Gruppen des Netzwerks entfalten vor Ort eine intensive Tätigkeit in Form von praktischen Aktionen (zum Beispiel Demonstrationen), Untersuchungen und Forschungen.

Attac-Frankreich zählte heute (2002) über 30 000 Mitglieder. Die Zahl steigt unaufhörlich.[22] Eine Besonderheit ist, dass nicht nur Einzelpersonen, sondern auch Gewerkschaften und Vereine Mitglied werden können. So sind Attac 462 Gewerkschaften und 291 verschiedene Vereine angeschlossen. Attac-Frankreich schreibt: »Für uns handelt es sich vor allem darum, zu verstehen, um handeln zu können.« Die Internetseiten von Attac bringen Dokumente, Analysen, Rechenschaftsberichte, Bibliografien, unterschiedlichste Informationen. Jeden Tag werden an die 40 000 Dokumente von Internetnutzern aus 130 verschiedenen Ländern heruntergeladen. Über 600 Übersetzer aus 15 Sprachen arbeiten unentgeltlich für Attac.

Attac-Frankreich wird kollegial von einem Verwaltungsrat geleitet. Ihm steht ein wissenschaftlicher Beirat zur Seite, in dem einige der brillantesten Volkswirtschaftler, Politologen und Juristen Europas versammelt sind.

Die theoretischen und praktischen Ambitionen von Attac drückt am besten sein scheidender Präsident Bernard Cassen aus: Es gehe darum, »sich gemeinsam die Zukunft unserer Welt wieder anzueignen«.[23]

Bertolt Brecht nennt in seinem Theaterstück *Turandot oder Der Kongreß der Weißwäscher* die »Diktatur der Profitraten« eine »Höllenmaschine«, welche die Kapitalisten eingeschmuggelt hätten. Gegen diese Diktatur und diese Höllenmaschine kämpft Attac: durch Globalisierung der Forderung nach demokratischen Rechten und durch die Solidarität der Fronten untereinander. Attac als starke Kraft bildet heute mit anderen Organisationen das kritische Gewissen jener Weltordnung, welche die Beutejäger des globalisierten Kapitals geschaffen haben.

Es sind aber auch andere Organisationen und Bewegungen zu erwähnen, die in kurzer Zeit einen ähnlichen Weg wie Attac genommen haben. Jeweils aus einem begrenzten Kampf hervorgegangen, sind auch sie zu Bewegungen geworden, die die Fundamente der kapitalistischen Produktions- und Herrschaftsform selbst infrage stellen.

Die Engländerin Anne Pettifor ist gegenwärtig (2002) Sprecherin von *Jubilé 2000*. Diese Organisation christlichen Ursprungs kämpft für den sofortigen und vollständigen Schuldenerlass für die Länder der Dritten Welt. Entstanden ist sie im Zusammenhang mit dem Heiligen Jahr, das die katholische Kirche im Jahre 2000 festlich beging. Der Erfolg der Organisation ist beeindruckend: Ihre Petition trägt mittlerweile 17 Millionen Unterschriften und hat vor allem in Europa und Nordamerika zu einer Bewusstseinsveränderung geführt. *Jubilé 2000* ist ein geschickter und zäher Gegner der Großbanken und der internationalen Finanzinstitutionen, der Hauptgläubiger der Länder der Dritten Welt.

Das »Forum der Armen« ist eine NGO aus Thailand, die 1995 vor allem von mittleren und armen Bauern gegründet wurde. Es versammelt heute über 500 000 Personen; seine Aktivitäten gehen weit über die Verteidigung der Interessen von Bauern und Landarbeitern hinaus.

Das 1996 gegründete *Third World Network*, dessen *spiritus rector* Martin Khor ist, vereinigt Hunderte von lokalen, regionalen und nationalen Organisationen, die für einen Schuldenerlass für die Länder der Dritten Welt und eine Neubewertung der *Terms of trade* kämpfen. Sein Sitz ist in Malaysia.

Erwähnt werden müssen auch die Organisationen, die für die Würde des Kindes und gegen die Sklavenarbeit von Minderjährigen in den Produktionsstätten und die Rekrutierung von Kindersoldaten in den Armeen der Dritten Welt kämpfen. Diese Organisationen wurden 1999 von Craig Kielburger zu einem Netzwerk zusammengeschlossen.

Amnesty International beschloss bei seinem Weltkongress in Dakar im August 2001 auf Anregung seines scheidenden Generalsekretärs Pierre Sané, in Zukunft nicht nur für die bürgerlichen Rechte von politischen Gefangenen, sondern auch für die wirtschaftlichen, sozialen und kulturellen Rechte jener Völker zu kämpfen, die den Oligarchen des globalisierten Finanzkapitals und ihrer Tyrannei zum Opfer gefallen sind. In allen nationalen Sektionen von Amnesty International ist eine intensive Diskussion im Gang, um die Umrisse dieser neuen Strategie festzulegen.[24]

Eine der aktivsten und einflussreichsten europäischen NGOs ist die *Action Contre la Faim* (ACF). Sie kämpft gegen Unterernährung und Hunger. Ihren Sitz hat sie in Paris, der Leiter ist Jean-Luc Bodin. Doch neben der täglichen, energischen Arbeit vor Ort leistet ACF auch eine kritische, auf das Ganze gehende Reflexion über die Weltordnung. Ihr *Annuaire* erscheint auf Französisch und auf Englisch. Eine der Leiterinnen, Sylvie Brunel, arbeitet an einem bedeutenden theoretischen Werk.[25]

Auch Organisationen, die in der angelsächsischen Welt entstanden, wie *Oxford Committee for Famine Relief* (Oxfam), *Public Citizen*, *Fifty Years is Enough* oder *Jobs with Justice*, führen einen Kampf, der weit über eine punktuell agierende Verweigerungsfront hinausgeht.

So ist *Public Citizen* von der starken Persönlichkeit der jungen amerikanischen Rechtsanwältin Lori Wallach geprägt, einer der

Hauptorganisatorinnen der Antiglobalisierungskundgebungen von Seattle im Jahre 1999.

Jobs with Justice spielt in Zusammenarbeit mit *United Students Against Sweatshops* und *Youth Action for Social Justice* eine zentrale Rolle im Kampf gegen die Ausbeutung der Arbeiterinnen und Arbeiter in den berüchtigten »Sonderproduktionszonen«, etwa durch transkontinentale Spielzeug- und Textilindustrien.[26]

Fifty Years is Enough vereinigt über 250 Antiglobalisierungsorganisationen aus den USA. Hauptverantwortliche ist heute eine Aktivistin aus Kenia, Njoki Njoroge Njehu.

Eine besondere Bewegung ist KCTU, der wichtigste Gewerkschaftsbund Südkoreas. Durch seine theoretischen Arbeiten und seine neuartigen Kampfmethoden übt er großen Einfluss auf zahlreiche Gewerkschaftszentralen Ostasiens aus.

In dem Jahrzehnt zwischen 1990 und 2000 wurden auch einige alternative *think tanks* – wenig institutionalisierte Expertengruppen – gegründet. Diese *think tanks*, was ich mit »Forschungsinstitute« übersetze, haben sich auf die unterschiedlichsten Gebiete spezialisiert: Wasser, Energie, Saatgut, Zustandekommen der Agrarpreise, Organisation von Netzwerken für Vermarktung, Transport-, Versicherungs- und Finanzwesen usw. Ihre Experten zählen häufig zu den größten Spezialisten eines bestimmten Fachgebiets: Es sind ausgefuchste Wissenschaftler, manchmal ehemalige Direktoren von multinationalen Gesellschaften oder ehemalige hohe Funktionäre der Weltbank oder des IWF, die die Fronten gewechselt haben. Sie halten sich für Bewegungen und NGOs der ganzen Welt zur Verfügung und arbeiten zu konkurrenzlosen Preisen.

Einige Beispiele: Das *South Group Network* ist ein Bündnis von Experten der südlichen Hemisphäre, vor allem aus Afrika; die Zentrale befindet sich in Harare, der Hauptstadt von Simbabwe. Zweigstellen gibt es in Managua, Ouagadougou und Manila.

Focus on the Global South strahlt in den ganzen südostasiatischen Raum aus. Seine Experten sind auf die Probleme im Zusammenhang mit dem wirtschaftlichen, politischen und strategischen Ungleichgewicht zwischen der nördlichen und der südlichen Hemisphäre spezialisiert. Wortführer dieses Instituts ist der Filipino Walden Bello.

Ricardo Petrella, Berater bei der EU-Kommission, hat auf privater Basis den Weltwasserrat (*Conseil mondial de l'eau*) ins Leben gerufen, von dessen Arbeiten viele Bauernbewegungen und Bauerngewerkschaften zehren. Ein bemerkenswertes Forschungsinstitut zu Fragen des Wassers ist auch die *Association pour le développement de l'économie et du droit à l'environnement* (Paris), deren Vorsitzender Henri Smets ist. Noch auf zwei weitere besonders einflussreiche Institute ist hinzuweisen: das *Comité pour l'annulation de la dette du tiers-monde*, hinter dem Éric Toussaint aus Belgien steht, und das in Louvain-la-Neuve beheimatete *Centre Tricontinental* von François Houtard.

Nach Martin Khor haben diese »organischen Intellektuellen« der Volksbewegungen die Aufgabe, »die ideologischen Fundamente ihrer [der Herrscher der Welt] Logik freizulegen, das Haltlose ihrer Doppelzüngigkeit aufzudecken und sich auf die Realität zu stützen«.[27]

»Vereinen, ohne zu vereinheitlichen« – das ist das Bestreben, das Pierre Bourdieu der im Entstehen begriffenen neuen Zivilgesellschaft zuschreibt: »Diese Koordination müsste die Form eines Netzwerks annehmen, das Individuen und Gruppen so miteinander verbindet, dass niemand den anderen dominieren oder reduzieren kann und alle Ressourcen gewahrt bleiben, die aus der Verschiedenartigkeit der Erfahrungen, Gesichtspunkte und Programme erwachsen [...]. Man darf wohl hoffen, dass die demokratische Konfrontation einer Gemeinschaft von Individuen und Gruppen, welche gemeinsame Voraussetzungen anerkennen, eine kohärente und sinnvolle Antwort auf die grundlegenden Fragen hervorbringen kann, für die weder Gewerkschaften noch Parteien eine globale Lösung wissen [...].«[28]

Die neue planetarische Zivilgesellschaft ist eine Gesellschaft im Entwurf, eine Gesellschaft im Entstehen; sie ist mit keiner sozialen Formation vergleichbar, die ihr vorausging.

Wie ist es heute um sie bestellt?

Alle neuen Bewegungen und NGOs haben gewisse gemeinsame Charakteristika. Sie arbeiten mit einem strikten Minimum an Verwaltungskosten und kennen keine Bürokratisierung. Bei ihrer Entscheidungsfindung spielt Ideologie eine sehr geringe Rolle. Sie agieren mit rechtschaffenem Pragmatismus, von Fall zu Fall. Hyperaktiv, betreiben sie sozusagen die permanente Demonstration, die ihren Widersachern keine Atempause gönnt. Eine extreme geistige und organisatorische Mobilität kennzeichnet ihre Aktionen. Ihre jeweiligen Besonderheiten hüten sie wie ihren Augapfel.

Jede Hierarchie ist bei ihnen verpönt. Sie verabscheuen die Normierung – der Sprache, der Methoden des Kampfes oder der Analyse – und die Uniformität. Ihre Aktivisten lieben leidenschaftlich den Austausch von Ideen, den ständigen Dialog.

Alles Monolithische ist ihr Feind.

Trotz der extremen Unterschiedlichkeit ihrer einzelnen Kämpfe, ihrer kategorischen Ablehnung jeder Institutionalisierung, jeder internationalen oder transkontinentalen Integration finden sich diese Bewegungen dennoch immer wieder für kurze Augenblicke zu gemeinsamem Handeln zusammen. So sind sie überraschend kurzfristig zu international koordinierten Interventionen von erstaunlicher Effizienz imstande. Davon zeugen die massiven Kundgebungen, mit denen sie bei großen Anlässen (G8-Gipfel, WTO-Konferenz, IWF-Konferenz usw.) ihren Widersachern entgegentreten.

Naomi Klein nennt die neue planetarische Zivilgesellschaft »das lebende Internet«.[29]

Drei Überzeugungen einen diese Fronten: die Notwendigkeit, überall auf der Welt und in allen Lebensbereichen die Basisdemokratie zu errichten; die Ablehnung sozialer Ungleichgewichte zwischen den Individuen, den Generationen, den Geschlechtern, den sozialen Klassen, den Völkern und den Kontinenten; und die Notwendigkeit, die Natur, die Luft, das Wasser, die gesundheitliche und psychologische Umwelt jedes Menschen zu bewahren. Wasser, Ernährung und die Luft, die wir atmen, sind für alle diese Bewegungen »öffentliche Güter«.

Überall auf den fünf Kontinenten stellen sich diese Männer und Frauen den Herrschern des Universums entgegen und versuchen, ihre Macht zum Einsturz zu bringen. Zur Stunde kämpfen sie noch in versprengter Ordnung. Von wo beziehen sie also ihre Kraft? Justament aus diesen unzähligen lokalen Fronten! So kommt es, dass die neue planetarische Zivilgesellschaft auf die globale Machtkonzentration der neuen Herrscher mit völlig dezentralen, singulären Aktionen des Widerstands antwortet.

Und man hätte Unrecht, wollte man diesen Aggregatzustand von punktuellem Widerstand für ineffizient halten. Zunächst einmal werden alle diese einzelnen Widerstandsaktionen von einer gemeinsamen Überzeugung, einer gemeinsamen Hoffnung getragen. Und außerdem ist eine vielköpfige Hydra des Widerstands viel wirksamer als ein eindeutiger Gegenangriff.

Wurden nicht auch die napoleonischen Heere auf der Iberischen Halbinsel durch eine Vielzahl kleiner Freischärlertrupps dezimiert und dann aufgerieben? Das napoleonische Reich hat sich davon nicht erholt. Und die ganze zweite Hälfte des 20. Jahrhunderts bietet – von Algerien bis Vietnam, von Südafrika bis Kuba – zahlreiche Beispiele für Freiheitsbewegungen, die, wiewohl auf ein einziges Land beschränkt, doch einen ganzen Kontinent ins Wanken brachten.

Jede kollektive Identität ist zwangsläufig lokalen Ursprungs und nährt sich aus einer einzigartigen Erfahrung. Und je lokaler sie ist, desto stärker ist sie.

Die CONAIE der ecuadorianischen Indios stürzte einen Staatspräsidenten[30], legte einen ganzen Staat fast lahm und zwang die nordamerikanischen Erdöltrusts und ihre Bohrtrupps zum Weichen, die den tropischen Regenwald im ecuadorianischen Stromgebiet des Amazonas zu zerstören drohten. Wie erklären sich die Erfolge dieser disparaten Indiogemeinschaften[31], die weder über politisches Gewicht noch über ein organisiertes Militär, weder über finanzielle Mittel noch über Zugang zu den Medien verfügen? Die CONAIE vereint Indiogemeinschaften, die alle auf einer soliden Identität beruhen. Ihre Krieger verfügen über eine tausendjährige

Erfahrung mit dem Kampf im Urwald. Sie kennen alle Gifte, die Fallstricke der Natur und den Gebrauch, den man von Skorpionen und giftigen Schlangen machen kann; den Wachgesellschaften und Privatmilizen der Erdöltrusts flößen sie einen heillosen Schrecken ein.

In den Schulen der *acampamentos* des brasilianischen MST sieht man an den Wänden Bilder Ché Guevaras, aber auch des strahlenden Zumbi, des ehemaligen Anführers der aufständischen Sklaven des Quilombo von Palmarés im 18. Jahrhundert.[32] In den Adern von Millionen brasilianischer landloser Bauern fließt afrikanisches Blut. Die bäuerliche Erinnerung ehrt den kongolesischen Häuptling gleichberechtigt neben dem argentinischen Revolutionär.

Während am 8. Mai 1945 der Waffenstillstand in Frankreich ausgelassen gefeiert wurde, richtete die französische Armee in Sétif im Osten Algeriens ein wahres Blutbad an. Der Befehl von General Duval war eindeutig: »Es ist jetzt 12.25 Uhr. Bis morgen um 12.25 Uhr sind alle männlichen Eingeborenen über 15 Jahre zu töten, die euch über den Weg laufen.«[33]

Ergebnis: 45 000 Ermordete, Zehntausende von Verletzten.

Das Verbrechen der Opfer? Mit friedlichen Umzügen verlangten sie die Einhaltung des Versprechens, das Charles de Gaulle ihnen vor dem Ende des Zweiten Weltkriegs gegeben hatte: ein neues Gesetz, das mit dem Status des »Eingeborenen« aufräumte und die Algerier endlich als vollberechtigte Bürger und Menschen anerkannte.

Die Bluttat von Sétif führte zur Erhebung vom 2. November 1954 und zum Befreiungskrieg. Dank des taktischen Geschicks, des kollektiven Gedächtnisses, des unerhörten Mutes, der identitätsstiftenden Kraft der bäuerlichen Kabylen, Chouaia, Zeneten, der arabischen, mozabitischen und berberischen Gemeinschaften setzten die algerischen Aufständischen schließlich die mächtigste Kolonialarmee ihrer Zeit außer Gefecht und öffneten damit den Weg zur Entkolonialisierung des ganzen afrikanischen Kontinents.

Régis Debray hat diesen Widerspruch untersucht: »Je mehr sich die Wirtschaft universalisiert, desto mehr fragmentarisiert sich die

Politik. Wie wenn sich die ehemaligen Felder des Imaginären umso besser rekomponierten, je mehr sie sich in technischer Hinsicht dekomponieren.«[34] Die Resistenzkraft einer Gruppe beruht in ihrer Homogenität, der Vitalität ihres gemeinschaftsstiftenden Imaginären, der Härte ihres ursprünglichen Kerns.

Man kann nicht eine Welt dekonstruieren, wenn man selbst nicht im Besitz eines zuverlässigen Kollektivgedächtnisses, eines sicheren Imaginären, einer festen Identität ist. Und diese Erinnerung, dieses Imaginäre, dieses Ichbewusstsein, diese Autonomie können – ich wiederhole es – nur lokal sein.

4. Die Waffen des Kampfes

Noam Chomsky, der historische Systematisierungen liebt, benennt die drei Formen, welche die totalitäre Macht im 20. und 21. Jahrhundert nacheinander angenommen hat: Bolschewismus, Nationalsozialismus und TINA.

TINA ist die englische Abkürzung für *There is no alternative* (es gibt keine Alternative). Die Weltherrschaft der Beutejäger gründet auf der Macht dieses TINA. Für Noam Chomsky besteht die Hauptbotschaft des TINA in Folgendem: »Es gibt keine Alternative zu dem System, das die auf den Staat gestützten Unternehmen als Merkantilismus verkaufen und mit allerlei Mantras als ›Globalisierung‹ und ›Freihandel‹ durchdeklinieren.«[35]

Am entgegengesetzten Ende gibt es den moralischen Imperativ, der in jedem von uns schlummert. Der Mensch ist das einzige Subjekt der Geschichte. Seiner eigenen Geschichte ebenso wie der Weltgeschichte.

»Unsterbliche Giganten« nennt Chomsky die transkontinentalen Finanz-, Industrie-, Dienstleistungs- und Handelsgesellschaften, die heute den Planeten beherrschen. Er stellt ihnen die sterblichen »Menschen aus Fleisch und Blut« gegenüber.[36]

Im Unterschied zu den Agenten der anderen Unterdrückungssysteme, die ihnen in der Geschichte vorausgingen, führen die »unsterblichen Giganten« keinen Kampf der Ideen. Sie stellen sich weder Intellektuellen in öffentlichen Debatten noch Abgeordneten im Parlament, noch wütenden Leitartiklern und Redakteuren in den Spalten der Zeitungen. Stattdessen: Schweigen. Absolute Diskretion. Verweigerung der Antwort. Wirken im Verborgenen. Die »unsterbliche Giganten« widmen sich nur einer einzigen Tätigkeit: der Suche nach dem größtmöglichen Profit in der kürzestmöglichen Zeit. Sie versuchen gar nicht erst, zu überzeugen.

Warum sollten sie auch? Sie beherrschen die Märkte und den Medienapparat, was für die Beeinflussung der öffentlichen Meinung unerlässlich ist. Warum sollen sie sich damit abquälen, die Halsstarrigen überzeugen zu wollen? Warum sollen sie ihr Handeln erklären, das sich von selbst versteht und aus der Natur der Dinge ergibt? In ihren Augen ist das eiserne Schweigen, womit sie sich umgeben, völlig natürlich.

Für die Kombattanten der Hoffnung stellt dieses Schweigen ohne Zweifel ein Problem dar. Wie kann man es aufbrechen?

Dazu kommt ein zweites Problem. Die Weltherrschaft des globalisierten Kapitals ist so gut wie unsichtbar. Die berühmten »Unsterblichen« sind, rechtlich gesehen, Aktiengesellschaften (»anonyme Gesellschaften«, wie es im Französischen so treffend heißt). Zu einer Straftat gehört aber ein realer Straftäter. Nur Menschen aus Fleisch und Blut kann man anklagen. Das Strafgesetzbuch ebenso wie das moralische Gewissen kennen nur die individuelle Verantwortlichkeit für eine Straftat. Die Mörder mögen sich zu Banden, zu Parteien, zu Organisationen aller Art zusammenschließen, sie mögen SS-Horden, serbische Sonderpolizei, Terrorkommandos oder ruandische Interahamwe bilden, es ändert nichts daran, dass jeder von ihnen ein Gesicht hat.

Aber die »unsterblichen Giganten«? Vor keinem internationalen Strafgerichtshof in Den Haag oder Nürnberg könnten sie als Angeklagte erscheinen.

Gilles Perrault fasst das Problem so zusammen: »Die Straftat verlangt im Übrigen einen (oder mehrere) Straftäter. Was den Kommunismus angeht, so sind die anthropometrischen Kriterien leicht zu ermitteln: zwei Schläfenlocken, Spitzbart, Brille, Schnurrbart, Jangtsekiangdurchschwimmer, Zigarrenraucher usw. Solche Gesichter kann man verabscheuen. Sie verkörpern etwas. Wo es um den Kapitalismus geht, gibt es nur Indices: Dow Jones, Dax, CAC 40, Nikkei usw. Versuchen Sie mal, einen Index zu hassen! Das Reich des Bösen hat immer seine geografische Ausdehnung, seine Hauptstädte. Man kann es orten. Der globalisierte Kapitalismus ist überall und nirgends. An wen wären die Vorladungen vor ein potenzielles Nürnberger Tribunal zu richten?«[37]

Um die Unsichtbarkeit und das Schweigen des Gegners zu durchbrechen – und wenn möglich das Kräfteverhältnis umzukehren –, entwickeln die Fronten des Widerstands eine Fülle neuartiger Methoden.

Eine erste Methode, die sich als sehr wirkungsvoll erwiesen hat, ist die folgende: Sobald die Herrscher der Welt oder ihre Söldlinge die Abhaltung eines ihrer Weltgipfel ankündigen (G8-Treffen, Welthandelskonferenz, Jahresversammlung des IWF usw.), veranstalten die Kombattanten der Hoffnung an demselben Ort und zu derselben Zeit ein Gegenforum. Sie nutzen die Anwesenheit von Fernsehsendern und Journalisten aus aller Welt, um ihre Forderungen, ihre Kritik, ihre Vorschläge publik zu machen. Das Gegenforum konzentriert sich im Allgemeinen auf die Themen des jeweiligen Gipfeltreffens der Herrscher. Diese debattieren hinter verschlossenen Türen, in Bunkern versteckt und von Stacheldrahtzäunen, Betonmauern und ganzen Regimentern bewaffneter Polizei geschützt. Das Gegenforum aber wird immer ein fröhliches, öffentliches Fest sein, bei dem analytische Diskussionen mit Theatervorstellungen, Umzügen und Konzerten abwechseln.

Diese Gegenforen mit ihren Debatten und Demonstrationen, die parallel zu den Gipfeltreffen der neuen Herrscher und ihrer Handlanger veranstaltet werden, bilden eine der Hauptwaffen der neuen Zivilgesellschaft. Sie verleihen dieser ihre Sichtbarkeit. Im Laufe dieser Demonstrationen treten ihre Redner auf und sprechen, erklären, fordern. Die Fernsehkameras, die Rundfunksender sind dabei und verbreiten ihre Botschaft in die ganze Welt.

Bei jeder dieser großen Kundgebungen – in Seattle, Davos, Genua, Genf, Göteborg, Nizza, Barcelona, Sevilla – beherrscht ein wahrer Wald von Plakaten, Bannern, vergrößerten Fotos, Spruchbändern die Umzüge. Jedes von ihnen enthält eine Information, eine Forderung. Sie werden gefilmt, von den Fernseh- und Rundfunksendern transportiert, die Presse auf der ganzen Erde schreibt über sie.

Die großen öffentlichen Demonstrationen verändern das Kräfteverhältnis zwischen den Pharaonen und ihren Gegnern.

Außerdem trägt jede Massenkundgebung dazu bei, ein spontanes kollektives Über-Ich zu schaffen.

Das Gegenforum verwirklicht schließlich etwas, das zu erreichen vielen alternativen Bewegungen, NGOs und Verbänden Mühe bereitet: die Gemeinschaft der Generationen.

Die Männer und Frauen der neuen planetarischen Zivilgesellschaft rekrutieren sich aus den unterschiedlichsten Verweigerungsfronten. Tausende von Kilometern trennen die Orte ihres Kampfes voneinander. Ihre kollektive Erinnerung, ihr kulturelles Erbe sind verschieden. Sie sprechen unterschiedliche Sprachen, träumen von lokalen Triumphen und treten den vielgesichtigen Söldlingen derselben Herren entgegen.

Das Internet mobilisiert sie. Das Gegenforum vereint sie für einige Tage in Freiheit. Im Zuge eines Vergleichs der polizeilichen Absperrungen, Stacheldrahtzäune und elektronischen Kontrollen um das New Yorker Hotel »Waldorf-Astoria«, wo im Januar 2002 das Weltwirtschaftsforum tagte, mit der uneingeschränkten Bewegungsfreiheit, die gleichzeitig in Porto Alegre herrschte, schreibt die Zeitschrift *Neue Wege*: »In Porto Alegre genügte ein Lächeln für den Zugang zum Weltsozialforum.«[38]

Natürlich steckt hinter jedem Gegenforum eine minutiöse taktische und strategische Arbeit, eine mehrmonatige, manchmal mehrjährige Planung. Denn es gilt um jeden Preis, Unterwanderung, Übergriffe, Provokationen zu vermeiden.

Eine Organisation namens *Action mondiale des peuples*, geleitet unter anderem von einem außergewöhnlich begabten Organisator, dem Genfer Olivier de Marcellus, bringt Demonstranten aus aller Welt bei, wie sie friedlich ihre Forderungen ausdrücken, sich gegen Provokationen wappnen und die Kundgebung so sichtbar und hörbar wie möglich gestalten können. Wieder andere Gruppen dienen den Demonstranten als Vorhut, als technische Berater, manchmal auch als Ordner. Beispiel: die *Tute Bianche* (Weißkittel), die vor allem in den Zentren der sozialen Aktion in Norditalien auftreten.

»Unsere Waffe ist unser Körper«, sagen die Weißkittel. Die Bewegung praktiziert den gewaltlosen zivilen Ungehorsam. Ihre ersten Aktionen waren im Januar 2000 die Erstürmung und Besetzung eines Mailänder Gefängnisses für Asylbewerber in Schubhaft. Die weißen »Kittel«, die diese Aktivisten anhaben, sind eigentlich weiße Overalls aus einem feuerfesten Spezialgewebe, das auch gegen Gummigeschosse und Tränengas schützt. Vervollständigt wird die Ausrüstung durch einen Bauarbeiterhelm, Handschuhe, Knie- und Schulterpolster (wie bei Eishockeyspielern) und eine Gasmaske.

Wortführer der Weißkittel ist ein 35-jähriger Ingenieur aus Padua namens Luca Casarini. Mit lebhafter taktischer Intelligenz begabt, nutzt er meisterhaft die Möglichkeiten der modernen Kommunikationstechnologien. Die Internetseite der *Tute Bianche* kommuniziert in acht verschiedenen Sprachen.

Vom 29. November bis zum 4. Dezember 1999 wurde in Seattle, an der Pazifikküste der USA, die Ministerkonferenz der WTO abgehalten. Offizielle Bezeichnung: Welthandelskonferenz. 135 Regierungsdelegationen nahmen an ihr teil. Diese Konferenz wurde durch die Mobilisierung von Gewerkschaften und zahlreichen Volksbewegungen und NGOs ganz verschiedener Herkunft gestört. Zur »Millenniumsrunde« ausgerufen, hätte sie zur Eröffnung eines Verhandlungszyklus mit dem Ziel einer vollständigen Liberalisierung der Märkte führen sollen. Stattdessen wurde sie ein totales Fiasko. Die Delegationen gingen auseinander, ohne irgendwelche Beschlüsse gefasst zu haben. Zu diesem Fiasko hat die Zivilgesellschaft ganz wesentlich beigetragen.

Seit Seattle und bis auf den heutigen Tag schmollt man in der

Genfer Rue de Lausanne 154. Nach Seattle hat es die WTO nicht mehr gewagt, ihre Konferenzen in einem demokratischen Land abzuhalten. Die bisher letzte (im November 2001) fand in Doha im Emirat Katar statt...

Seit dem ersten Weltsozialforum, abgehalten vom 25. bis zum 31. Januar 2001 im brasilianischen Porto Alegre, hat die neue planetarische Zivilgesellschaft an Struktur und Organisation gewonnen. Jedes Mal, wenn sich die neuen Herrscher oder ihre Söldlinge irgendwo auf der Welt versammeln, sind die Frauen und Männer des Widerstands zur Stelle. Inzwischen befinden sie sich sozusagen im Zustand der permanenten Mobilisierung. Sie rekrutieren sich aus Gewerkschaften, Volksbewegungen, Kirchen, internationalen NGOs, seltener einmal aus Parteien.

Wie gesagt: In Davos, Washington, Montreal, Prag, Nizza, Genua, überall, wo sich die neuen Herrscher der Welt zusammentun – zu einer Konferenz des Weltwirtschaftsforums, der G8, der WTO, des Ministerrats der EU, des Rats der Weltbank oder des IWF –, erhebt sich ein wahrer Wald von kritischen Plakaten. Die wogenden Fluten der Demonstranten umkreisen den Versammlungsort.

Diese Methode der Gegendemonstration ist geeignet, die Helfershelfer der Herrscher auf die Palme zu bringen. Hören wir, was Mike Moore zu sagen hat: »Diese Leute behandeln die WTO als undurchsichtige Organisation und verstecken sich selber hinter Kapuzen! Ich werfe den Aktivisten aus den Industrieländern vor allem ihre heuchlerische und imperialistische Gesinnung vor. Sie behaupten, sie verstünden die Bestrebungen und Bedürfnisse der Länder des Südens. Das kotzt mich wirklich an.«[39]

Und noch einmal Moore: »Ich bin dagegen, dass einige sich das Recht anmaßen, zu erklären: ›Wir kommen, um die Minister am Reden zu hindern, oder sogar, um ihr Treffen zu verhindern.‹ Vor allem, wenn es sich um Minister aus demokratischen Ländern handelt. Das ist unzulässig. Welche Legitimität haben denn diese Gruppen? Wir dürfen ihnen nichts durchgehen lassen.«[40]

Welchem Kontinent, welchem Volk, welcher Organisation sie auch angehören mögen, die Kombattanten der Hoffnung sind im

Allgemeinen friedliche Leute. Es ist gegen ihren Willen, wenn sich mitunter (von der Polizei manipuliert oder nicht) Grüppchen von Randalierern unter ihre Umzüge mischen. Dafür nimmt die repressive Gewalt der Militär- oder Polizeitruppen des den Gipfel beherbergenden Staats immer mehr zu.

Nehmen wir als Beispiel den G8-Gipfel in Genua im Sommer 2001! Dieses Treffen fand vom Freitag, dem 20., bis zum Sonntag, dem 22. Juli, statt. Im alten Palazzo Ducale, ganz in der Nähe des Hafens, waren die Herrschenden der acht reichsten Staaten der Welt aufgerufen, die Zukunft der Völker zu diskutieren. 200 000 Männer, Frauen und Jugendliche aus der ganzen Welt, Vertreter von über 800 Volksbewegungen, Gewerkschaften, Kirchen und NGOs hatten auf den Straßen öffentliche Diskussionen, Straßentheater, Konzerte und Gemäldeausstellungen unter freiem Himmel organisiert. Alle diese Aktivitäten liefen unter dem Motto »Genoa Social Forum«, eine Veranstaltung, die von der Regierung genehmigt worden war.

Am Samstagnachmittag (21. Juli) sollte eine große Kundgebung durch die äußeren Hauptstraßen Genuas führen. Die Sonne brannte an diesem Tag. Um 17.30 Uhr streckte ein Carabiniero auf der kleinen Piazza Gaetano-Alimonda den 20-jährigen Literaturstudenten Carlo Giuliani von der Universität Genua durch einen Kopfschuss nieder. Giuliani starb noch an demselben Abend.

In der Nacht wurde auf Anordnung von Berlusconis Innenminister Carlo Scajola die Diaz-Schule, Zentrale des »Genoa Social Forum« und Unterkunft vieler Demonstrantinnen und Demonstranten, durch Einsatzkräfte der Sonderpolizei gestürmt. Die Räumlichkeiten wurden verwüstet, zahlreiche Demonstranten festgenommen. Die meisten von ihnen wurden schwer misshandelt und beleidigt, viele in die Carabinieri-Kaserne Bolzaneto gebracht. Dort wurden die Häftlinge von Carabinieri zu Boden gestoßen und mit Fußtritten malträtiert. Andere mussten kniend das folgende Lied singen, bei Strafe erneuter Prügel:

> Uno, due, tre
> Viva Pinochet!
> Quattro, cinque, sei
> A morte gli Ebrei!
> Sette, otto, nove
> Il Negretto non commuove![41]

Unter den Häftlingen gab es viele Franzosen, hauptsächlich junge Mädchen und junge Leute, die Organisationen wie Attac, Greenpeace, Terre des Hommes, Action Contre la Faim oder Amnesty International angehörten. Ein junger Mann wurde in einer Zelle in Bolzaneto verprügelt und auf eine Weise mit Handschellen gefesselt, dass der Blutkreislauf stockte. Er hat die Worte seines Peinigers überliefert: »Du bist ein französisches Stück Scheiße! Du hast Genua besudelt. Ich will, dass du leidest!«[42]

Andere junge Leute von der gewaltfreien Organisation *Pinks* haben ebenfalls ihre Aussagen zu Protokoll gegeben. Mehrere junge Mädchen dieser Gruppe, Studentinnen von der Universität Paris-Jussieu, wurden zunächst auf der Straße niedergeknüppelt und dann, verletzt, mit Rettungswagen ins Krankenhaus Galiera gefahren. Hier wurden sie von Polizisten verhört. Eines der Mädchen bat um Medikamente, da sie starke Schmerzen hatte, worauf der Arzt, zur Krankenschwester gewandt, sagte: »Die da [das junge Mädchen] wird nicht versorgt, bevor sie nicht doppelt sieht, sich erbricht und auf allen vieren kriecht!«[43]

Ein Junge aus derselben Gruppe berichtet: »Sie haben meine Identität festgestellt und meine persönlichen Sachen konfisziert. Dann brachten sie mich in ein Gebäude mit vier Zellen, wo schon junge Leute an den Wänden aufgereiht standen. In der letzten Zelle waren etwa fünfzehn Personen. Sie lehnten, die Füße zurückgesetzt, mit Stirn und erhobenen Händen vornüber an der Wand und durften sich nicht rühren. Ich selbst musste vier bis fünf Stunden in dieser Stellung ausharren. Wir gewöhnten uns daran, dass wir regelmäßig auf die alten Verletzungen geschlagen wurden, die schon im Krankenhaus festgestellt worden waren, sodass keine neuen Spuren entstanden. Sie stießen uns den Kopf gegen die Wand, ich sah mein Blut heruntertropfen, ich verlangte einen Anwalt, aber ich bekam nur noch mehr Prügel.«[44]

Den italienischen Demonstranten erging es nicht besser. Dario Rossi, ein von mehreren Klägerfamilien bestellter Rechtsanwalt, sagt über Bolzaneto: »Es war die Hölle... Manche von ihnen [den Häftlingen] mussten über acht Stunden mit der Stirn an der Wand stehen und wurden beleidigt... Auch liegen mir mehrere Zeugenaussagen über die Androhung von Folter und Vergewaltigung vor.«[45]

Im Schutz der Anonymität gestand ein angeekelter Polizist, der an den Misshandlungen mitgewirkt hatte: »Ich rieche noch immer die Exkremente der festgenommenen Personen, denen man nicht erlaubt hatte, zur Toilette zu gehen.«[46]

Eine weitere Kampfmethode, zu der die Kombattanten der Hoffnung gerne greifen, ist die Veranstaltung großer Märsche. Es kann sich dabei um die Durchquerung einer Stadt, eines ganzen Landes oder sogar mehrerer Länder handeln.

Der Volksmarsch steht in einer guten, langen Tradition. João-Pedro Stedile vom brasilianischen MST erinnert daran: »*O povo em movimento e uma expressão colectiva de força... desde Moïsés* (Der Marsch des Volkes ist ein kollektiver Ausdruck von Kraft... seit Moses).«[47]

Mehr in unserer Nähe fand 1963 der Marsch der amerikanischen Antirassisten statt, der *March on Washington for Jobs and Freedom*. Dieser Marsch fungiert noch immer als Bezugspunkt für heutige Märsche. Werfen wir einen Blick auf seine Geschichte!

Am 19. Juni 1963 brachte Präsident John F. Kennedy im Kongress den Antrag ein, bei der Stellenbesetzung im öffentlichen Dienst auf nationaler, einzelstaatlicher und kommunaler Ebene jede Form von Rassendiskriminierung zu untersagen. Im Kongress und in Teilen der öffentlichen Meinung gab es gegen Kennedys Antrag lebhaften Widerstand. Aus diesem Grund veranstalteten die sechs wichtigsten antirassistischen Organisationen des Landes am

28. August einen öffentlichen Marsch zur Unterstützung von Kennedys Gesetzesentwurf. Er trug dazu bei, der Geschichte der USA eine Wende zu geben.

Über 500 000 Menschen aus allen Gesellschaftsschichten, jeden Alters und unterschiedlichster Herkunft zogen vom Washington Memorial zum Lincoln Memorial. Bei der feierlichen Schlusskundgebung ergriff Martin Luther King das Wort: »*I have a dream...*«

Seine Rede ging um die Welt.[48]

Im November 1963 wurde Kennedy ermordet. Am 2. Juli 1964 nahmen Repräsentantenhaus und Senat den *Civil Rights Act* an.

Und Martin Luther King? Er wurde 1968 auf dem Balkon eines Motels in Memphis (Tennessee) von einem Scharfschützen erschossen. Die meisten Kenner des Falls vermuten, dass es sich um einen verspäteten Racheakt handelte.

Auch einige Märsche aus neuester Zeit hatten beachtliche politische und soziale Folgen. Betrachten wir einige Beispiele!

1995 hatte der Frauenbund von Quebec die Idee eines Weltmarsches der Frauen. Mehrere regionale Märsche gingen ihm voran. Schließlich, im März 2000, setzte sich der Weltmarsch der Frauen gegen Gewalt und Armut in Bewegung. Am 17. Oktober, dem internationalen Tag des Kampfs gegen die Armut, zog er vor die UNO- Zentrale in New York. Gleichzeitig verliehen Zehntausende weiterer Frauen auf der ganzen Welt ihren Forderungen durch zahlreiche Solidaritätsmärsche Ausdruck.

Zu erwähnen sind ferner die großen Märsche gegen Arbeitslosigkeit und Aussperrung, die in der zweiten Hälfte der Neunzigerjahre von Arbeitslosenverbänden und Gewerkschaften veranstaltet wurden. Beim ersten Marsch zogen 1997 Zehntausende von Marschierern von Tanger, Bosnien, Lappland und Irland aus nach Amsterdam, wo damals die EU-Minister tagten. Der zweite, genauso beeindruckende Marsch traf im Juni 1999 in Köln ein, als dort gerade der G8-Gipfel stattfand.

Auch die brasilianische Bewegung der Landarbeiter ohne Land (MST) bedient sich des Marsches als bevorzugter Waffe, um ihre

Aktivisten auszubilden, die öffentliche Meinung aufzuklären und ihre Gegner zu bekämpfen. Die erste landesweite Initiative des MST geht auf das Jahr 1997 zurück. Am 17. April jenes Jahres versammelten sich über 200 000 Menschen, die zwei Monate zuvor in verschiedenen Orten dieses riesigen Landes aufgebrochen waren, auf der großen Esplanade von Brasília. Ihre Forderungen: »*Marcha nacional – por reforma agrária, emprego e justiça*« (Nationaler Marsch für Agrarreform, Arbeit und Gerechtigkeit).

Einige frühere Volksmärsche des MST waren tragisch verlaufen, so in Eldorado dos Carajas. Im September 1995 errichteten über 2000 landlose Familien, die zum Teil schon jahrelang auf den Straßen des Nordens umhergeirrt waren und sich mit Gelegenheitsarbeit auf einer der riesigen *fazendas* der Region über Wasser gehalten hatten, ein *acampamento* an der Nationalstraße PA 225, auf dem Gebiet der Gemeinde Curionopolis im Bundesstaat Pará. Bald erstreckte sich beiderseits der Straße ein Lager aus schwarzen Plastikplanen, dürftigen Hütten, Klärgruben und kleinen Gemüsegärten. Diese bitterarmen Migranten hatten die Fazenda Macaxeira im Visier, einen Großgrundbesitz von 42400 Hektar Fläche mit Wiesen und Wäldern, die im Wesentlichen seit Jahrzehnten brachlagen. Beraten von Rechtsanwälten des MST aus der Amazonasregion, verlangten die Armen – wozu sie von Gesetzes wegen berechtigt waren – die Enteignung der nicht bebauten Ländereien und die Übertragung von Eigentumstiteln an landlose Familien.

Die Verhandlungen mit der INCRA (Nationales Institut für Besiedelung und Agrarreform, die zuständige Instanz der Zentralregierung) zogen sich in die Länge. Im Februar 1996 waren diese Männer und Frauen mit ihrer Geduld, aber auch mit ihren Lebensmitteln, ihren Trinkwasser- und Brennholzvorräten am Ende. So entschlossen sie sich, das Lager aufzugeben und in die Fazenda Macaxeira einzudringen.

Der brasilianische Bundesstaat Pará, mit seinen 1,25 Millionen Quadratkilometern etwa dreieinhalb mal so groß wie Deutschland, nimmt den nördlichen Teil des Stromgebiets des Amazonas ein. Zu zwei Dritteln ist er mit dichtem Regenwald bedeckt. Seine Reichtümer sind Edelhölzer, ausgedehnte Viehzucht, Kakao, Kautschuk und Gold.

Die Sklaverei in Brasilien wurde 1888 abgeschafft. Trotzdem wird sie im Bundesstaat Pará (aber auch in Maranhão, Piauí usw.) weiterhin praktiziert. Werber lauern den ausgemergelten Migrantenfamilien auf den Straßen, in den Garküchen der Dörfer, in den kleinen Häfen am Amazonas und seinen Zuflüssen auf. Die Familienväter, zu 90 Prozent Analphabeten, sind bereit, alles zu unterschreiben. Vor allem, wenn sie auf der Stelle eine kleine »Lohnvorauszahlung« bekommen...

Sind sie einmal in den Hütten innerhalb der Einfriedung der Grundstücke untergebracht, verhindern bewaffnete Wachposten, dass sie flüchten. Wer es wagt, seinen Lohn zu verlangen, läuft Gefahr, gefoltert zu werden oder zu »verschwinden«. Argument des Grundbesitzers: Bevor der *caboclo* und seine Familie die Freiheit zurückerlangen, müssen sie alles zurückzahlen, was sie ihm, dem alles gehört (Wasser, Gas, Werkzeuge, Lebensmittellager, Apotheke usw.), für ihr Überleben schulden. Was offenkundig unmöglich ist.[49]

Im Gouverneurpalais in Belém, der Hauptstadt von Pará, löste die Besetzung der Farm Macaxeira Panik aus. Dank der Aktivisten des MST wurde die Besetzung von großer Publizität im ganzen Bundesstaat begleitet. Andere Arme schickten sich an, dem Beispiel der hungernden Familien von Macaxeira zu folgen.

Gouverneur Almir Gabriel rief seinen Führungsstab und die wichtigsten Großgrundbesitzer des Bundesstaates zusammen. Von »Kommunikationsexperten« aus São Paulo geschickt beraten, ging der Gouverneur in die mediale Offensive. Über den Rundfunk versprach er den Besetzern, ihr Lager in ein *assentamento*, kurz gesagt eine Genossenschaft, umzuwandeln und ihnen das Besitzrecht an dem besetzten Boden zu übertragen. Gleichzeitig versprachen die Behörden von Pará den Familien der Besetzer die Entsendung von Lastwagen mit Lebensmitteln. Offensichtlich lügnerische Versprechungen!

Wochen vergingen. Im Lager der Besetzer forderte der Hunger

die ersten Opfer. Kinder starben. Nun entschlossen sich die Landlosen zu einem langen Marsch. Sie planten, mit ihren Frauen und den überlebenden Kindern in das 800 Kilometer entfernte Belém zu ziehen, um den Gouverneur an sein Versprechen zu erinnern. Auf staubigen, von der Sonne versengten Straßen begannen sie ihren Marsch. Beladen mit ihren Habseligkeiten, versehen mit ihrem Rest Brot und einigen Flaschen Süßwasser.

Am Abend des 16. April legten sie sich am Rand einer kleinen Amazonassiedlung mit dem schönen, aber trügerischen Namen *Eldorado de Carajas* schlafen. Am nächsten Morgen in aller Frühe machten sie sich wieder auf den Weg. Aber diesmal wurde ihnen der Weg abgeschnitten.

In einem Hinterhalt lauerten 155 Militärpolizisten, bewaffnet mit Sturmgewehren, Dolchen und Maschinenpistolen.[50] Es war elf Uhr morgens. Praktisch sofort eröffneten die von den Behörden ausgesandten Killer das Feuer. Sie erschossen 19 Arbeiter und verletzten 69 Personen schwer, überwiegend Kinder und Frauen. 13 Personen wurden nach ihrer Festnahme durch einen Kopfschuss getötet. Sieben Personen verschwanden. Die Überlebenden versteckten sich auf der Flucht vor dem Kugelhagel in den umliegenden Plantagen.

Märsche bleiben, trotz ihres manchmal tragischen Ausgangs, für die Kombattanten der Hoffnung in aller Welt und an allen Widerstandsfronten eine bevorzugte Kampfmethode. Vor allem, wenn sie mehrere Tage dauern. Der Marsch schweißt die Marschierer zusammen, fördert den Informationsfluss, erlaubt den Austausch der von jedem gesammelten Erfahrungen. Freundschaften, Solidaritäten werden geknüpft.

Aus dem großen Arsenal an neuen (oder wiederentdeckten) Methoden, zu welchen die Kombattanten der Hoffnung greifen, um das Schweigen der neuen Herrscher zu brechen und ihr Treiben aufzudecken, wollen wir noch eine dritte erwähnen: die Wiederaneignung des öffentlichen Raums, wie sie von einigen angelsächsischen Bewegungen betrieben wird.

In England veranstaltet *Reclaim the Streets*, eine Bewegung von unglaublicher Vitalität und Erfindungskraft, in regelmäßigen Abständen spektakuläre Aktionen, die für einige Dutzend Stunden das Kräfteverhältnis zwischen Behörden und Verkehrsteilnehmern auf den Kopf stellen.

In der Nacht vor der Aktion versammeln sich Spezialistentrupps von Bauarbeitern, die zu *Reclaim the Streets* gehören, mit ihren Vorschlaghämmern, metallenen Absperrgittern, Vorhängeschlössern und anderen Werkzeugen an einem bestimmten Ort. Sie machen beispielsweise eine große Verkehrsader oder Ausfallstraße auf einer Strecke von ein oder zwei Kilometern unbefahrbar, indem sie an deren oberem und unterem Ende eine Querrinne aufgraben. Bei Tagesanbruch nehmen die Anwohner diesen befreiten Straßenabschnitt in Besitz und errichten Theatergerüste, Musikpavillons, Schlafzelte, Garküchen, Spielplätze und Debattierbühnen. Autos sind natürlich nicht erlaubt. Nur Fahrräder, Schubkarren und Kinderwagen. Alle Reklametafeln werden abmontiert.

Mitten im brausenden London öffnet sich plötzlich eine Oase der Stille und der sauberen Luft, und ein schwelgerisches ländliches Fest wird gefeiert. Die Polizei gibt sich im Allgemeinen große Mühe, die Straße »zurückzuerobern«. Aber ihre Verhandlungen mit *Reclaim the Streets* können Tage dauern.

Die Organisation ist von einer Überzeugung beseelt: Der öffentliche Raum – die Straßen, die Plätze, die Grünanlagen einer Stadt – gehört der Bevölkerung. Aber die Beutejäger des Finanzkapitals missbrauchen die Öffentlichkeit ständig für ihre eigenen Zwecke: für aggressive Reklametafeln, für Lärm, Gestank und Luftverschmutzung durch den Auto-, Motorrad- und Taxiverkehr. Es geht also darum, dem Gegner die öffentlichen Räume wieder zu entwinden, die er dem Volk gestohlen hat.

Eines dieser von *Reclaim the Streets* veranstalteten und minutiös vorbereiteten Straßenfeste mitzufeiern, ist für jeden Londonbesucher ein unvergessliches Erlebnis.

5. Boden und Freiheit

Was Attac für das kollektive Bewusstsein Europas bedeutet, das ist das *Movimento dos Trabalhadores Rurais Sem Terra* (MST) in Brasilien für die Länder der Dritten Welt: ein gewaltiges Ideenlaboratorium, ein Mobilisierungsfaktor, eine Gegenmacht.

Brasilien ist mit Abstand das politisch und wirtschaftlich bedeutendste Land des lateinamerikanischen Kontinents. Es ist das Lieblingskind, der Musterschüler der Institutionen von Bretton Woods. Das Land lebt unter einem halbpräsidialen Regime. Von 1995 bis 2002 wurde es, wie erinnerlich, von Fernando Henrique Cardoso regiert, einem Anhänger des neoliberalen Dogmas, der die Gebote des Konsens von Washington auf Punkt und Komma erfüllte.

Brasilien ist eine der gewaltigsten Agrarmächte des Planeten. Der Umfang seiner fruchtbaren Böden ist beeindruckend. Doch 90 Millionen Hektar Land gelten heute als »Kolonisationsböden«. Niemand bearbeitet sie. Sie sind nicht einmal ins Grundbuch eingetragen. Und die Reserven an fruchtbaren, aber ungenutzten Böden innerhalb der existierenden Fazendas sind ebenfalls beachtlich: 16,1 Millionen Hektar.

Heute produziert Brasilien über 100 Millionen Tonnen Getreide jährlich. Würde das Land alle seine urbaren Böden nutzen, so könnte es diesen Ertrag verdreifachen, zumal 43 Prozent der Bevölkerung auf dem Lande leben. Nach den Kriterien der OECD können nur 411 der 5507 brasilianischen Kommunen (7,5 Prozent) als Städte gelten.[52]

Das von Cardoso gewählte Modell der Agrarentwicklung ist das der USA: gigantische Latifundien in begrenzter Zahl, die dank extremer Rationalisierung der Produktion und intensiver Kapitalinvestitionen hauptsächlich für den Export produzieren.[53] Die Agrarproduktion für den Inlandsmarkt wird vernachlässigt, weil sie als unrentabel gilt. Lieber kauft die Regierung billige Lebensmittel auf dem Weltmarkt. 2001 beliefen sich diese Importe auf neun Milliarden Dollar.[54]

Die Söldlinge des IWF argumentieren mit unerbittlicher Logik:

Ein verschuldetes Land hat in erster Linie die ausländischen Gläubigerbanken zu bedienen. Wie kann es ihnen die Zinsen überweisen und die Hauptschuld tilgen? Indem es Devisen auf dem Weltmarkt erwirbt. Und wie kommt es an Devisen? Indem es exportiert.

Das MST ist ein radikaler Gegner dieser Politik. Der forcierten Produktivität, der Dollarisierung der Wirtschaft, der Aneignung der Böden durch multinationale, insbesondere nordamerikanische Gesellschaften setzt er eine Politik entgegen, die in erster Linie das Überleben von 23 Millionen bäuerlicher Familien sichern will.

Seit Mitte 2002 bereitet das MST ein landesweites Volksbegehren gegen den Beitritt Brasiliens zur FTAA vor. FTAA ist die Abkürzung für *Free Trade Area of the Americas* (Amerikanische Freihandelszone).[55] Es handelt sich dabei um den Plan transnationaler nordamerikanischer Gesellschaften und der Regierung in Washington, die nordamerikanische Freihandelszone NAFTA (das *North American Free Trade Agreement* zwischen den USA, Kanada und Mexiko), auf den ganzen südamerikanischen Kontinent auszuweiten. Für das MST würde die Eingliederung Brasiliens in die FTAA darauf hinauslaufen, sich mit dem Verlust jeder nationalen Souveränität und Unabhängigkeit abzufinden.

João-Pedro Stedile, eines der 21 Nationalkomiteemitglieder des MST, erklärt: »*O nosso problema não é capitalismo, o nosso debate é queremos garantir comida, trabalho e bem-estar para todo mundo* (unser Problem ist nicht der Kapitalismus, unser Ziel ist es, Ernährung, Arbeit und Wohlergehen für alle zu sichern).«[56] Durch die Radikalität und Kraft seiner Analysen, sein Mobilisierungspotenzial, die effiziente Strategie und Taktik seines Kampfes ist der MST zum Vorbild für viele andere Volksbewegungen in der ganzen Welt geworden.

In Brasilien besitzen 2 Prozent der Grundeigentümer 43 Prozent aller urbaren Böden.[57] Schon der verstorbene Herbert de Souza, genannt Bethino, verurteilte die *capitanias eternais* (ewige Kapitanate).[58] Was ist darunter zu verstehen?

Brasilien wurde Anfang des 16. Jahrhunderts von portugiesischen Invasoren »entdeckt«, soll heißen: unterworfen, besetzt und ausgeplündert. Die den indigenen Bevölkerungen gestohlenen Ländereien vergab der König von Portugal nach einer simplen Methode: Er teilte die brasilianische Atlantikküste in Parzellen auf. Alle seine Generäle, Admirale, Bischöfe und Kurtisanen erhielten ein Stück Küste. Der neue Grundeigentümer suchte nun seinen Besitz gegen das Landesinnere hin zu vergrößern. Aller Boden, den er beim geradlinigen Vordringen ins Herz des unbekannten Kontinents betrat, gehörte ihm. Diese neuen, riesigen Grundbesitze nannte man *capitanias* (»Kapitäne« wurden die Kolonisten genannt). 1821 wich das Vizekönigtum dem unabhängigen Kaiserreich Brasilien. 1888 wurde dann die Sklaverei aufgehoben, 1889 die Republik ausgerufen. Aber selbst unter der Republik haben sich die *capitanias* gehalten. Daher die archaischen, mörderischen Grundbesitzverhältnisse im heutigen Brasilien.

Der MST kämpft dafür, Millionen von landlosen bäuerlichen Familien, die über die Straßen irren oder die schmutzstarrenden Favelas der Megalopolen bevölkern, Zugang zu diesem Boden zu verschaffen. Seine Methode: die Besetzung unproduktiver, das heißt von den abwesenden Großgrundbesitzern nicht bebauter Ländereien.

Wie spielen sich diese Besetzungen ab? Die Flaggen Brasiliens und des MST vor sich hertragend, dringen die Familien in eine Latifundie ein. Sie errichten ihre Bambushütten und verkleiden sie mit schwarzen Plastikbahnen. Sie gründen ein *acampamento*, ein wildes, »ungesetzliches« Lager auf einem fremden Grundstück.

Jetzt gibt es zwei Möglichkeiten. Entweder erfreut sich die örtliche Klasse der Großgrundbesitzer – wie etwa im Bundesstaat Pará und in anderen Bundesstaaten der Regionen Norden und Nordosten – privilegierter Beziehungen zu den jeweiligen Gouverneuren und »Präfekten« (Bürgermeistern). Dann geht die Militärpolizei gegen die Besetzer vor und verjagt sie gewaltsam, und die Leute lassen sich an einer der großen Nationalstraßen nieder, da nach brasilianischem Recht ein elf Meter breiter Geländestreifen links und rechts der Nationalstraßen staatliches Hoheitsgebiet ist. Gegenwärtig (2002) befinden sich 20 Prozent der bestehenden *acampamentos* an den Nationalstraßen.

Oder aber die Besetzung findet in einem *municipio* (Kommune) und einem Bundesstaat statt, dessen Präfekt und Gouverneur unabhängig und nicht von den Großgrundbesitzern bestochen sind. Dann lässt die Militärpolizei die Besetzer in Ruhe.

Im Bundesstaat Rio Grande do Sul, wo die Arbeiterpartei (*Partido dos Trabalhadores*, PT) an der Macht ist, sind kommunale Behörden oder der Staat sogar bereit, die Besetzer mit Reis und schwarzen Bohnen *(fejao)* zu versorgen, bei der Anlage der Latrinen zu helfen, durch Tankwagen Trinkwasser zu liefern und den Bau von provisorischen Elementarschulen für Erwachsene und Kinder zu finanzieren.

An einem regnerischen Morgen im August 2001 stehe ich mit João Rodriguez da Silva, einem Genossen vom MST – 39 Jahre, Teilpächter, von seinem Boden in São Matteus im Bundesstaat Espírito Santo verjagt –, vor der ersten Hütte des »*Acampamento* Chico Mendez« im *municipio* Jacareí im Tal des Paraíba im Bundesstaat São Paulo.[59] Das Komitee erwartet mich: entlassene Arbeiter aus der Metallindustrie von São Bernardo, ein Buchhändler, der nach der Übernahme seiner Buchhandlung im Herzen São Paulos durch die FNAC arbeitslos ist, zwei landlose Bauern aus dem Norden des Bundesstaates Pernambuco, zwei Frauen, darunter eine große Schönheit im roten Kleid.

Der Himmel ist schwer. Die Wolken hängen niedrig. Die im vergangenen April besetzte, fast 2000 Hektar große Latifundie gehört Severo Gomez, Sohn eines Senators, Grundstücksspekulant und Besitzer mehrerer Fazendas. Von den Soldaten der Militärpolizei gewaltsam vertrieben, haben sich die 75 Familien (581 Personen) auf den Geländestreifen entlang der Nationalstraße nach Jacareí zurückgezogen. Hier haben sie ihre Hütten wieder aufgebaut, deren Plastikbahnen im Wind knattern, ihre Flaggen aufgepflanzt, unter freiem Himmel ihre kleinen Metallöfen entzündet, um sich den Maniok und Mais aus ihren winzigen Gemüsegärten zu kochen, Latrinen angelegt und zwei Gemeinschaftsfelder bepflanzt.

Die mit der brasilianischen Bischofskonferenz zusammenhängende Pastoralkommission für den Boden (CPT) und die Metallarbeitergewerkschaft liefern Säcke mit Reis, ersetzen die vom Unwetter beschädigten Plastikbahnen und geben einen kleinen Betrag für den Tankwagen, der einem Privatunternehmen gehört und dreimal wöchentlich aus der fünf Kilometer entfernten Stadt das Trinkwasser bringt.

Ich bin zutiefst gerührt von dem Schauspiel: Arbeiter jeden Alters, erwerbslos, praktisch ausnahmslos Söhne von Landarbeitern, die auf dem Feld groß geworden sind, setzen jetzt mit schrundigen Händen und einer unendlichen Liebe die zarten Maniokpflänzchen in den staubigen Boden ein.

Als Gießkanne dient eine rostige Konservendose, gefüllt mit fauligem Wasser aus Pfützen vom letzten Regen.

Ausgemergelte Hunde und ein paar gackernde Hühner laufen zwischen den Hütten umher. Scharen von kleinen Buben und Mädchen verfolgen mit staunend aufgerissenen, fröhlichen schwarzen Augen jeden Schritt des Besuchers.

Ich frage: »Wie lange haltet ihr hier aus?«

Wie aus der Pistole geschossen kommt die gleiche Antwort wie in allen anderen Lagern, die ich kennen gelernt habe: »Bis zum Jüngsten Tag, lieber Freund!«

Fröhliches Gelächter.

Obwohl es im Komitee den für das Werk Darcy Ribeiros[60] begeisterten jungen Buchhändler, Gewerkschafter aus São Bernardo und die schöne junge Frau im roten Kleid gibt, scheint das Lager von Jacareí wenig politisiert zu sein. Allerdings werden regelmäßig Alphabetisierungskurse abgehalten – nach der Methode von Paolo Freire, der so genannten Methode »*do opprimido*« (des Unterdrückten). Texte des MST, Übersetzungen aus *Le Monde diplomatique*, Auszüge aus Büchern von Milton Santos, Celso Furtado, Teotonio Santos, Caío Prado werden gelesen und kommentiert. Verschiedene bunte Spruchbänder flattern im Wind. An der Hütte des Komitees ist mit großen roten Buchstaben aufgemalt: »*Fora FHC e FMI!*« (Nieder mit FHC und IWF!)[61]

Gilson Gonçales, 56 Jahre, hat dreißig Jahre lang als Bauarbeiter auf den großen Baustellen São Paulos gearbeitet. Er stammt aus einem kleinen ländlichen Ort in Minas Gerais. Seit drei Jahren erwerbslos, hat er die Abendkurse des MST in der Favela des östlichen Stadtgebiets besucht. Er hat einen wachen Blick, einen muskulösen Körper. Man spürt gleichsam die brach liegenden psychischen und physischen Kräfte.

Neben ihm steht Jailson Ferreira. Er kommt aus Ilhéus, im Süden des Bundesstaats Bahia, wo seine Eltern Saisonarbeiter auf den großen Kakao-Fazendas waren. Er ist 28 Jahre alt, hat vier Kinder und eine von der Not verhärmte Frau. Nach São Paulo zugewandert, hat er Gonçales auf einer Baustelle kennen gelernt. Zusammen, mit ihren Kindern, Enkelkindern (von denen Gonçales acht hat) und Frauen haben sie im April an der Besetzung der Latifundie teilgenommen.

Der Abend senkt sich über das Lager. Die ersten Feuer werden entzündet. Von dem schmalen Geländestreifen, auf dem sich die plastikbespannten Hütten hinziehen, blicken Ferreira und Gonçales voller Neid auf das weite, vom Paraíba zerschnittene Land, das sich auf der anderen Seite der Straße schier endlos ausdehnt. Wie zwei Don Quixotes, die von einer unerreichbaren Utopie träumen, den Blick in der Abenddämmerung verloren, rufen sie fast gleichzeitig aus: »So ein Stück Land! Was könnten wir da Reis pflanzen!«

Dieser Traum von einem nahrungspendenden Boden, der hilfreich für die Armen wäre – das ist die geheime Kraft des MST.

Die Agrarreform ist gesetzlich verankert. Das INCRA (nationales Institut für Besiedelung und Agrarreform) müsste sie eigentlich umsetzen. Aber es tut nichts oder sehr wenig, da viele Regionaldirektoren des Instituts mit den abwesenden Großgrundbesitzern unter einer Decke stecken.

Gewiss gibt es in den Bundesstaaten und Regionen Brasiliens eine relativ unabhängige Justiz. Und das Gesetz sieht vor, dass unbebautes Land enteignet werden kann. Die Rechtsanwälte des MST plädieren, argumentieren, kämpfen vor den Gerichten. Ein

Kräfteverhältnis stellt sich her, das zugleich juristisch, sozial und politisch ist und – zumindest in den bevölkerten südlichen Bundesstaaten – die öffentliche Meinung zum Zeugen anruft.

Wenn die Anwälte des MST einen Prozess gewinnen, erfolgt die Enteignung der Grundstücke durch Zahlung einer staatlichen Entschädigung, und die Eigentumstitel werden auf eine Genossenschaft übertragen. Aus dem wilden *acampamento* wird so ein *assentamento*, eine legale Genossenschaft.

Sämtliche *assentamentos* des MST sind in einem Verband zusammengeschlossen. Dieser gewährt technischen Beistand, übernimmt den Großeinkauf von Geräten, hilft bei der Vermarktung der Erzeugnisse usw. Sitz des Verbandes ist São Paulo.

Seit Gründung des MST im Jahre 1984 konnten für über 250 000 Familien *assentamentos* geschaffen werden, während gegenwärtig noch 100 000 Familien in *acampamentos* leben. Zu dieser Zahl ist zu bemerken, dass sie sowohl die derzeitigen Besetzer von *acampamentos* als auch jene Menschen umfasst, die ein *acampamento* räumen mussten, weil ihnen kein Eigentumstitel zugesprochen wurde. Wenn die Repression der Polizei oder der *chagunças* (der bezahlten Killer der Großgrundbesitzer) besonders brutal ist, zerstreuen sich die betreffenden Familien, kehren in die Favela zurück oder verlieren sich auf den Landstraßen. Auch diese Opfer sind in der genannten Zahl enthalten.

Nach Schätzungen des MST gibt es heute über vier Millionen Familien, die auf ein Stück Land warten, um in Würde überleben zu können.[62]

Wie bereitet das MST die Besetzungen vor? Seine Aktivisten – Männer, Frauen, Junge, Alte – durchkämmen die Elendsviertel der Megalopolen und verwahrloste Stadtteile. Im Großraum (der »Metropolitan Area«) São Paulo lebt ein Drittel der 16,5 Millionen Einwohner in Favelas. In Recife die Hälfte.

In allen Teilen des Riesenlandes Brasilien hausen in den Favelas vor allem Landarbeiter ohne Beschäftigung, deren Irrfahrten schließlich in einer von Ratten verseuchten Baracke enden, dauerhaft erwerbslose Arbeiter, entlassene Angestellte. Tagtäglich erleben sie die Demütigung der sozialen Ausgrenzung und der fruchtlosen Suche nach einer bezahlten Tätigkeit.

In den Favelas geht die Verzweiflung um.

Die Abgesandten des MST kommen nachts. Sie diskutieren mit den Bewohnern der Baracken. Dabei müssen sie eine unendliche Geduld und viel Fingerspitzengefühl beweisen. Doch allmählich kehren Hoffnung und Würde zurück. Die Ausgegrenzten entsinnen sich wieder ihrer ländlichen Wurzeln; sie beginnen, von dem kleinen Stück Land zu träumen, das es ihnen erlauben würde, ihre Familie zu ernähren, wieder ein würdiges Leben zu führen. Und sie fassen den Entschluss, den Kampf aufzunehmen.

Am Tag X kommen die Lastwagen des MST (oder der Gewerkschaft, der Kirche usw.) und holen sie vor Tagesanbruch ab. In der Nähe einer Latifundie werden sie abgesetzt.

Ist der ins Auge gefasste Besitz mehrere hundert Kilometer von den Favelas entfernt, vollzieht sich der Transport in Etappen, aber immer unter absoluter Geheimhaltung. Vor der ersten Einfriedung der *capitania* angekommen, entrollen die Besetzer ihre Flaggen. Die Männer gehen voran. Oft stimmen sie dabei religiöse Gesänge oder Volkslieder aus dem Nordosten an.

Nur etwa die Hälfte dieser Besetzungen, der *acampamentos*, verwandelt sich in *assentamentos*, legalisierte Genossenschaften. Unter ihren schwarzen Plastikplanen harren die Familien manchmal viele Jahre entlang der Nationalstraßen aus, bevor sie vielleicht den Kampf aufgeben müssen.

Die Anwälte des MST leisten großartige Arbeit. Aber sie können keine Wunder wirken. Gegen das Übelwollen vieler Verwaltungsbeamter der INCRA, gegen die Bündnisse, die zwischen abwesenden Großgrundbesitzern und Politikern geschmiedet werden, ist das Recht häufig machtlos.

Auch die Bestechlichkeit der Justiz spielt eine Rolle: Oft gelingt es den Anwälten des MST nicht, den Besitztitel zu erstreiten, obwohl das Gesetz klar auf ihrer Seite ist – jenes Gesetz, das die Enteignung permanent nicht bebauter Böden vorsieht.

Und dann gibt es die Terrorstrategien, deren sich korrupte, im

Sold der Großgrundbesitzer stehende Gouverneure und Präfekten gegen jene Besetzer bedienen, die sie für Rädelsführer halten. Im Laufe von zwanzig Jahren hat das MST über 1800 wertvolle Kader – Männer und Frauen – verloren. Sie wurden das Opfer von Attentaten der Todesschwadronen und der *pistoleros*.[63]

So wurden in den ersten sechs Monaten 2001 elf junge Männer und Frauen, Aktivisten und Organisatoren des MST, namentlich aus der Gegend von São Paulo, von Unbekannten erschossen. Manche in ihrer Wohnung, im Schlaf.

In den bürgerlichen Klassen genießt das MST einen schrecklichen Ruf. Globo, die einflussreichste Fernsehkette des Landes, der Minister für Agrarreform, Raúl Jungmann, und Organe der konservativen Großpresse wie die Zeitschrift *Veja* führen seit Jahrzehnten einen systematischen Verleumdungsfeldzug gegen die Bewegung. Die jungen Mädchen und Burschen von MST werden als Strauchdiebe und Galgenvögel hingestellt, die sich am Eigentum braver Bürger vergreifen. Die Notleidenden aber, denen sie zu helfen suchen, stellt TV Globo mit Vorliebe als faule Hungerleider hin, die sich selbst mit *cachaça*[64] zugrunde gerichtet haben.

Solche Einstellungen begünstigen natürlich die Straflosigkeit der Mörder.

Doch trotz Diffamierung und Attentaten wachsen Widerstandswille und Entschlossenheit der Landlosen von Jahr zu Jahr. Die Bewegung wird kräftiger, sie schreitet voran, gewinnt immer mehr Anhänger, erstreitet Besitztitel, breitet sich über das ganze Land aus, braust dahin wie ein Sturzbach bei Hochwasser und jagt den Beutejägern Angst ein.

Im wahrsten Sinne des Wortes verkörpert das brasilianische MST heute und für Millionen Menschen auf der ganzen Welt die konkrete Verheißung einer siegreichen Revolution.

Das MST hat dazu beigetragen, in den geschundenen Massen Brasiliens wieder Hoffnung und Kampfgeist zu wecken. Seine Ausstrahlung ist so stark, dass er andere, neue Volksbewegungen inspiriert hat, die weder mit den Kapitanaten noch mit der Agrarreform etwas zu tun haben. Zum Beispiel das *Movimento dos Trabalhadores*

Sem Teto, die urbane Bewegung der Arbeitnehmer ohne Behausung. Die Wohnungslosen in den brasilianischen Großstädten zählen heute nach Hunderttausenden. Ihre Bewegung schöpft ihre Inspiration aus den gleichen Quellen wie das MST: aus der Befreiungstheologie, der Gewerkschaftsbewegung und dem demokratischen Sozialismus. Mächtig ist die Bewegung der Wohnungslosen vor allem in den Bundesstaaten Rio de Janeiro, São Paulo, Paraná und Mato Grosso.

Auf einem kargen, gelben Hügel, den ein Eukalyptuswäldchen ziert, besuchte ich das *acampamento* von Guarulhos, nahe São Paulo. Der Hügel liegt am Rand dieser Millionenstadt und senkt sich sanft gegen ein Tal und einen Fluss. Das Tal und der Hügel gehören einem Grundstücksspekulanten, der mit dem Bürgermeister von Guarulhos politisch verbandelt ist.

In Tausenden von Hütten leben rund 8000 Familien, an die 45 000 Personen, welche aus dem immensen Großraum São Paulo hierher gekommen sind. Die Hütten sind mit schwarzem Plastik bespannt; ein Wald aus Flaggen überragt sie. Über 5000 weitere Familien in den Favelas ringsum warten darauf, in das *acampamento* zu ziehen.

Auf dem Hügel gibt es eine primitive Klinik, viele Gärtchen, Schulen mit rohen Holzbänken, Latrinen, eine Apotheke, Zisternen. Diese Einrichtungen werden von den Besetzern finanziert, die eine bezahlte Arbeit in der Stadt haben. Auch von der Kirche und den Gewerkschaften kommt Hilfe. Sich im Labyrinth des Lagers zurechtzufinden ist schwierig. Das Meer aus schwarzem Plastik wächst unaufhörlich. Eine riesige Menschenmenge wogt hin und her.

»Was schreibst du da?«, fragt mich Jotta, Vorsitzender des Komitees des *acampamento*, mit einem misstrauischen Blick auf mein rotes Heft. Jotta ist ein blasser junger Mensch mir schwarzen Haaren und katzengeschmeidigem Gang. Seine Autorität wird respektiert. Der Überlebende des Massakers von Eldorado de Carajas (in der Region Amazonas) hat mit seinen Freunden ein strenges Sicherheits- und Überwachungssystem im Lager eingeführt. Über uns kreist ein schwarzer Hubschrauber der Bundespolizei. Ich kann den Kameramann sehen; ein Bein lässt er aus dem Fenster baumeln. Er filmt gewissenhaft meinen Besuch.

Wie bei Dutzenden anderer urbaner Besetzungen in ganz Brasilien ist der karge Hügel von Guarulhos, erschlossen vom *Movimento dos Trabalhadores Sem Teto* (Bewegung der wohnungslosen Arbeiter), einer Immobilienspekulation im Wege. Der Hügel von Guarulhos war nämlich als Standort für Luxusvillen vorgesehen – ein Bauvorhaben, das der Bürgermeister zusammen mit seinen Spekulanten-Amigos betrieb. Stattdessen hat die Bewegung der Wohnungslosen sie mit der Besetzung des Hügels am Morgen des 19. Mai 2001 überrumpelt.

Grillhero nennt man in Brasilien den Gauner, dem es mithilfe geschickt gefälschter Rechtstitel gelingt, Grundstücke, die der Gemeinschaft (der Kommune, dem Bundesstaat oder der Union) gehören, in Privatgrundstücke zu verwandeln. Der Hügel von Guarulhos ist ein Musterbeispiel für *grillagem*. Bei der *prefeitura* (Bürgermeisteramt) sind die mafiosen Herren einflussreich. Und gewisse Verwaltungsbeamte dieser Behörde »bestätigen« gegen klingende Münze alle gefälschten Eigentumstitel, die ihnen die Mafiosi vorlegen...

Jottas rechte Hand ist ein Mischling, ein schmächtiges Bürschchen mit Pudelmütze auf dem Kopf. Er heißt Gilson Oliveira Walter, wird aber »Chocolate« genannt. Sohn eines bankrott gegangenen Bauern, konnte er trotzdem eine Elektrikerlehre im südlichen Bundesstaat Paraná abschließen. Vor fünf Jahren wurde er entlassen; seither hat der heute 24-Jährige keinerlei Arbeit mehr gefunden. Nirgendwo. Die Bundespolizei macht ihre Arbeit gut. Die von ihr geführten schwarzen Listen der militanten Mitglieder des MST, laufend aktualisiert und in ganz Brasilien verbreitet, verhindern die Beschäftigung unbotmäßiger Arbeitnehmer und Arbeitnehmerinnen, wo immer es sei.

Der Hügel wird nach strengen demokratischen Regeln verwaltet. Jedes »Viertel« im Lager verfügt über eine eigene Arbeitsbrigade, die für die Erledigung aller gemeinnützigen Aufgaben sorgt

(Latrinen, Abfallbeseitigung, Verteilung von Wasser und Lebensmitteln, Geldsammlungen, Sicherheit, politische Bildung, Krankenversorgung, Gemüsegärten usw.). Die Namen der sechs Brigaden sind bezeichnend für den Geist, der hier weht: *Terra e libertad* (Boden und Freiheit), *Nossa terra* (Unser Boden), *Zumbi das Palmarès* (nach dem Anführer des Sklavenaufstands in Palmarès, im südöstlichen Bundesstaat Espírito Santo, im 18. Jahrhundert), *Paolo Freire* (antifaschistischer brasilianischer Erzieher), *Chico Mendez* (ermordeter Bauernführer), *Antonio Conselhero* (Priester, der im 19. Jahrhundert gegen die Großgrundbesitzer des Bundesstaats Bahia auftrat).

Patricia Baretto ist eine hübsche, brünette Studentin, die für die Bertolt-Brecht-Schule und die Rosa-Luxemburg-Schule verantwortlich ist. Dank der Unterstützung durch mehrere Studenten- und Professorengruppen von den Universitäten Campinas und São Paulo werden die Alphabetisierungskurse praktisch vierundzwanzig Stunden am Tag erteilt.

Die Bertolt-Brecht-Schule ist eine offener Schuppen, bedeckt von Dachziegeln, die auf Balken liegen. Ein buntes Völkchen drängt sich hier zusammen: alte Bäuerinnen mit runzligem Gesicht und schalkhaften Augen, ernste grauhaarige Männer, Jugendliche, fröhliche Mädchen, Invaliden, Kinder. Es sind *caboclos*, Afrikaner, Mischlinge, Nachfahren von Japanern, Kalabriern, Piemontesen, Portugiesen, Tirolern, Spaniern, Libanesen...

Die Atmosphäre ist von Lerneifer geprägt.

Bei meinem Besuch stehen drei Sätze an der schwarzen Tafel:

Cabeça vazia é officina do diabo (ein leerer Kopf lockt den Teufel an); *Quem tem fome tem pressa* (der Hungrige hat keine Zeit); *Puniçao dos assassinos de Carajas!* (Strafe für die Mörder von Carajas!).

Diese letzte Mahnung bleibt ein frommer Wunsch. Ganz offenkundig ist keines der Opfer der Untat von Carajas gerächt worden. Weder der Gouverneur noch die Großgrundbesitzer mussten Rechenschaft ablegen. Oberst Pantoja, der seinerzeit den Befehl gab, auf Frauen und Kinder zu schießen, darf sich ungeniert im Fernsehen und in der Presse verbreiten.[65]

Wie ist die Lage des *acampamento* von Guarulhos heute, im Jahre 2002?

Die mafiosen Herren haben die Militärpolizei (MP) des Bundesstaates São Paulo angefordert, um die Tausende von Besetzerfamilien von dem Hügel zu vertreiben. Aber die Führung der MP zögert: Der Gouverneur des Bundesstaats ist Sozialdemokrat.

Die Anwälte der Bewegung der Wohnungslosen fechten die Besitztitel der Spekulanten vor Gericht an.

Vor Ort herrscht gespannte Ruhe. São Paulo ist nicht Amazonas. Die Vorbereitung einer Provokation, gefolgt von einem Massaker wie in Eldorado de Carajas, erscheint hier kaum möglich. Der Bundesstaat São Paulo verfügt über eine aufgeklärte öffentliche Meinung, eine mächtige, unabhängige Presse, Gewerkschaften und eine katholische Kirche, die sich für die Wohnungslosen und ihre Rechte engagiert.

Gezielte Attentate? Die mafiosen Herren haben es auch damit versucht. Aber der von Jotta organisierte Sicherheitsdienst des Lagers hat diese Anschläge abwehren können.

So ist der Ausgang der Schlacht um Guarulhos noch nicht entschieden.

Statt eines Nachworts

Morgenröte

»Gott hat keine anderen Hände als die unseren.«
GEORGES BERNANOS, *Le scandale de la vérité*

Für manche Philosophen der Aufklärung, namentlich für Jean-Jacques Rousseau, ist eine natürliche Gesellschaft der Zivilgesellschaft vorangegangen.[1] Aus dieser wiederum ist die politische Gesellschaft, das heißt der Staat, entstanden. Rousseau zufolge ist jede Etappe in dieser Reihe von einem qualitativen Fortschritt gekennzeichnet. Die Gesellschaft im Naturzustand ist der zivilen unterlegen. Und die zivile Gesellschaft muss, um die vollständige Entfaltung des Menschen zu gewährleisten, der Republik weichen.

Die natürliche Gesellschaft ist, dieser Annahme zufolge, eine konkrete soziale Formation. Sie ist weder von Zufall noch von Gewalt beherrscht. Sie kennt Institutionen, welche die soziale Ordnung garantieren. Im Wesentlichen sind es: die Familie, der Familienverband (Sippe oder Clan) und der Stamm.

Aber diese Institutionen sind schwach, ihr Einflussbereich ist begrenzt. Ihre Schutzfunktion beschränkt sich auf eine begrenzte Anzahl von Personen.

In der Gesellschaft im Naturzustand fühlt sich der Mensch nur mit jenen solidarisch, die er physisch kennt – oder zumindest mit jenen, denen er sich durch Bande des Bluts oder des Mythos verwandt weiß. Wer immer sich jenseits der Familien-, Sippen- oder

Stammesstruktur bewegt, ist ein Fremder. Er verkörpert das radikal Andere, das Unvorhersehbare, die Bedrohung. Daher wird er bekämpft, gejagt oder sogar getötet.

Die Gesellschaft im Naturzustand ist eine primitive und schwache Gesellschaft. Mit der komplexen, an Bedeutungen reichen Kultur, welche die Menschen der Antike, des Mittelalters und der Renaissance geschaffen haben, hat sie nur sehr wenig zu tun.

Die Kultur geht aus der zivilen Gesellschaft hervor. Aber wie? In einem bestimmten Augenblick der Geschichte und aus Gründen, die noch Hypothesen sind, beginnen die Menschen, Beziehungen zu anderen Menschen zu knüpfen, die nicht ihres Blutes sind. Bis dahin hatte sich die Identifikation, die Solidarität mit dem Anderen auf die Familie, den Familienverband, das Dorf beschränkt, anders gesagt auf jene, deren Gesicht man kannte und deren Gegenwart man physisch erlebte. Mit dem Entstehen der Zivilgesellschaft – der bürgerlichen Norm, der bürgerlichen Moral, den bürgerlichen Institutionen – wird der Mensch solidarisch mit anderen Menschen, die er nicht kennt und wahrscheinlich auch nie kennen lernen wird.

Wenn Jean-Jacques Rousseau von der Gesellschaft im Naturzustand spricht, springt er ständig von einer Realitätsebene zur anderen. Die erste Ebene ist die der historischen Chronologie. Die Gesellschaft im Naturzustand ist die erste aller bekannten sozialen Formationen. Sie ist in ferner Vorzeit angesiedelt. Hingegen trennt nur eine kurze geschichtliche Zeitspanne die zivile Gesellschaft vom Auftreten der politischen Gesellschaft.

Die zweite Ebene der Analyse ist existenziell. Das zeitgenössische Individuum durchläuft bei seiner Sozialisation notwendig die drei gesellschaftlichen Stadien. Die natürliche Gesellschaft ist sozusagen die Urform seiner Sozialisation, die erste Matrix seines Menschwerdens.

Hören wir Rousseau: »Die älteste aller Gesellschaften und die einzig natürliche ist die Familie. Dennoch bleiben die Kinder dem Vater nur so lange verbunden, wie sie seiner bedürfen, um sich selbst zu erhalten. Sobald dieses Bedürfnis aufhört, löst sich auch das natürliche Band auf. Die Kinder, entbunden von dem Gehorsam, den sie dem Vater schuldeten, der Vater der Sorgen entbunden, die er den Kindern schuldete, beide kehren gleichermaßen in ihre Unabhängigkeit zurück. Wenn sie dennoch weiter vereint bleiben, so ist das nicht mehr natürlich, sondern freiwillig, und die Familie selbst erhält sich nur mehr durch Übereinkunft. Diese gemeinsame Freiheit folgt aus der Natur des Menschen. Sein erstes Gesetz ist, über seine eigene Erhaltung zu wachen, seine ersten Sorgen sind jene, die er sich selbst schuldet, und sobald er zur Vernunft gekommen ist, wird er, der einzige Richter über die zu seiner Erhaltung geeigneten Mittel, damit sein eigener Herr.«[2]

Ich habe in diesem Buch häufig den Begriff »Dschungelkapitalismus« gebraucht. Wenn die normativen Funktionen des Staats paralysiert sind und das Finanzkapital sich durchsetzt, löst die Gesellschaft sich auf, und es droht der Dschungel. Es kommt zu einer Regression: Der Gladiator wird zum Inbegriff des herrschenden Gesellschaftsmodells. Der Starke hat Recht, der Schwache hat Unrecht. Jede Niederlage ist verdient und erklärt sich einzig und allein aus den selbstverschuldeten Schwächen des unterlegenen Subjekts. Die Grundprinzipien des neoliberalen Dogmas – Profitmaximierung, unbeschränkter und regelloser Wettbewerb, Universalisierung des Warentauschs und Vernichtung autochthoner Kulturen – widersprechen radikal allen unseren aus dem Jahrhundert der Aufklärung ererbten Werten. Diese Werte aber bilden das Fundament der heutigen europäischen Kultur.

So schlägt das Imperium des Kapitals eine Bresche nicht nur in den Staat und die politische Gesellschaft, sondern auch in die zivile Gesellschaft im Sinne Rousseaus. Auf den ersten Blick könnte man daher glauben, dass das Imperium des entfesselten Kapitals die Menschheit in den Naturzustand zurückstößt. Diese Vorstellung wäre jedoch irrig. Denn so anfällig die Gesellschaft im Naturzustand auch sein mag, sie weist doch gewisse Grundstrukturen einer sozialen Ordnung auf: Solidarität, Reziprozität, Komplementarität zwischen den Menschen. Der Dschungelkapitalismus bringt nichts dergleichen hervor.

Indem also die herrschenden Oligarchien des globalisierten Kapitals den Nationalstaat unter Vormundschaft stellen und seine normative Kraft untergraben, führen sie die von ihnen attackierten Gesellschaften nicht in den »Naturzustand« zurück. Auf den Trümmern der politischen Gesellschaft wird nicht wie durch Zauberschlag die natürliche Gesellschaft von ehedem wiedergeboren.

Man sehe sich doch nur die Megalopolen der südlichen Hemisphäre an! Überall Tausende von verlassenen Kindern, die ihren Klebstoff schnüffeln, um das permanente Hungergefühl zu übertäuben, Kindern, die auf den großen Straßen umherirren, der Willkür der Polizei, Vergewaltigungen und Folter ausgesetzt sind, leiden, verzweifeln – und oft sterben, bevor sie die Adoleszenz erreicht haben.

In den schmutzstarrenden Favelas von São Paulo, den *ranchos* von Caracas, den *barilladas* von Lima, den *shanty towns* von Kampala oder den Elendsvierteln von Bombay gibt es kaum noch Familien, die intakt sind. Und was ist aus der größeren Solidarität geworden, die aus der Sippen- oder Stammeszugehörigkeit erwächst? Zerfallen, verschwunden, aus dem Gedächtnis getilgt!

Die Prostitution von Frauen und Heranwachsenden ist eine gemeinsame Geißel aller Megalopolen: Es handelt sich fast immer um eine Prostitution aus äußerster Not, praktiziert von Familienmüttern, um ihre Kinder zu ernähren, oder von jungen Mädchen oder Burschen, die für das Überleben kleinerer Brüder oder Schwestern sorgen müssen.

Dort, wo die neuen Herrscher der Welt und ihre Söldlinge wüten, verschwindet jedes organisierte soziale Leben.

Und die politischen Folgen?

Die erzwungene Universalisierung des Konsens von Washington bewirkt eine Übertragung von Souveränität. Die Staaten behalten zwar ihren institutionellen Rahmen, aber die Macht, die sie einst durch diese staatlichen Institutionen ausübten, wird nun zunehmend von den Apparaten des Finanzkapitals ausgeübt. Die Herrscher selbst haben diese neue Macht *stateless global governance* getauft.

Gewiss ist die Lage etwas komplizierter, als es diese Skizze glauben macht. Denn wir haben es mit einem Schattentheater zu tun. Nach außen hin sind es die Staaten, die agieren. Der Generalrat der WTO setzt sich aus den Vertretern von 144 Staaten zusammen. Auch bei der Weltbank sind es die Staaten, welche die Gouverneure und stellvertretenden Gouverneure nominieren. Nicht anders beim IWF: Es sind die Staaten, die formell die Institution verwalten und ihre Strategie festlegen.

Das alles ist aber nur der äußere Schein der Dinge. Die Realität sieht ganz anders aus. Betrachten wir ein Beispiel! Die Europäische Union ist eine der zwei dominierenden Mächte (neben den USA) in den Institutionen von Bretton Woods und der WTO. Wie wir gesehen haben, werden Strategie und Politik der EU vom »Ausschuss 133« festgelegt, einer inoffiziellen Instanz, die in den Statuten und Verträgen der EU gar nicht vorkommt. Was den Ausschuss nicht daran hindert, die Interessen und Gesichtspunkte der wichtigsten transnationalen Gesellschaften und Finanzgruppen Europas vor jeder neuen Verhandlungsrunde unter einen Hut zu bringen.[3]

Anders gesagt: Die Staaten bleiben die Bezugsgrößen, aber ihre Vertreter üben immer weniger reale Macht aus. Und man kann heute sagen, dass Denken und Handeln praktisch aller Regierungen des Südens wie des Nordens durch die Rationalität des globalisierten Finanzkapitals determiniert werden.

Natürlich sind wesentliche Unterschiede nicht zu übersehen. So gibt es einen nennenswerten Unterschied zwischen einer mächtigen Regierung wie derjenigen Frankreichs und einer schwachen Regierung wie der des Niger.

Der französische Ministerpräsident kann mit den Herrschern der Welt bis zu einem gewissen Punkt feilschen. Er kann ihnen Zugeständnisse abnötigen und sie zwingen, die demokratische Fassade des Staates zu respektieren. Frankreich hat das bewiesen, als es in der OECD und der WTO den Grundsatz der »kulturellen Ausnahme« durchsetzte. Gegen die vollständige Liberalisierung des Marktes für Kulturgüter behauptet Frankreich gewisse Schutzklauseln zur Wahrung der eigenen Kultur, insbesondere der Film- und Fernsehkultur. Der nigerische Ministerpräsident wird weder feilschen noch Zugeständnisse ertrotzen können. Er ist den Söldnern der neuen Herren ausgeliefert wie der Bettler einer Bande von Wegelagerern.

Um zu ermessen, inwieweit die Staaten bereits die Kontrolle über ihre eigene Volkswirtschaft verloren haben, wollen wir das WTO-Instrument der so genannten »Meistbegünstigung« untersuchen. In jedem Land der Erde und entsprechend den von der WTO festgesetzten Regeln kann jede transnationale Gesellschaft fordern, in den Genuss der »Meistbegünstigung« zu kommen. Worum handelt es sich dabei? Es ist jeder Regierung verboten, durch steuerliche Maßnahmen, Zölle, Subventionen u. dgl. einen bestimmten Sektor ihrer Volkswirtschaft besonders zu begünstigen.[4] Es ist also nicht mehr möglich, eine nationale Wirtschaftspolitik zu verfolgen. Darüber hinaus verlangt die WTO die Anwendung der gleichen Bedingungen für alle Investoren, inländische ebenso wie ausländische. Was darauf hinausläuft, schlicht und einfach die Souveränität des Staates zu liquidieren.

Wie soll zum Beispiel auf dem ivoirischen Markt eine in ivoirischem Besitz befindliche Fabrik, die Kakaobohnen verarbeitet, mit der Fabrik konkurrieren können, die gleich daneben die Firma Nestlé gebaut hat? Diese dürfte mit allem nötigen Kapital und den modernsten Geräten ausgestattet sein. Sie wird von privilegierten Vermarktungsbedingungen profitieren, welche die Nestlé-Holding allen ihren Töchtern einräumt. Die von dem Bürger der Elfenbeinküste errichtete, finanzierte und geleitete Fabrik hat daher keine Chance, länger als ein paar Wochen zu überleben. Und der ivorische Staat ist nicht in der Lage, seine eigene Industrie zu schützen.

Die Beutejäger und ihre Söldlinge haben einen Horror vor staatlichen Normen. Trotzdem bedienen sie sich gern eines etatistischen Vokabulars. So kommt es, dass sie den liberalisierten Markt als »virtuelles Parlament« bezeichnen. Danach gäbe es in den zivilisierten Gesellschaften zwei Arten von Parlament: das demokratisch von den Bürgern gewählte Parlament und das durch das Gesetz von

Angebot und Nachfrage errichtete »virtuelle Parlament«. Aber es bedarf keiner Erwähnung, dass zwischen dem republikanischen Parlament und dem Waren-Parlament ein Abgrund klafft: der zwischen fiktiver Souveränität und faktischer Allmacht. Und mehr und mehr ist es dieses »virtuelle Parlament«, das über das Schicksal von Menschen und Dingen entscheidet.

In der Geschichte des Menschen stellt Souveränität eine wesentliche Errungenschaft dar. Sie hat mit den Menschenrechten, den Grundrechten, kurzum: mit dem Gesellschaftsvertrag zu tun. Sie verkörpert den Gemeinwillen, die Gleichheit aller vor dem Gesetz, die Autonomie der Bürger. Das Parlament und die Regierung, die ich gewählt habe, sind souverän: Sie sind dazu da, das Recht zu schützen und die soziale Ordnung zu garantieren.

Wie entsteht das Recht? Jeder Bürger verzichtet freiwillig auf ein Stück seiner Freiheit, damit die Freiheit aller geschützt ist. Die Norm entsteht aus meiner freiwillig beschnittenen Freiheit. Das Recht verkörpert das Interesse aller. Ich opfere ihm einen Teil meiner Freiheit. Fortan schützt das Recht meine Freiheit. Es erlaubt mir, mich meiner eigenen Lebensführung zu widmen.

In regelmäßigen Abständen finden allgemeine, freie und geheime Wahlen statt. Ein Präsident der Republik kann daher von den Wählern aus dem Amt gejagt, unter bestimmten Umständen vom Parlament zurückgeholt oder aber zum Rücktritt gedrängt werden.

Die von den »unsterblichen Giganten« eroberte Souveränität stellt schlicht und einfach die Negation dieser Grundsätze und der aus ihnen entspringenden Institutionen dar. Sie setzt sich mit Gewalt durch. Mit den Menschenrechten, den Grundrechten, der Autonomie der Bürger hat sie nichts im Sinn. Sie erzeugt nur Entfremdung und Versklavung.

Ein »Megaunternehmen«, das ein Land der Dritten Welt dominiert, herrscht vielleicht nicht in alle Ewigkeit, aber seine Opfer können es weder kontrollieren noch abwählen. Und keine Macht der Welt, außer vielleicht einem anderen Megaunternehmen, kann seinem Imperium ein Ende machen.

Jean-Jacques Rousseau schreibt: »Es muss einem jeden in die Augen leuchten, dass die Fesseln der Knechtschaft nicht anders als durch die Abhängigkeit der Menschen voneinander und durch ihre gegenseitigen Bedürfnisse haben geschmiedet werden können.«[5] Es kann also einem Menschen nichts Schlimmeres begegnen, als von einem anderen abhängig zu sein.

Was die Philosophen der Aufklärung sich in ihren schlimmsten Albträumen nicht vorstellen konnten, ist heute dabei, Wirklichkeit zu werden: eine private Tyrannei, ausgeübt von »Unsterblichen« über alle Völker.

Zwecklos, in den Trümmern zu wühlen! Es wäre absurd, so zu tun, als könne man den republikanischen Nationalstaat wiederherstellen.

Durch die Privatisierung der Welt haben die Beutejäger und ihre Söldlinge seine Fundamente untergraben. Doch ist es ihnen nicht gelungen, die Hoffnung zu zerstören, den Traum von der Freiheit, der tief im Menschenherzen schlummert. Ein Volkslied aus Venezuela besingt ihr Scheitern:

Se puede matar el hombre,
Pero no matarán la forma
En que se alegraba su alma
Cuando soñaba ser libre.[6]

Die Geschichte birgt manche Überraschungen! Mehr als hundert Jahre lang haben die sozialistischen Revolutionäre vom Absterben des Staates, von der Abschaffung jedes Zwanges, kurzum: vom freien Bund freiwillig zusammengeschlossener Produzenten geträumt. Doch nun sind es nicht anarchistische Revolutionäre, sondern die Beutejäger und ihre Söldlinge, die den Staat in die Agonie treiben.

Fortan ist der Weg frei zur neuen planetarischen Zivilgesellschaft. {358} Karl Marx gibt diese Mahnung: Der Revolutionär muss fähig sein, »das Gras wachsen zu hören«. Eine radikal neue planetarische Gesellschaft, bestehend aus sozialen Bewegungen, Nichtregierungsorganisationen, wieder erstarkten Gewerkschaften, mit ganz neuartigen Organisationsformen, geistigen Strukturen und Kampfmethoden, ist dabei, sich vor unseren Augen durchzusetzen. Um sie zu verstehen, bedarf es der äußersten Aufmerksamkeit und der völligen Freiheit von vorgefassten Ideen.

Franz Hinkelhammert schreibt: »Wer nicht den Himmel auf Erden schaffen will, erschafft dort die Hölle.«[7]

Die neue planetarische Zivilgesellschaft fordert das Recht auf Leben. Sie hält nichts von dem alten Trick der ehemaligen antiimperialistischen Kämpfer, die vorgaben, ihre Gegner »einen nach dem anderen« erledigen zu wollen. Jeder Kompromiss ist ihr ein Gräuel. Sie verweigert sich taktischen Allianzen, welcher Art auch immer. Für sie gibt es weder Hauptfeinde noch zweit- oder drittrangige Feinde.

Ihr Feind ist alles, was die unmittelbare, konkrete und ungehemmte Entfaltung des Lebens behindert.

Sie lebt in absoluter Gegenwärtigkeit. Zeit ist menschliches Leben. Sie hat das Wort Senecas verinnerlicht: »Unser einziger wahrer Besitz ist die Zeit.«

Daher die Radikalität ihrer Forderungen. Die Schlacht, die heute nicht gewonnen wird, ist vielleicht schon für immer verloren.

Im *New York Times Magazine* verlangt Thomas Friedman von den Kombattanten der Hoffnung ein detailliertes Programm und eine Erklärung über die einzelnen Etappen seiner Verwirklichung.[8] Das Weltwirtschaftsforum stößt in dasselbe Horn. Sein Präsident Klaus Schwab will sofort die genauen Entwürfe für die »andere Welt« kennen lernen und ermahnt die Bewegungen, ihr Programm vorzustellen; anders sei »kein Dialog« möglich.[9]

Die Antwort bestand darin, dass im Jahr 2002 rund 60 000 Männer und Frauen, von fünf Kontinenten und stellvertretend für über 2000 verschiedene soziale Bewegungen, im brasilianischen Porto Alegre zum zweiten Weltsozialforum zusammenkamen. Sie forderten die Abschaffung des IWF und der WTO, die Bekämpfung der Steuerparadiese und der Rating-Agenturen und die Unabhängigkeit der Zentralbanken, die Schließung der Agrar-Rohstoffbörse von Chicago, das Verbot von Patenten auf lebende Organismen und genmanipulierte Organismen, bedingungslosen Schuldenerlass für die Länder der Dritten Welt, Einführung der Tobin-Steuer und staatliche Kontrolle von Unternehmensfusionen, Gründung eines UNO-Sicherheitsrats für wirtschaftliche und soziale Angelegenheiten, Einforderung der wirtschaftlichen, sozialen und kulturellen Menschenrechte und deren Überführung in das nationale Recht.

Die brüderliche und solidarische, freiere und gerechtere Zivilgesellschaft, die auf einem von allen Beutejägern befreiten Planeten entstehen wird – sie ist im Werden begriffen. Wie sie aussehen wird, vermag niemand zu sagen. Die Kombattanten der Hoffnung wissen nur mit Gewissheit, was sie *nicht* wollen – aber damit endet die Gewissheit auch schon.

Am Morgen des 14. Juli 1789 belagerten zwei Abteilungen der Bürgermiliz die Bastille, die königliche Zwingburg im Herzen von Paris. Mit ihren 25 Meter breiten Wassergräben und ihren 30 Meter hohen Mauern trotzte sie dem Ansturm des Volks. Aus dem ganzen Faubourg Saint-Antoine strömten Handwerker herbei. Und nun beschafften die Bürger fünf Geschütze, die vor dem Tor der Festung in Stellung gebracht wurden.

Der Befehlshaber der Festung, Marquis de Launay, kapitulierte. Er ließ die Zugbrücke herab.

Das Volk stürmte über die Brücke, befreite die Gefangenen, massakrierte den Marquis und zerstörte die Festung.

Wer hätte die Folgen ahnen können?

Walt Whitman schrieb diesen Vers: »*He awoke at dawn and went into the rising sun... limping*« (er erwachte in der Morgendämmerung und ging der Sonne entgegen... hinkend).

Millionen von Menschen überall auf der Welt erwachen jetzt.

Sie nehmen die Privatisierung der Welt nicht hin. Sie haben beschlossen, sich zu organisieren, für eine andere Welt zu kämpfen.

Der gewaltige Zug der Aufständischen hat sich in Bewegung gesetzt. Er schreitet voran. Ins Ungewisse, hinkend.

Die Befreiung der Freiheit im Menschen ist sein Horizont.

Die Legitimität der Bewegung ist unbestreitbar. Sie spricht im

Namen der Millionen Opfer, die in Jahrhunderten gefallen sind. Das unsichtbare Heer der Märtyrer begleitet sie.

Gilles Perrault beschreibt sie so: »Dieses unübersehbare Heer der Opfer, deportiert von Afrika nach Amerika, zerfetzt in den Schützengräben eines wahnsinnigen Krieges, lebendig verbrannt vom Napalm, zu Tode gefoltert in den Kerkern der Wachhunde des Kapitals, füsiliert am Mur des Fédérés, füsiliert in Fourmies, füsiliert in Sétif, zu Hunderttausenden hingemetzelt in Indonesien, praktisch ausgerottet wie die Indianer Amerikas, massenhaft ermordet in China, zur Sicherung des freien Opiumhandels... Sie alle haben die Fackel der Revolte des in seiner Würde gekränkten Menschen weitergereicht in die Hände der Lebenden. In die bald ermüdenden Hände jener Kinder der Dritten Welt, welche die Unterernährung, Tag für Tag, zu Zehntausenden tötet, in die abgemagerten Hände der Völker, dazu verurteilt, die Zinsen für eine Schuld zu zahlen, deren Kapital ihre Führungsmarionetten ihnen gestohlen haben, in die zitternden Hände jener immer zahlreicher werdenden Ausgegrenzten, die an den Rändern des Wohlstands vegetieren müssen [...]. Hände von einer tragischen Schwäche, und fürs erste noch unvereinigt. Aber sie können nicht anders, als sich eines Tages zu vereinen. Und an diesem Tag wird die Fackel, die sie tragen, einen Brand entfachen, der die alte Welt in Schutt und Asche legen wird.«[10]

Danksagung

Erica Deuber Ziegler und Dominique Ziegler haben die verschiedenen Fassungen des Manuskripts mit geduldiger Aufmerksamkeit gelesen, verbessert und kommentiert.

Nützliche Anregungen verdanke ich meinen Kollegen Sally-Ann Way, Christophe Golay, Raoul Ouédraogo und Jean Rossiaud.

Wertvoll waren mir die kritischen Anmerkungen von João-Pedro Stedile, Laurent Gbagbo, Maïdanda Amadou Saïdou Djermakoye, Emir Sader, Hugo Chavez Frias, Ahmed Ben Bella, Halidou Ouédraogo, Hama Arba Diallo, Mohamed Salah Dembri, Rubens Ricupero, Posser da Costa, Adamou Saïdou und Karl Heinz Bittel.

Sabine Ibach, Mary Kling und Johannes Jacob haben die allmähliche Verfertigung dieses Buches mit ihrem Zuspruch begleitet.

Olivier Bétourné hat für die endgültige Fassung des Manuskripts wichtige editorische Arbeit geleistet. Holger Fliessbach hat das französische Original einfühlsam und sorgfältig ins Deutsche übersetzt.

Beeindruckt haben mich die Entschlossenheit und der Mut zahlreicher anonymer Frauen und Männer von den verschiedensten Fronten des Widerstands, denen ich in Europa, Lateinamerika, Afrika und Asien begegnet bin.

Ihnen allen sage ich meinen tief empfundenen Dank.

Anmerkungen

Vorwort

1 Das Faksimile dieses Schreibens hat das europäische Büro der Vereinten Nationen veröffentlicht; vgl. E/CN.4/2000/52, Genf 2000. Die Tragödie spielte sich 1999 ab.
2 Ernährungs- und Landwirtschaftsorganisation der Vereinten Nationen (FAO), *World Food Report 2000*, Rom 2001.
3 Régis Debray und Jean Ziegler, *Il s'agit de ne pas se rendre*, Paris 1994.
4 Samuel Beckett, *Warten auf Godot*, in *Auswahl in einem Band*, deutsch von Erika und Elmar Tophoven, Frankfurt am Main 1969, S. 221 (letzter Monolog Pozzo).
5 FAO, *World Food Report 2000*, a. a. O.
6 Walter Hollenweg, »Das Kindermorden von Bethlehem geht weiter«, *Der Blick* (Zürich), 21. Dezember 2001.
7 Albert Soboul, *Die Große Französische Revolution: Ein Abriss ihrer Geschichte 1789-1799*, Köln 1973, S. 287.
8 Aminata Traore, *L'Étau*, Arles 1999, S. 11.
9 Franz Kafka, *Hochzeitsvorbereitungen auf dem Lande und andere Prosa aus dem Nachlass*, Frankfurt am Main 1983, S. 198.

Teil 1

1 Eric J. Hobsbawm, *Das Zeitalter der Extreme. Weltgeschichte des 20. Jahrhunderts*. München, Wien 1995, und *Le Monde diplomatique* (1999).
2 Fernand Braudel, *La Dynamique du capitalisme*, Paris 1985.
3 Immanuel Wallerstein, *Le Système du monde du XVe siècle à nos jours*, 2 Bde., Paris 1980. Siehe hierzu auch Erica Deuber Ziegler in Verbindung mit Geneviève Perret, »Mondialisation, appartenances multiples: l'urgence de nouveaux instruments d'analyse et d'intervention«, in Laurent Aubert (Hrsg.), *Le Monde et son double*, Paris und Genf 2000, S. 158 f.

4 Rubens Ricupero, Gespräch mit Willy Spieler, »Mit guten Ideen die Welt verändern«, *Neue Wege* (Zürich), Nr. 78 (Juli/August 2000), S. 223f.
5 Karl Marx, *Das Kapital. Kritik der politischen Ökonomie*, Bd. I: *Der Produktionsprozeß des Kapitals*, Frankfurt am Main – Berlin 1969, S. 702f. (Bd. I, VII. Abschnitt, 24. Kapitel, 6., »Genesis des industriellen Kapitalisten«).
6 Ebd., S. 694, 697.
7 Weitere Beispiele bei A. Gunder Frank, *L'Accumulation mondiale*, Paris 1977, S. 211f.
8 Roger Bastide nennt die allgemein akzeptierte Zahl von 20 Millionen Sklaven, die lebend nach Nord- und Südamerika gelangten. Vgl. R. Bastide, *Les Amériques noires*, Paris 1967.
L. S. Senghor schätzt dagegen die Zahl der Afrikaner, die von den Weißen versklavt wurden, bei der Jagd auf Sklaven in Afrika umkamen oder entweder auf der Überfahrt oder in den ersten drei Monaten ihres Aufenthalts auf dem amerikanischen Kontinent ums Leben kamen, auf 200 Millionen. Vgl. L. S. Senghor, *Pour une relecture africaine de Marx et d'Engels*, Dakar 1976, S. 23.
Das letzte Land, das die Sklaverei abschaffte, war Brasilien (1888).
9 Edgar Pisani, *Une certaine idée du monde. L'Utopie comme méthode*, Paris 2001, S. 58.
10 Zahlen von 2001.
11 Bekanntlich gehorcht das Bevölkerungswachstum einer Exponentialfunktion: Bei Christi Geburt gab es 250 Millionen Menschen, 1492 waren es 450 Millionen, 1825 eine Milliarde, und Ende des 21. Jahrhunderts werden es wahrscheinlich 10 bis 12 Milliarden sein.
12 Entwicklungsprogramm der Vereinten Nationen (UNDP), *Human Development Report 2000*, New York 2001.
13 Zbigniew Brzezinski, *La Civilisation technétronique*, Paris 1971.
14 Erica Deuber Ziegler in Verbindung mit Geneviève Perret, »Mondialisation et appartenances multiples…«, a. a. O.
15 Philippe Zarifian, *L'Émergence d'un Peuple-Monde*, Paris 1999, S. 3.
16 Pierre Veltz, *Mondialisation, villes et territoires: L'économie d'archipel*, Paris 1996.
17 Artikel 1 und 3 der Allgemeinen Erklärung der Menschenrechte, beschlossen am 10. Dezember 1948.
18 Zitiert nach Hervé Cassan, »La vie quotidienne à l'ONU du temps de Boutros Boutros-Ghali«, in *Mélanges offerts à Hubert Thierry*, Paris 1998, S. 8.
19 Ebd.

20 Régis Debray und Jean Ziegler, *Il s'agit de ne pas se rendre*, a. a. O., S. 50.
21 Die systematische Zerstörung der normsetzenden Kraft des Nationalstaats durch das Finanzkapital ist Gegenstand des 2. Kapitels in Teil II.
22 Jesse Helms, »Entering the Pacific Century«, öffentlicher Vortrag vor der Heritage Foundation, Washington (D.C.), 1996; zitiert nach Philippe S. Golub, »Ein Kabinett des Kalten Kriegs«, in *Le Monde diplomatique* – Deutsche Ausgabe – (Juli 2001), S. 6.
23 In *Time Magazine* (27. Dezember 1999), zitiert nach Golub, »Ein Kabinett des Kalten Kriegs«, a. a. O.
24 Thomas Friedman, *New York Times Magazine* (28. März 1999).
25 Vgl. *Le Monde* (4. Januar 2002).
26 In den meisten anderen mächtigen Staaten des Westens vollzieht sich die Unterwanderung und Übernahme des Staatsapparats durch große Finanzgruppen auf weniger durchsichtige Weise.
27 Organisation für Wirtschaftliche Zusammenarbeit und Entwicklung.
28 Vgl. S. 130 ff.
29 *New York Times* (4. September 2001).
30 *Le Monde* (10. Dezember 2001).
31 Dieses Gesetz, das dem Präsidenten die *Trade Promotion Authority* (TPA) überträgt, schränkt die Vollmachten des Kongresses erheblich ein. Wie in der Vergangenheit sind die Abgeordneten und Senatoren aufgerufen, jedes Handelsabkommen zu ratifizieren. Das neue Gesetz schließt jedoch die Möglichkeit aus, Veränderungen oder Zusätze anzubringen.
32 Über die Äußerungen Bushs und Zoellicks berichtete die Agence France-Presse am 29. Oktober 2001.
33 Nicht zu verwechseln mit der W.T.O., der Welttourismusorganisation.
34 Agence France-Presse, 29. Oktober 2001.
35 Vgl. Agence France-Presse und Reuters, 24. Januar 2002.
36 Paul Krugman in der Zeitschrift *Cash*, Zürich (8. Februar 2002).
37 Vgl. Yves Pétignat, »À Genève, Yeslam ben Laden rate son dîner avec George Bush père«, *Le Temps* (18. April 2002).
Yeslam ben Laden, der sich auch Binladin schreibt, leitet in Genf die *Saudi Investment Company* (SICO), die Finanzholding seiner Familie.
38 Die Angaben stammen von Eric Falt, dem Leiter des Informationszentrums der UNO in Kabul. Vgl. AFP und Reuters, 4. Januar 2002.
39 Claude Monnier, »Ça sert à quoi, la guerre antiterroriste?«, *Le Matin*, Lausanne (23. Dezember 2001).

40 Paul Kennedy, »The eagle has landed«, *Financial Times*, London (3. Februar 2002).
41 Paris 2001.
42 Guy Debord, *Panégyrique*, Paris 1989.
43 Den Begriff *stateless global governance* haben Theoretiker der Informationsgesellschaft wie Alvin Toffler und Nicholas Negroponte geprägt. (Siehe besonders ihre Bücher *Les Nouveaux Pouvoirs*, Paris 1991, und *L'Homme numérique*, Paris 1995.) Danach wurde er von Theoretikern der monetaristischen Chicago-Schule aufgegriffen.
44 Zur Vorgeschichte des Konsens von Washington siehe Michel Beaud, *Mondialisation: les mots et les choses*, Paris 1999; Robert Reich, *L'Économie mondialisée*, Paris 1993 (Übersetzung aus dem Englischen).
45 »A plague of finance«, *The Economist*, London (29. September 2001), S. 27.
46 Pierre Bourdieu, »Politik ist entpolitisiert«, Gespräch in *Der Spiegel*, Hamburg (Nr. 29, 2001).
47 Pierre Bourdieu, *Contre-feux,* Bd. 2, Paris 2001.
48 Ebd.
49 Gespräch mit Isabelle Rueff, Radio Suisse Romande (31. Januar 1999).
50 Siehe hierzu Amin Maalouf, *Les Identités meurtrières*, Paris 1998.
51 Gespräch mit Alain Touraine.
52 Siehe Juan Somavía, Generaldirektor der Internationalen Arbeitsorganisation (ILO), *Réduire le déficit du travail décent*, Bericht vor der 89. Internationalen Arbeitskonferenz in Genf, 5. – 21. Juni 2001.
53 Robin Harris (Hrsg.), *The Collected Speeches of Margaret Thatcher*, London 1997.
54 Zahlenangaben nach *Human Development Report 2000*, a. a. O.
55 Siehe Ueli Maeder und Elisa Streuli, *Reichtum in der Schweiz*, Zürich 2002.
56 *Sem Terra*, São Paulo (Nr. 8, 1999). Diese Zeitschrift wird vom *Movimento dos Trabalhadores Rurais Sem Terra* (MST) herausgegeben.
57 Weltbank, *Global Economic Prospects and the Developing Countries*, Washington 2000. 1990 gab es auf der Erde – nach den von der Weltbank selbst angewendeten Kriterien – 2718 Millionen extrem arme Personen; 1998 belief sich diese Zahl auf 2801 Millionen.
58 Médecins sans frontières (Ärzte ohne Grenzen, MSF), *Campagne pour l'accès aux médicaments essentiels*. Unter den Publikationen der internationalen Arbeitsgruppe der MSF siehe besonders: *Recherche médicale en panne pour les maladies des plus pauvres*, Genf 2002.

59 Siehe Ali Bensaad, »Durch die Wüste – Reise ans Ende der Angst«, *Le Monde diplomatique* – Deutsche Ausgabe –, September 2001.
60 *Rapport annuel 2000 de l'OMC*, Genf 2001.
61 Pascal Lamy, *L'Europe en première ligne*, Paris 2002, S. 30.
62 Siehe S. 202 ff.
63 Lansana Conté, in *Jeune Afrique – L'Intelligent* (29. Mai 2001), S. 21.
64 Siehe S. 171 ff.
65 Mitteilung der »Fédération internationale de l'Action chrétienne pour l'abolition de la torture« (FIACAT), Paris, anlässlich der 57. Sitzung der Menschenrechtskommission der UN, Genf, März 2001.
66 Siehe S. 107 ff.
67 Jonas Savimbi wurde am 21. Februar 2002 von der angolanischen Armee getötet.
68 Laut Stiftung »Centre pour la démocratisation des armées«, rue de Chantepoulet 12, CH-1201 Genève/Genf.
69 Albert Soboul, *Die Große Französische Revolution*, a. a. O., S. 299.
70 Wie Eric Hobsbawm nachweist, war dieser Widerspruch auch im englischen Industriekapitalismus des 19. Jahrhunderts am Werk; siehe Eric Hobsbawm, *Histoire économique et sociale de la Grande-Bretagne*, 2 Bde., Paris 1977

Teil II

1 Zitiert nach *Courier international* (25./31. Mai 2000).
2 Gary Rivlin in *Courier international*, a. a. O.
3 Vgl. Michael Lewis in *Die Weltwoche* (31. Januar 2002).
4 Léon Bloy, *Sueur et sang* (1893); vgl. *Le sang des pauvres*, Paris 1995, S. 22
5 Berechnet nach dem Jahresmittel 2000.
6 Michael Dobbs, »How Rich got rich: the path to a fortune«, *International Herald Tribune* (14. März 2001).
7 *Time Magazine*, New York (31. Dezember 2001). *Racketeering* ist organisierte Erpressung.
8 Siehe den Bericht, den die parlamentarische Untersuchungskommission über die Hindernisse für die Kontrolle und Bekämpfung der Finanzkriminalität und der Geldwäsche in Europa dem Fürstentum Liechtenstein, einem Nachbarn des Finanzplatzes Schweiz, gewidmet hat (Bericht Nr. 2311, registriert beim Präsidenten der Nationalversammlung am 30. März 2000). Dieser Bericht erschien als Anhang in dem Sammelband von Attac, *Les Paradis fiscaux*, Paris 2000.

9 Siehe den Hinweis von Lukman Arnold, Vorstandsvorsitzender der UBS, in *Die Weltwoche* (18. August 2001). Er wurde 2001 entlassen.
10 Aus Sorge um einen besseren Aktionärsschutz verlangen die meisten Börsengesetze der Welt in Zukunft die Offenlegung der Bezüge der Verwaltungsratsmitglieder.
11 Einen detaillierten Bericht über den Aufstieg lieferte Richard Cowper; er erschien in der *Financial Times*, London. Abdruck in französischer Übersetzung in *Le Monde* (26./27. Mai 1996). Vgl. auch in derselben Ausgabe der Zeitung den Beitrag »L'ascension de l'Everest au mépris de la vie humaine«.
12 Mit »Präsident« übersetze ich den amerikanischen Begriff *Chief Executive Officer* (CEO).
13 Richard Sennett analysiert diesen Vorgang am Beispiel der angelsächsischen Länder. Vgl. Richard Sennett, *Der flexible Mensch. Die Kultur des neuen Kapitalismus*, Berlin 1998.
14 Odile Benyahia-Kouider, »Au Crédit Lyonnais, les bonus font des vagues«, *Libération* (26. und 27. Mai 2001).
15 Daniel Ammann und Klaus Vieli, »Ich schäme mich nicht«, *Facts*, Zürich (Nr. 19, 2001).
16 Zum ereignisreichen Leben Orvitz' vgl. Bernard Weinraub, »Trouble for Orvitz, Part II«, *International Herald Tribune*, Paris (11./12. August 2001).
17 *Cash*, Zürich (4. Mai 2001).
18 Nadja Pastega, »Ein Risiko nur für die anderen«, *Facts*, Zürich (Nr. 17, 2001). Hinweis für Laien: Die Beiträge schwanken zwischen 10 000 und 100 000 Schweizer Franken pro Person und Jahr.
19 *Rapport sur les IED* (direkte Auslandsinvestitionen), UNCTAD, 18. September 2001. Kommentare von Rubens Ricupero, Generalsekretär der UNCTAD, in *La Tribune de Genève*, Genf (19. September 2001).
20 »L'énorme gâchis des fusions géantes«, *Le Monde*, Dossier vom 21. August 2001.
21 Wie gesagt, wurde er 2001 aus dem Amt gejagt.
22 Lukman Arnold, in *Die Weltwoche*, Zürich (16. August 2001).
23 *Die Berner Zeitung*, Bern (1. Juni 2001).
24 Die schweizerische Eidgenossenschaft besteht aus 26 Kantonen (Gliedstaaten). Polizei und Justiz unterstehen der Zuständigkeit des Kantons.
25 Inzwischen ist das Weltwirtschaftsforum selbst verlegt worden. Aus Furcht vor noch heftigeren Protestdemonstrationen wie 2001 veranstaltete sein Präsident Klaus Schwab das Forum 2002 im New Yorker Hotel »Waldorf-Astoria«.

26 *Der Sonntagsblick*, Zürich (12. August 2001); *Facts*, Zürich (11. August 2001); *Sonntagszeitung*, Zürich (12. August 2001).
27 Über die Fälle Enron und Global Crossing ist in der internationalen Finanzpresse ausführlich berichtet worden. Vgl. namentlich *Cash*, Zürich (2. Februar 2002); *The Economist*, London (2. Februar 2002).
28 *The Financial Times*, London, zitiert in *Sonntagsblick*, Zürich (17. Februar 2002).
29 *Johann Jacob Rousseau Bürgers zu Genf Abhandlung von dem Ursprunge der Ungleichheit unter den Menschen und worauf sie sich gründe* (1755), deutsch von Moses Mendelssohn (1756), abgedruckt in Jean-Jacques Rousseau, *Schriften Band 1*, hrsg.von Henning Ritter, Frankfurt/M. u. a. 1981, S. 230.
30 Jürgen Habermas, *Die postnationale Konstellation. Politische Essays*, Frankfurt am Main 1998, S. 94, 95, 103.
31 Ebd., S. 120f.
32 Vgl. namentlich sein Gespräch mit Gerhard Schröder beim Kulturforum der SPD am 5. Juni 1998.
33 Ralf Dahrendorf, »Die Quadratur des Kreises«, *Transit* (Nr. 12, Winter 1996), S. 5–28, hier S. 9; zitiert nach Habermas, *Die postnationale Konstellation*, a. a. O., S. 121.
34 Immanuel Kant, *Die Religion innerhalb der Grenzen der bloßen Vernunft* (1793).
35 Ebd., Drittes Stück, Erste Abteilung, I. »Von dem ethischen Naturzustande«.
36 Myriam Revault d'Allonnes, *Ce que l'Homme fait à l'Homme*, Paris 1995.
37 Harald Schuman, Hans-Peter Martin, *Die Globalisierungsfalle*, Hamburg 1998, S. 90.
38 Organisation für Wirtschaftliche Zusammenarbeit und Entwicklung.
39 Über die von diesen Bewegungen ins Werk gesetzte Strategie der Mobilisierung des Volkes vgl. namentlich »ALCA, Mercado continental sem equilibrio«, Sonderheft der Zeitschrift *Cadernos do Terceiro Mundo*, Rio de Janeiro (April 2001).
40 *Der Spiegel*, Hamburg (17. September 2001).
41 Jürgen Habermas, *Die postnationale Konstellation*, a. a. O.
42 Ebd.
43 Jacques Dupâquier, *La Population mondiale au XXe siècle*, Paris 1999, S. 44.
44 Rudolf Hickel und Frank Strickstrock (Hrsg.), *Brauchen wir eine andere Wirtschaft?*, Hamburg 2001.

45 Veröffentlicht am 28. Januar 2002 in Paris.
46 Zahlenangaben der OECD.
47 Die Organisation für Europäische Wirtschaftliche Zusammenarbeit (OEEC) wurde 1948 in Europa gegründet und 1961 in Organisation für Wirtschaftliche Zusammenarbeit und Entwicklung (OECD) umbenannt. 2002 umfasst die OECD 25 Staaten, darunter die USA, Kanada, Australien, Neuseeland und Japan.
48 Neben den klassischen ökonomischen Parametern wie Kaufkraft, Pro-Kopf-Einkommen, Größe des Bruttoinlandsprodukts usw. verwendet das UNDP in seinen Berichten auch qualitative Kriterien wie zum Beispiel Grad der Beschulung, Menschenrechtssituation, Sauberkeit des Wassers, Qualität der medizinischen Versorgung, Qualität der Nahrungsmittel usw.
49 Naomi Klein, *No logo!*, München 2001.
50 Mattel und Hasbro sind amerikanische Gesellschaften.
51 Untersuchungsbericht des Collectif de l'éthique sur l'étiquette (»Kollektiv Ethik auf dem Etikett«, eine französische Organisation, die besonders wirksam gegen die »Sonderproduktionszonen« kämpft), in *Cash*, Zürich (7. Dezember 2001).
52 Pierre Veltz, *Mondialisation, villes et territoires*, a. a. O.
53 Ein Derivat ist ein Wertpapier, das sich auf einen bestimmten Terminkontrakt bezieht. Das Wertpapier verleiht das Recht, bis zu einem bestimmten Tag und zu einem im Voraus festgelegten Preis einen Gegenstand, eine Aktie, eine Obligation oder irgendeinen anderen Wert zu kaufen oder zu verkaufen. Es gibt verschiedene Spielarten dieses Rechts, die Wertpapiere nennen sich dementsprechend *futures*, *options*, *warrants* usw. Derivate haben in den Siebzigerjahren die amerikanischen Börsenmärkte, im Laufe der Achtzigerjahre die europäischen Börsen erobert. Solche Spekulationen mithilfe von Derivaten sind übrigens eine alte Sache: Die ersten Derivate wurden Mitte des 16. Jahrhunderts von Tulpenzwiebelhändlern in Holland ausgegeben.
54 Leeson verbüßte in Singapur ein Haftstrafe von drei Jahren und vier Monaten. Heute lebt er in London.
55 Europäisches Kernforschungszentrum in Meyrin (Genf).
56 In: *Gesammelte Aufsätze zur Religionssoziologie*, 7. Aufl., Tübingen 1978.
57 Siehe den einleitenden Bericht des Exekutivsekretariats der UN-Konvention zur Bekämpfung der Wüstenbildung (2001).
58 »How to save the rain-forest?«, *The Economist* (12./18. Mai 2001), S. 87f.
59 Ebd.

60 Im Gegensatz zu politischen Flüchtlingen genießen sie keinerlei völkerrechtlichen Schutz.
61 Anfang 2000 stand ausnahmsweise ein Zivilist an der Spitze des Staates: Olusegun Obasanjo. Aber in der Realität sind es weiterhin die Generäle, die die Macht sichern.
62 Mohamed Lebjaoui, *Vérités sur la révolution algérienne*, Paris 1970; *Bataille d'Alger ou bataille d'Algérie?*, Paris 1972.
63 Walter Hollenweger, »Das Kindermorden von Bethlehem geht weiter«, a. a. O.
64 Durch den Aufstand junger Sandinisten außer Landes gejagt, suchte der »Herr der Friedhöfe« Zuflucht in Asunción (Paraguay). 1980 wurde er durch ein Exekutionskommando unter Führung zweier italienischer Revolutionäre hingerichtet.
65 François Duvalier (»Papa-Doc«), der Vater und Vorgänger von Jean-Claude, war ein gefürchteter »Doktor« des »Voudou« gewesen, dieses typischen Geheimkults der afrikanischen Diaspora (vom Stamme der Fon), die in der Republik Haiti lebt. Daher der Spitzname seines Sohnes: »Baby-Doc«.
66 Eine Analyse des Systems Marcos' und seines Sturzes bietet Lewis M. Simons, *The Philippine Revolution: Worth Dying for*, New York 1987.
67 Siehe *Le Monde* (4. November 1989).
68 Marcos war im März 1986 durch einen Volksaufstand in Manila gestürzt worden.
69 Vgl. Jean Dallais, *Philippines: les enfants du mépris*, Paris 1989.
70 Chitra Subramaniam, *Bofors: the Story Behind the News*, London 1993. Bofors war der Name eines schwedischen Rüstungsfabrikanten, der die indische Armee beliefert hatte und Anfang der Neunzigerjahre in einen aufsehenerregenden Korruptionsskandal verwickelt war.
71 Siehe Eberhard Schade, »Beamte bitte nicht füttern!«, *Die Weltwoche*, Zürich (5. Juli 2001).
72 Zum Thema Steuerparadiese siehe S. 167 ff.
73 Pierre Abramovici, »La corruption: un mal nécessaire?«, *Le Monde diplomatique* (November 2000).
74 Siehe *Le Monde* (4. April 2000).
75 Frantz Fanon, *Die Verdammten dieser Erde*. Mit einem Vorwort von Jean-Paul Sartre, Reinbek 1971. Siehe auch Alice Cherki, *Frantz Fanon*, Paris 1999.
76 Eckart Werthebach war bis 1997 Präsident des deutschen Bundesamts für Verfassungsschutz. Vgl. Eckart Werthebach und Bernadette Droste-Lehnen, »Organisierte Kriminalität«, *Zeitschrift für Rechtspolitik* 2 (1994).

77 Im Gespräch mit Uwe Mühlhoff, zitiert nach: Jean Ziegler in Zusammenarbeit mit Uwe Mühlhoff, *Die Barbaren kommen: Kapitalismus und organisiertes Verbrechen* (1998), mit einem aktuellen Nachwort versehene Taschenbuchausgabe, München 1999, S. 44.
78 Jean de Maillard, *Le Marché fait sa loi: De l'usage du crime par la mondialisation*, Paris 2001.

Teil III

1 Vgl. http//www.ichrdd.ca/frame.
2 Die WTO verwendet eine andere Nomenklatur und Zählmethode als die UNCTAD, siehe S. 88 f.
3 1995 abgegebene Erklärung von Percy Barnevik, damals Präsident der ABB Asea Brown Boveri AG., abgedruckt in Attac, *Enquête au cœur des multinationales*, hrsg. von Georges Menahem, Paris 2001, S. 9. Vgl. auch S. 93 f. Im Jahr 2002 steht die ABB AG. auf der Weltrangliste der mächtigsten transkontinentalen Gesellschaften an 15. Stelle.
4 *General Agreement on Tariffs and Trade* (Allgemeines Zoll- und Handelsabkommen).
5 *Trade Related Aspects of Intellectual Property Rights*: handelsbezogene Aspekte von Schutzrechten für geistiges Eigentum (Patente, Software, Copyright u. ä. m.).
6 *The Economist*, London (28. Juli 2001).
7 Die jüngste Welthandelskonferenz fand im November 2001 in Doha statt, der Hauptstadt des Emirats Katar am Persischen Golf.
8 Siehe auch den *Rapport de la commission indépendante sur l'Afrique et les enjeux du troisième millénaire: vaincre l'humiliation*, hrsg. von PNUD (= UNPD, Entwicklungsprogramm der Vereinten Nationen), 2002.
9 Vgl. S. 66 f.
10 Unter »Weltsozialprodukt« verstehe ich die Gesamtheit der quantifizierbaren wirtschaftlichen Betätigungen auf dem Planeten.
11 Ein Porträt Charlene Barshevskys findet sich in *Cadernos do Terceiro Mundo*, Rio de Janeiro (April 2001), S. 26.
12 Susan George und Attac, *Remettre l'OMC à sa place*, Paris 2001, S. 26.
13 Multilaterales Abkommen über Investitionen, vgl. S. 99 f.
14 Die Juristen des Berufungsorgans tagen in Kammern. Jede Kammer ist mit drei Richtern besetzt; im Hinblick auf die Fülle der zu verhandelnden Fälle sitzt jeder Richter in mehreren Kammern. Es entwickelt sich eine Spruchpraxis. Die Entscheidungen des Berufungsorgans sind im Internet einzusehen.

15 Die skandinavischen Regierungen finanzieren in Genf einen Hilfsfonds, der für die ärmsten Länder einen Teil der anfallenden Gerichts- und Anwaltskosten übernimmt.
16 *The Economist* (28. Juli 2001), S. 26.
17 Die Wahl des stellvertretenden Generaldirektors (der den Apparat kontrolliert) war für niemanden zweifelhaft: Sie konnte nur auf Andrew Stoller fallen, einen hohen amerikanischen Beamten, freigestellt vom Washingtoner Handelsministerium.
18 Siehe *Le Temps*, Genf (9. Mai 2001).
19 *Die Berner Zeitung*, Bern (6. Juli 2001).
20 Siehe *L'Hebdo*, Lausanne (26. Juli 2001).
21 Mike Moore, »Mondialisation contre marginalisation«, *Le Monde* (26. Mai 2001).
22 Dokumentarischer Nachweis: E/CN4/Sub. 2/2000/13.
23 Susan George, *Le Rapport Lugano*, Paris 2000, S. 320.
24 Zitiertes Interview (s. Anm. 21).
25 Im System der Vereinten Nationen selbst ist es die UNCTAD (die Handels- und Entwicklungskonferenz der UN), die die kritischsten Analysen erstellt und die interessantesten Alternativvorschläge zur Organisation des Welthandels macht. Vgl. namentlich: UNCTAD, *Trade and Development, Report 2000, Global Trends and Prospects, Financial Architecture*. (Zu bestellen bei der UNCTAD unter der Nummer E.01.II.D.10.)
26 Dossier des »Rencontre nationale avec le peuple d'Afrique du Sud« (RENAPAS), Arcueil 2002.
27 Es gibt Ausnahmen: So erlaubt die EU die Einfuhr von Rosinen aus Namibia – für zwei Monate im Jahr und streng quotiert.
28 Bericht über Handel und Entwicklung 2002 (s. Anm. 25), Vorwort von Kofi Annan. Ergänzende Informationen zu diesem Thema sind erhältlich bei: Division Globalisation et stratégies du développement, CNUCED [= UNCTAD], Palais des Nations, CH-1211 Genève 20.
29 Vgl. das zitierte Dossier von RENAPAS.
30 Bericht der UNCTAD 2002, a. a. O.
31 Attac, *Remettre l'OMC à sa place*, a. a. O., S. 8.
32 Bretton Woods, ein Ort in New Hampshire in den USA, war 1944 Schauplatz einer Tagung der westlichen Alliierten. Dort wurden die Prinzipien und Institutionen (u. a. IWF und Weltbank) festgelegt, die den Wiederaufbau Europas und einer zivilisierten Weltwirtschaftsordnung sichern sollten.
33 Vgl. S. 51 f.
34 Ihre Tätigkeit nahm sie im Juni 1946 auf.

35 Robert S. McNamara und Brian VanDeMark, *Vietnam – das Trauma einer Weltmacht*, Hamburg 1996.
36 Jerry Mander, »Face à la marée montante«, in Edward Goldsmith und Jerry Mander, *Le Procès de la mondialisation*, Vorwort von Serge Latouche, Paris 2001, S. 42.
37 Ebd., S. 43.
38 Vorwort von James Wolfensohn zu *The World Development Report 2001*, Oxford 2001, S. 5.
39 *La Tribune de Genève* (8. Juni 2000).
40 Alfredo Sfeir-Younis, in *La Tribune de Genève* (8. Juni 2000).
41 Ebd.
42 Joseph Stiglitz, *Die Schatten der Globalisierung*, Berlin 2002.
43 Siehe namentlich das Interview mit Wolfensohn in *Libération* (10. Juli 2000).
44 Laurence Boisson de Chazournes, »Banque mondiale et développement social«, in Pierre de Senarclens, *Maîtriser la mondialisation*, Paris 2001. Von demselben Verfasser: »Le panel d'inspection de la Banque mondiale«, *Revue générale de droit international public,* Bd. 105, Nr. 1 (2001), S. 144f.
45 Siehe S. 133 ff.
46 Transparency International führt über das betreffende Land eine dreijährige Untersuchung durch, an der fünf Personengruppen (darunter Geschäftsleute, Hochschullehrer und NGOs) beteiligt sind. Die Liste von TI gilt als maßgebend. Vgl. S. 127 ff.
47 Es handelte sich um politisch und finanziell enorm mächtige Gesellschaften wie Exxon-Mobile, Chevron und Petronas.
48 *Libération* (7. Juni 2000).
49 Ebd.
50 *The Guardian* (20. Mai 2000).
51 *Libération* (10. Juli 2000).
52 Ebd.
53 *Le Temps* (Genf), 30. November 2000.
54 »A Plague of Finance«, *The Economist*, London (29. September 2001).
55 Jeffrey Sachs, »Arrêtez de compter vos dollars!«, in *The Financial Times*, London, nach der Übersetzung in *Courrier international* (2. August 2001).
56 Über Ursprung und Entwicklung der Auslandsverschuldung der einzelnen südamerikanischen Länder unterrichtet Marcos Arruda, *External Debt*, London 2000.
57 Vgl. Maurice Lemoine, »État national et développement«, Referat bei den Internationalen Sozialistischen Begegnungen, Rio de Janeiro

(2.-4. August 2001). Maurice Lemoine ist stellvertretender Chefredakteur von *Le Monde diplomatique*.
58 *Corralito* bedeutet »kleines Gehege«, da begrenzte Teilabhebungen vom Konto erlaubt blieben.
59 *Le Monde diplomatique* (März 2002).
60 In Brasilien zuerst 1962 erschienen.
61 Zahlen des Instituto de Pesquisa Economica Applicada (IPEA), einer dem Planungsministerium unterstehenden Organisation.
62 *Projeto Fome Zero*, erarbeitet von der Arbeiterpartei (PT).
63 Nach Angaben von Dom Mauro Morelli, Präsident des nationalen Forums für die Sicherung der Ernährung.
64 Pedro Malan in *Globo* (4. August 2001); in *Dario Popular* (4. August 2001); in *International Herald Tribune* (9. August 2001).
65 Vgl. S. 71 ff.
66 Ab 15 000 Attentatsopfern und gewaltsam Getöteten pro Jahr spricht die UNO von »Krieg minderer Schwere (*low intensity warfare*)«.
67 Haftorte sind die (gewöhnlich auf Hochsicherheit ausgelegten) Zuchthäuser, die Gefängnisse und die Zellen auf den Polizeirevieren.
68 Alexandro Trevizzano Marim, Beisitzer der Menschenrechtskommission der brasilianischen Anwaltskammer, Sektion São Paulo. Das Dokument ist einzusehen beim UN-Hochkommissar für Menschenrechte, Palais Wilson, Genf.
69 Alvaro Queiroz, »O fracasso das privatizacões«, *Cadernos do Terceiro Mundo*, Rio de Janeiro (Dezember 2000 und Januar 2001)
70 Bericht 2000 der Kommission »Justiça e Paz«, Organ der brasilianischen Bischofskonferenz (CNBB), Brasília 2001.
71 Siehe namentlich Joseph Stiglitz, »The Insider: What I learned from the world economic crisis«, *New Republic* (4. Juni 2000). Vgl. den Kommentar von Renaud de Rochebrune, »Une attaque venue de l'intérieur«, *Jeune Afrique – L'Intelligent*, Paris (8. August 2000).
72 Joseph Stiglitz, »The Insider: What I learned from the world economic crisis«, a. a. O.
73 Ebd.
74 Ebd.
75 *The Economist*, London (29. September 2001).
76 Ebd.
77 Ebd.
78 Zum Vergleich: Das Pro-Kopf-Einkommen der Schweiz bewegt sich jedes Jahr um die 26 000 Dollar. Die Schweiz ist das reichste Land der Erde.
79 Bereits die Welternährungskonferenz von 1996 konstatierte einen di-

rekten Zusammenhang zwischen Schuldenlast und Fehlernährung. Die Kampagne *Jubilé 2000* kommt an Hand aktualisierter Zahlen zu dem gleichen Ergebnis (siehe namentlich die folgende Internetseite: http://www.jubilee2000.uk.org).
80 Weltbank, *Rapport sur le développement dans le monde 2000. Combattre la pauvreté*, Paris 2000.
81 CNUCED (UNCTAD), *Les pays les moins avancés, Rapport 2000* (Veröffentlichung der Vereinten Nationen, Bestellnummer: F.00.II.D.21), Genf 2000.
82 UNDP, *Human Development Report 2000*, a. a. O.
83 *OMS* (= WHO) *2000: Rapport sur la santé dans le monde 2000. Pour un système de santé plus performant*, Genf 2000.
84 *Le Monde* (11. Mai 2001).
85 Séni Kountché war der Militärdiktator, der es schaffte, die Wirtschaft des Niger für eine Weile anzukurbeln.
86 Dies war Anfang September 2001 der Durchschnittspreis für eine lebende Ziege.
87 Siehe Catherine Belvaud, *La Mauritanie*, Paris 1989, namentlich den ersten, historischen Teil (vom westsaharischen Berberbund bis zur Islamischen Republik Mauretanien). Siehe auch François Lefort und Carmen Bader, *Mauritanie: la vie réconciliée*, Paris 1990.
88 Vgl. die Interpretation der Rechtsverordnung vom 5. Juni 1983 und der durch sie ausgelösten Umwälzungen in *Le Courrier Afrique-Caraïbes-Pacifique* 137 (Januar/Februar 1993). Der *Courrier* wird von der EU (1993 noch: EWG) herausgegeben.
89 Nach den Statistiken des WFP (World Food Program, Welternährungsprogramm der UNO) leiden 29 Prozent der mauretanischen Bevölkerung unter chronischer schwerer Unterernährung (die letzten verfügbaren Angaben stammen von 1997).
90 Zum Originalwortlaut siehe Kinderhilfswerk der UNO (UNICEF), *Children in Jeopardy: The Challenge of Freeing Poor Nations from the Shackles of Debt*, New York 1999, S. 5. (Im Internet einzusehen: www.unicef.org/pubsgen/debt/debt/pdf.)
91 *Maliwu* ist Suaheli und bedeutet »Lehrmeister, Praeceptor«: So pflegten seine Landsleute Nyerere zu nennen.
92 Oxfam, *Liberalisation and Poverty: An Oxfam Research Project*, London 2000, Anhang B: *Sambia*.
93 Ebd.
94 Im Juli 2001 war 1 US-Dollar 8500 Dobra wert.
95 Das Gespräch fand im Juli 2000 statt.
96 Es gibt einige wenige Ausnahmen. So hat Jean-Luc Bernasconi, der in

der Weltbank für das Referat »Niger« zuständig ist, seinen Doktor an der Universität Neuchâtel in der Schweiz gemacht.
97 Vgl. das Porträt über sie in *The Financial Times* (7. Juni 2001).
98 Joseph Stiglitz in *Cash*, Zürich (7. August 2001).

Teil IV

1 Vgl. S. 198 ff.
2 Habermas, »Die postnationale Konstellation«, a. a. O., S. 125, 165.
3 Ebd., S. 117.
4 Sergio Vieira de Mello, »La conscience du monde: l'ONU face à l'irrationnel dans l'histoire«, Antrittsvorlesung Genf (2. November 2000).
5 Vgl. S. 35 f.
6 Siehe die Dokumentensammlung *Les Droits d'homme: Histoire des droits et libertés en France*, hrsg. von den Archives de France, Paris 1969.
7 Nach 1968 war die im Januar 1919 in Berlin ermordete Rosa Luxemburg die beliebteste politische Bezugsperson in linken Kreisen des Westens, weil sie nie die Gelegenheit hatte, den Versuchungen der Macht zu erliegen. – Die Arbeiterbewegung kennt vier Internationalen: die Erste Internationale, 1864 von Karl Marx gegründet, scheiterte nach der Niederwerfung der Pariser Kommune. Die Zweite Internationale (die noch heute existiert) versammelt sozialdemokratische Parteien, namentlich in Europa. Die von Stalin aufgelöste Dritte (Kommunistische) Internationale war 1919 von Lenin gegründet worden. Die Vierte Internationale existiert ebenfalls noch und vereinigt die verschiedenen trotzkistischen Bewegungen, Gruppen und Parteien.
8 Rede von Michail Gorbatschow vom 15. Januar 1986, zitiert in Juri Nikolajewitsch Popow und Jean Ziegler, *Ein Ost-West-Dialog* (russisch), Moskau 1987, französische Ausgabe: *Un dialogue Est-Ouest*, Lausanne und Paris 1987.
9 Popow und Ziegler, *Ein Ost-West-Dialog*, a. a. O.
10 Max Horkheimer, *Zur Kritik der instrumentellen Vernunft. Aus den Vorträgen und Aufzeichnungen seit Kriegsende*. Hrsg. von Alfred Schmidt. Frankfurt am Main 1967, S. 124 f.
11 Ebd.
12 Zarifian, *L'Émergence d'un Peuple-Monde*, a. a. O.
13 Louis-Antoine de Saint-Just, *Fragments d'institutions républicaines*, Paris 1988.
14 Alain Touraine, *Vie et mort du Chili populaire*, Paris 1973.

15 Zarifian, *L'Émergence d'un Peuple-Monde*, a. a. O., S. 77 f.
16 Ebd.
17 Christophe Aguiton, *Le Monde nous appartient*, Paris 2001, namentlich das 3. Kapitel: »Des acteurs en mutation, les syndicats«; S. 118 f.
18 Verdinglichung bedeutet die Verhärtung des Bewusstseins, bis es zu einem Ding wird. Sie kennzeichnet das letzte Stadium der Entfremdung des Menschen.
19 Attac: *Association pour la taxation des transactions financières pour l'aide aux citoyens* (Vereinigung zur Besteuerung von Finanztransaktionen zugunsten der Bürger).
20 Vgl. den von Bernard Cassen herausgegebenen Sammelband *Tout sur Attac*, Paris 2000, Neuaufl. 2002.
21 Christiane Grefe, Matthias Greffrath, Harald Schumann, *Attac: Was wollen die Globalisierungskritiker?*, Berlin 2002.
22 Ebd.
23 Siehe die Angaben Bernard Cassens in *Libération* (21. Januar 2002).
24 Siehe beispielsweise *Le Nouveau Mandat d'Amnesty*, Informationsdossier und Diskussionsforen, hrsg. von Amnesty Suisse in der Nummer 29 der Mitgliederzeitschrift (April 2002).
25 Siehe namentlich *Famines et politique*, Paris 2002.
26 Siehe S. 107 f.
27 Siehe *Libération* (19./20. Februar 2000).
28 Pierre Bourdieu in *Le Temps*, Genf (26. Januar 2002).
29 Naomi Klein, in *The Nation*, New York (Juli 2000), französische Übersetzung in *Courrier international* (2. August 2001).
30 Es handelt sich um Staatspräsident Jamil Mahuad Witt, der am 21. Januar 2001 aus dem Amt gejagt wurde.
31 Die CONAIE vertritt ungefähr 3 Millionen Menschen, das sind etwa 30 Prozent der Gesamtbevölkerung. Die CONAIE umfasst verschiedene Organisationen wie zum Beispiel die ECUANURI der Indios der Sierra und die CONFENAIE der Indios des Küstenlandes.
32 Quilombo hieß die von den aufständischen Sklaven errichtete Republik.
33 Zu diesem Tagesbefehl Duvals siehe *Le Nouvel Afrique-Asie*, Paris (April 2002), S. 41.
34 Régis Debray und Jean Ziegler, *Il s'agit de ne pas se rendre*, a. a. O., S. 10 f.
35 Noam Chomsky, *La Conférence d'Albuquerque*, Paris 2001.
36 Ebd.
37 Gilles Perrault, Einführung zu *Livre noir du capitalisme*, Paris 2001, S. 5.

38 *Neue Wege*, Zürich (März 2002), S. 80.
39 Gespräch mit Ram Etweera, a. a. O.
40 Mike Moore, in *L'Hebdo*, Lausanne (Nr. 20, 20. September 2001), S. 75.
41 »Eins, zwei, drei – es lebe Pinochet! Vier, fünf, sechs – Tod den Juden! Sieben, acht, neun – der Nigger rührt sich nicht.« Nach Berichten spanischer Demonstranten, die ebenfalls verhaftet, später aber freigelassen wurden, in *La Vanguardia*, Barcelona (31. Juli 2001).
42 In *Libération*, Paris (27. Juli 2001).
43 Ebd.
44 Ebd.
45 Ebd.
46 Ebd.
47 João-Pedro Stedile, »Terra para todos: As armas do MST«, Gespräch in *Caros amigos*, São Paulo (Nr. 39, Juni 2000).
48 Zur Geschichte des Marsches auf Washington siehe Anne-Sophie Paquez und Maximos Aligisakis, *Comment interpréter les marches en Europe? Théorie et typologies d'une expression de la société civil*, Europainstitut der Universität Genf, Genf 2001.
49 Siehe die Untersuchung von Larry Rother, »The twin plagues of Brazil: deforestation and slavery«, *The New York Times*, New York (7. April 2002).
50 Jeder brasilianische Bundesstaat hat seine *Policia militar*, eine Art von schwer bewaffneter, aber in der Regel schlecht ausgebildeter Gendarmerie. Sie untersteht direkt dem Gouverneur. In den Regionen Norden und Nordosten sind diese Polizisten häufig nichts anderes als bezahlte Killer im Sold der Großgrundbesitzer. Aus ihnen rekrutieren sich in Brasilien häufig auch die Todesschwadronen im Dienst von Unternehmern und Großfinanziers.
51 Doch beginnt sich auch in einigen kontinentaleuropäischen Ländern ein neuartiges Bewusstsein für das Problem der Öffentlichkeit zu entwickeln. Vgl. Michel Bassand, *Vivre et créer l'espace public*, Lausanne 2001.
52 Das Kriterium ist die Dichte der Besiedlung: Erst ab 150 Einwohnern pro Quadratkilometer gilt eine Agglomeration als Stadt.
53 Es gibt in Brasília zwei Agrarministerien: eines für den Agrarexport und eines für die heimische Agrarwirtschaft.
54 Vor dem Amtsantritt der ultraliberalen Regierung und ihrer totalen Unterwerfung unter den IWF war Brasilien in seiner Lebensmittelproduktion praktisch autark.
55 Die brasilianische Abkürzung ist ALCA, *Aera de Livre Comercio das*

Americas. Siehe Emir Sader u. a., *ALCA – Integração soberana ou soubordinada?*, São Paulo 2001; »ALCA, os riscos do mercado continental«, *Cadernos do Terceiro Mundo*, Rio de Janeiro (Sonderheft, April 2001).
56 Siehe den in Anm. 47 zitierten Artikel von João-Pedro Stedile, »Terra para todos: As armas do MST«, S. 36.
57 Sogar das gegenwärtige Gesetz über die Agrarreform kennt keine Obergrenze für Grundbesitz, das heißt für die Größe einer Latifundie.
58 Der Katholik Bethino wurde als Widerstandskämpfer gegen die Diktatur verbannt. 1993 organisierte er die erste »nationale Kampagne gegen das Elend und für das Leben«. Er starb 1997. Vgl. Herbert de Souza und François Bugnion, *Revoluçoes da minha geração*, São Paulo 1996.
59 Chico Mendez, ein ehemaliger Bauernführer, wurde von den *chacunças* – den Berufskillern der Großgrundbesitzer – ermordet.
60 Darcy Ribeiro (†): Romanschriftsteller und Soziologe, Widerstandskämpfer gegen die Militärdiktatur von 1964 bis 1982.
61 Mit FHC ist Fernando Henrique Cardoso gemeint, zur Zeit meines Besuchs der ultraliberale Präsident der Republik Brasilien.
62 João-Pedro Stedile, »Terra para todos: As armas do MST«, a. a. O., S. 37.
63 José Are Arbex jr., »Anistia? Que anistia?«, *Sem Terra*, São Paulo (Juli–September 1999), S. 26 f.
64 Zuckerrohrschnaps, das Getränk der Armen.
65 Seit 1996 ist eine Untersuchung im Gange, die von der Justiz des Bundesstaates Pará durchgeführt wird. Ein erster Verhandlungstermin wurde schließlich für den 8. April 2002 in Belém anberaumt. Der vorsitzende Richter vertagte das Verfahren.

Statt eines Nachworts

1 Zwei neuere Studien gehen der Archäologie des Begriffs Zivilgesellschaft nach und versuchen, die Verbindung zu gegenwärtigen kollektiven Widerstandsbewegungen zu schlagen. Siehe die *Revue sénégalaise de sociologie*, hrsg. von Boubacar Ly, Universität Gaston-Berger, Saint-Louis (Doppelheft 1998/99), mit dem Titel *La Société civile*. Ferner *Société civile, lieus des luttes sociales*, Sonderheft der *Revue Alternatives-Sud*, hrsg. von François Houtard, Universität Louvain-la-Neuve 1998.
2 Jean-Jacques Rousseau, *Du contrat social* (1762), 2. Kapitel, »Des premières sociétés«, in *Œuvres complètes*, Bd. III, Paris 1964, S. 352.

3 Siehe S. 146 f.
4 Im Allgemeinen ist die Situation noch skandalöser: Die ausländischen Gesellschaften handeln mit dem Gastland steuerliche und sonstige Bedingungen aus, die vorteilhafter sind als jene, die für einheimische Unternehmen gelten!
5 Jean-Jacques Rousseau, *Abhandlung von dem Ursprunge der Ungleichheit*, a. a. O., S. 227.
6 »Sie können den Menschen töten, / aber sie können nicht die Weise töten, / wie seine Seele sich freut, / als sie davon träumt, frei zu sein.« Vgl. *Vas caminandos sin huellas*, Sammlung lateinamerikanischer Lieder, Wien 1974.
7 Franz Hinkelhammert ist einer der führenden Theoretiker der Befreiungstheologie. Siehe sein Gespräch mit Willy Spieler in *Neue Wege*, Zürich 2001.
8 *New York Times Magazine* (28. März 1999).
9 Klaus Schwab, Rede zur Eröffnung des Weltwirtschaftsforums in New York (31. Januar 2002).
10 Gilles Perrault, Einleitung zu *Livre noir du capitalisme*, a. a. O., S. 6.

Personenregister

Abacha, Sani 82, 117
Abi-Saab, Georges 151
Adorno, Theodor W. 96
Affolter, Daniel 86
Aguiton, Christophe 239
Albright, Madeleine 36
Alexander der Große 49f.
Aliesch, Peter 91f.
Alingué, Jean-Bawoyeu 176
Allemand, André 167
Allen, William 136
Allende, Salvador 235
Allmand, Warren 141
Amadou, Hama 196f.
Annan, Kofi 94
arap Moi, Davod 178
Arendt, Hannah 181
Arnold, Lukman 90
Aubert, Marie-Hélène 173

Babeuf, Gracchus 231
Baker, James 46
Balaguer, Joaquín 125
Barbalho, Jader 187
Baretto, Patricia 275
Barnevik, Percy 93f., 142
Barshevsky, Charlene 148
Bebel, August 230
Beckett, Samuel 14
Bella, Ahmed Ben 118, 209
Bello, Walden 246
Bernanos, Georges 277
Bin Laden, Osama 46, 124
Biya, Paul 68, 172
Blair, Tony 50
Blok, Alexandr 229

Bloy, Léon 79
Bodin, Jean-Luc 244
Boulton, John 43
Boumedienne, Houari 118
Bourdieu, Pierre 53f., 246
Boutros-Ghali, Boutros 33
Bové, José 154, 240
Brandt, Willy 164, 233
Braudel, Fernand 22
Brecht, Bertolt 7, 19, 75, 139, 243
Breschnew, Leonid 231
Brindeiro (bras. Generalstaatsanwalt) 187
Brugisser, Philippe 87
Brundtland, Gro Harlem 164
Brunel, Sylvie 244
Brzezinski, Zbigniew 29f.
Bush, George 46
Bush, George W. 40f., 43ff., 92, 192, 226
Bush, Jeff 41

Cabiavaletta, Mathis 87
Cabral, Amilcar 209
Campaore, Blaise 69
Cardoso, Fernando Henrique 181, 183, 187, 264
Carlucci, Frank 46
Casarini, Luca 254
Cassen, Bernard 243
Castro, Fidel 239
Chateaubriand, François René 82
Cheney, Dick 41, 92
Chevènement, Jean-Pierre 224
Chirac, Jacques 172
Chomsky, Noam 250
Clinton, Bill 36, 81, 148, 214f.

Conté, Lansana 66
Corti, Mario A. 87f.
Costa, Guilherme Posser da 211

d'Allonnes, Myriam Revault 98
Dahrendorf, Ralf 97
Darier-Hentsch 135
Debayle, Anastasio Somoza 120
Debord, Guy 51
Debray, Régis 13, 33, 224, 249
Déby, Idriss 67, 172f., 176
Dervis, Kemal 166
Diallo, Hama Arba 116
Diané, Mory 203ff.
Diderot, Denis 236
Dufour, François 240
Dumont, René 119
Duran, Esperanza 144
Duval (General) 249
Duvalier, Jean-Claude (Bébé-Doc) 82, 120

Eigen, Peter 127
Eisner, Michael 80, 86
Ellison, Larry 77f.
Erwareea, Ram 154, 158
Eyadéma, Gnassimbé 67, 69

Fanon, Frantz 136
Ferreira, Jailson 269
Fisher, George 85
Francis, Julian 134, 136
Freire, Paolo 268
Friedman, Thomas 36, 285
Fromm, Erich 96
Furtado, Celso 269

Gabriel, Almir 261
Gallo, Max 62, 224
Gates, Bill 29, 77f.
Gaulle, Charles de 249
Geithner, Tim 214
George, Susan 149, 157
Giraudoux, Jean 219
Giuliani, Carlo 256
Gomez, Severo 267
Gonçales, Gilson 269
Gorbatschow, Michail 231ff.

Gouges, Olympe de 240
Gramm, Phil 92
Gramm, Wendy 92

Habermas, Jürgen 95ff., 223f., 226
Habré, Hissène 67
Hassan II. von Marokko (König) 142
Hébert, Jacques René 69
Hegel, Georg Wilhelm Friedrich 33
Helms, Jesse 36
Hinkelhammert, Franz 285
Hobsbawm, Eric 101
Hollenweg, Walter 16
Horkheimer, Max 96, 234
Houtard, François 246

Isabella von Spanien (Königin) 132

Jaurès, Jean 230
Jelzin, Boris 232
Johnson, Ian 116f.
Jospin, Lionel 50, 100
Jungmann, Raúl 272

Kabila, Joseph 54f.
Kabila, Laurent 54
Kafka, Franz 17
Kahane, Meïr 56
Kant, Immanuel 97f.
Kanyenze, Godfrey 158
Karimow, Islam 192
Karlsson, Mats 168
Karzai, Hamid 47
Kaunda, Kenneth 209f.
Keita, Alacine 11
Keita, Fodé Touré 11
Keita, Modibo 209
Kennedy, John F. 162, 241, 258f.
Kennedy, Paul 49
Kernaghan, Charles 79ff.
Kertzman, Mitchell 77
Khalizad, Zalmay 41
Khor, Martin 244, 246
Kielburger, Craig 244
Kim Il Sung 228
King, Martin Luther 259
Klein, Naomi 107, 247
Kolumbus, Christoph 132

Kountché, Séni 196
Krauthammer, Charles 36
Kreisky, Bruno 119
Krueger, Anne 213f.
Krugman, Paul 46

Lafer, Celso 181
Lamartine, Alphonse de 58
Lamy, Pascal 66, 146f.
Launay, Marquis de 286
Lay, Kenneth 92f.
Lebjaoui, Mohamed 118f.
Leeson, Nick 110f.
Lewis, Michael 78
Losson, Christian 174
Lotze, Conny 192
Ludwig XVI. 227
Lumumba, Patrice 209
Luxemburg, Rosa 230

Majakowski, Wladimir 229
Malan, Pedro 183f.
Mander, Jerry 162
Marcellus, Olivier de 253f.
Marcos, Ferdinand 121ff.
Marcos, Imelda 121f., 124
Marcuse, Herbert 96
Marighela, Carlos 181
Marim, Alexandro Trevizzano 186
Mark Aurel 35
Martí, José 18
Marx, Karl 24f., 106, 236, 284
McLuhan, Marshall 29f.
McNamara, Robert 162ff.
Meyerhold, Wsewolod 229
Mitterrand, François 102
Mobutu, Joseph Désiré 55, 82, 120
Moelis, Ken 83
Moore, Mike 153ff., 158, 255
Moscovici, Pierre 50
Musharraf, Pervez 192

Nasser, Gamal Abdel 209
Njehu, Njoki Njoroge 245
Normand, Roger 40
Núñez, Aloysio 181
Nung, Jacques 175
Nyerere, Julius 209

O'Neill, Paul 92
Onyango, Oloka 155
Orvitz, Michael 86
Ospel, Marcel 83

Palme, Olof 119, 168
Panadakis, Panagiotis 91
Panitchapakdi, Supachai 153
Pantoja (bras. Oberst) 276
Parente, Pedro 187
Paulus (Apostel) 59
Peña-Gómez, Francisco (Chico) 125f.
Perrault, Gilles 251, 287
Petrella, Ricardo 246
Pettifor, Anne 243
Pinheiro, Paulo-Sergio 182
Pinochet, Augusto 167
Pisani, Edgar 25
Pollock, Friedrich 96
Popow, Juri Nikolajewitsch 233
Poulantza, Georges 182
Prado, Caío 269
Putin, Wladimir 38, 232

Reagan, Ronald 213
Rebelle, Bruno 173
Reuben, William 171
Ribeiro, Darcy 268
Ricardo, David 71f., 184
Rice, Condoleezza 41
Rich, Marc 81
Riche, Pascal 174
Ricupero, Rubens 22ff., 158f., 195
Rivarol, Graf Antoine de 91
Rivlin, Gary 77
Robinson, Mary 156
Rogoff, Kenneth 214
Rossi, Dario 258
Rotberg, Eugène 162
Rousseau, Jean-Jacques 94, 236, 277ff., 284
Roux, Jacques 16, 227, 231
Rubin, James 215
Ruggiero, Renato 143, 153
Rumsfeld, Donald 41, 48f.

Sachs, Jeffrey 178
Saint-Just, Louis Antoine Léon 235

Sané, Pierre 244
Sankara, Thomas 119
Sankhoï, Fode 69
Santos, Milton 269
Santos, Teotonio 269
Saro-Wivwa, Ken 117
Sartre, Jean-Paul 230
Savimbi, Jonas 69
Scajola, Carlo 256
Schorri, Pierre 168
Schröder, Gerhard 50
Schwab, Klaus 285
Schwerdtfeger (Kriminaloberrat) 137
Seneca 285
Sennett, Richard 73
Sfeir, Nasrallah 167
Sfeir-Younis, Alfredo 166ff.
Shigekawa, Eisukhe 84
Silva, João Rodriguez da 267
Smets, Henri 246
Smith, Adam 71f., 184
Somavía, Juan 22
Souza, Herbert de (Bethino) 266
Souza, Paulo Renato de 182
Stalin, Jossif 229ff.
Starobinski, Jean 153
Stedile, João 258, 265
Sternäve, Gunnar 168
Stiglitz, Joseph 168, 188f., 191, 214
Studer, Robert 87
Summers, Lary 215
Suplicy, Marta 182f.

Taylor, Charles 69

Thatcher, Margaret 59
Tietmeyer, Hans 99f., 103
Tobin, James 241
Touraine, Alain 57
Toussaint, Éric 246
Traore, Aminata 17
Triana, Rodrigo de 132
Trotzki, Lew 230
Trujillo, Rafael Léonidas 125
Tumi (Kardinal) 68

Udagama, Deepika 155

Valéry, Paul 212
Veltz, Pierre 31, 109
Voltaire, François-Marie (Arouet) 236

Wallach, Lori 244
Wallerstein, Immanuel 22
Walter, Gilson Oliveira 274
Weber, Max 112
Werthebach, Eckart 136
Whitman, Walt 286
Whittacker, Francisco 181
Widmann, Anne-Frédérique 155
Wiell, Sanford 85
Williamson, John 51
Winnik, Gary 93
Wolfensohn, James 163, 165f., 168–176

Zarifian, Philippe 30, 235f.
Zoellick, Robert 45, 147f.

Sachregister

ABB 93
ACICI 144
Afghanistan 13, 40f., 47f., 69, 124, 141, 161, 192
Afrika 13, 22, 24ff., 29, 31, 60f., 63, 69, 113f., 119, 144ff., 149, 152, 162, 171, 191, 193ff., 197, 202, 241, 245
Agrarabkommen 148
Aids 39, 61, 149, 169, 186
Algerien 63, 118, 249
Al-Kaida 124
Allgemeines Zoll- und Handelsabkommen s. GATT
Amazonas 113f., 248, 260f., 274
Amerikanische Freihandelszone s. FTAA
Amnesty International 244, 257
Analphabetismus 169, 195, 197, 205, 261
Antisemitismus 231
Arbeitslosigkeit 28, 59, 96, 105f., 111, 180, 183, 201, 211, 259
Arbeitsplatzvernichtung 85, 89
Argentinien 127, 179f., 189
Armut 45, 59f., 103f., 124, 159, 166, 179f., 184, 210, 259
Asien 13, 25f., 61, 79, 113, 119, 149, 152, 162, 188–193, 195, 239, 241, 245
Attac 241ff., 257, 264
Ausbeutung 25, 81, 102, 108, 113f., 168, 245
Auslandsverschuldung 178ff., 183, 192ff., 196, 206, 208, 211
Auswanderung 65, 124

Bauernbewegungen 239, 246
Bevölkerungswachstum 26, 211

Bildung 164, 173, 183
Binnenmarktliberalisierung 67
BIP 60, 100, 179, 183, 194, 206, 210
Börse 29, 110ff.
Brasilien 22f., 26, 60f., 65, 100, 106, 113f., 180, 182ff., 187, 237ff., 149, 159ff., 264ff., 270–275, 285
Bruttoinlandsprodukt s. BIP

CERN 112
CFF 89
Chevron 41
Chile 22, 26, 167, 235f.
China 27, 43, 68, 103, 107f., 156
CIA 42
Citicorp 85
Club of Rome 164
CNRA 118
Conakry 66, 202ff.
Crédit Lyonnais 85
Crédit Suisse 122ff.
Curaçao 130, 132

Davos 98, 100, 103
Demokratie 17, 34f., 105, 224, 231
– integrale 157f.
Deutsche Bundesbank 99
Deutsche Metallgesellschaft 111
Deutschland 82, 93, 106, 136, 151, 194
Diamanten 68f.
Diktatur 34, 66, 117, 172
Dritte Welt 13, 15, 26f., 52, 60ff., 65f., 81, 94, 100, 102ff., 106, 120, 124, 142, 145, 148f., 152, 156, 159ff., 165, 169, 188, 192, 209, 227, 243f., 283, 286

Dschungelkapitalismus 78, 81, 86, 153, 156, 279

Entwicklungshilfe 164f., 168, 195, 225
Entwicklungsprogramm der Vereinten Nationen s. UNDP
Erdöl 92, 173
Erdölgesellschaften 40f., 43, 69, 117, 173, 175
EU 50, 145ff., 151f., 157f., 281
Europa 22, 24f., 32, 43, 50, 61, 63, 104f., 107, 120, 122, 124, 130f., 141, 147, 164f., 175, 202, 214, 223, 230f., 233, 238f., 241, 243, 264, 281
Europäische Union s. EU

FAO 13, 224
Fehlernährung 108, 205, 208
Flüchtlinge 62ff., 225, 228
– Umwelt- 116
Forum der Armen 243
Frankreich 60, 70, 82, 93, 100, 105f., 118, 130, 135, 172, 174, 181, 202, 223, 241f., 249, 281
Frauenbund 259
Freihandel 149, 159
Freizonen 107, 211
FTAA 265
Fusionen 88f.
– Zwangs- 15

G8-Gipfel 15, 155, 238, 256, 259
GATT 142, 149
Geldwäsche 123
Genf 22, 42, 54, 64f., 70, 118f., 123, 144f., 152, 157, 166, 172, 182, 200, 215, 233
Genfer Konventionen 48
Genua 15, 155, 238, 256
Gesundheit 61, 164, 173, 183, 193ff., 242
Gewerkschaften 27f., 104f., 121, 176, 227, 238f., 242, 245f., 254ff., 259, 273
Global Crossing 93
Golfkrieg 30, 49
Greenpeace 172ff., 257
Großbritannien 59, 105, 117, 177, 194

Handels- und Entwicklungskonferenz der Vereinten Nationen s. UNCTAD
Handelsbezogene Aspekte von Schutzrechten für geistiges Eigentum s. TRIPS
Hunger 13f., 45, 64, 104, 124, 190, 205, 208, 229, 244

IBC 133f., 136, 170
ILO 22
Immobilienspekulation 68, 190, 274
INCRA 260, 269, 271
Industrialisierung 25
International Business Company s. IBC
Internationale Arbeitsorganisation s. ILO
Internationaler Strafgerichtshof 37
Internationaler Währungsfonds s. IWF
IWF 51, 67, 160, 168, 176, 194–200, 202–210, 212–216, 221, 225, 232, 245, 265, 281, 285

Japan 43, 84, 110, 121, 141, 145, 151, 157, 195
Jubilé 2000 243

Kalter Krieg 32, 34f.
Kamerun 68, 147f., 171f., 174, 176, 241
Kanada 79, 100, 144f., 265
Karibik 13, 25, 100, 107, 113, 132, 134, 149, 193
Killerkapitalismus 104
Kinderprostitution 124
Kommunismus 27, 32, 34, 227, 229f., 233, 251
Kooperations- und Informationsbüro für den Welthandel s. ACICI
Korruption 15f., 32, 81, 92, 114, 118–130, 137, 166, 173, 177, 187, 189, 192, 202, 224, 231, 272
Korruptionsindex 128
Krankenhäuser 101, 169, 190, 210, 212
Kyoto 43

LAC 193ff., 206, 212
Landwirtschaftsorganisation s. FAO

Lateinamerika 25f., 79, 100, 113, 119, 127, 149, 152, 162, 179f., 189, 191, 195, 263f.
Less Advanced Countries s. LAC

MAI 99f., 149
Manila 23, 107, 121f., 124, 245
Medikamente 39, 61, 104, 149, 169, 190, 198, 202, 205
Meistbegünstigung 282
Menschenrechte 32ff., 39, 65, 164f., 225
Menschenrechtsverletzungen 67, 142
Mexiko 62, 100, 107, 189, 241, 265
Microsoft 77f.
Militärausgaben 45f.
Monsanto-Trust 146
Movimento dos Trabalhadores Rurais Sem Terra s. MST
MST 264ff., 268–273, 275
Multilaterales Abkommen über Investitionen s. MAI

N'Djamena 66, 172f., 176
NAFTA 265
National Labor Committee s. NLC
Nationale Nahrungsmittelbehörde s. ONPVN
Nationales Institut für Besiedelung und Agrarreform s. INCRA
Nationales Institut für Statistik und Wirtschaftsstudien s. INSEE
Nationalismus 230f.
Nationalsozialismus 250
NATO 225
Naturverwüstung 113–118, 241
Neoliberalismus 52ff., 57, 59, 126, 168, 182, 184, 222, 226f., 233f., 264, 279
Nestlé 87ff., 141, 282
New Providence 135
NGO 170ff., 175f., 196, 238, 241, 243ff., 247, 253ff., 284
Nichtregierungsorganisationen s. NGO
Nigerische Behörde für Tiermedizin s. ONVN

Niger 17, 63, 115, 161, 195ff., 199ff., 206, 209, 221, 281f.
NLC 79f.
Nordamerikanische Freihandelszone s. NAFTA

OAU 67
OECD 41, 97, 100, 106, 127, 129f., 148, 159, 264, 281
Offshore-Gesellschaften 129f., 133
Offshore-Plätze 41, 180
ONPVN 200f.
ONVN 198
Organisation der afrikanischen Einheit s. OAU
Organisation für wirtschaftliche Zusammenarbeit und Entwicklung s. OECD
Organisierte Kriminalität 136f., 184

Pentagon 42, 44f.
Pharmazie 146, 149, 198f., 203, 205
Postwesen 101
Privatisierung 51f., 56, 59, 65, 67f., 90, 95, 101f., 131, 145, 168f., 171, 179, 186f., 198ff., 208ff., 212, 226, 284, 286
Proletkult 229

Rassismus 105, 225
Regenwald 113f., 248
Reis 206, 208
Rentensystem 93
Revolutionary United Front s. RUF
Rotes Kreuz 47
RUF 69
Russland 43, 211, 227, 231
Rüstungsunternehmen 45

Sahelzone 114f., 167
Salomon Brothers 78
São Paulo 113, 181ff., 261, 267, 269–273, 275f., 280
Schuldenerlass 178, 243f., 286
Schuldenverringerung 177f.
Schulen 101, 169, 197, 212, 242
Schweiz 81ff., 90, 93f., 119, 121, 124, 136, 144, 180, 232, 242

Seattle 168, 239, 245, 254f.
Seuchen 13, 104, 124, 198f.
Sklaverei 23ff., 107, 133, 261, 266
Sonderproduktionszonen 104, 107f., 125f., 245
Sowjetunion 27, 32, 34f., 44, 227f., 231f.
Steuerbetrug 92, 189
Steuerflucht 82, 133, 135
Steuerparadies 131–137, 232, 285
Steuersystem 51, 67, 136
Streitschlichtungsverfahren 150
Synergieeffekt 89

Taliban 47f.
Terrorismus 44f., 48ff., 124, 191
Tobin-Steuer 242, 286
Transparency International 127ff., 172
Treuhandgeschäfte 134f., 184
TRIPS 142, 145, 149

UBS 83, 90
Ukraine 211, 229, 232
Umweltbewegungen 241
Umweltverschmutzung 43, 117
UNCTAD 88, 158, 178
UNDP 14, 106, 178
UNITA 69
United Bank of Switzerland s. UBS
Universitäten 101, 163, 228
UNO/UN s. Vereinte Nationen
Unterernährung 13f., 26, 68, 124, 182, 190, 208, 244
Urwald 113f., 169, 173, 175, 241, 249
USA 22, 29, 34–40, 42ff., 48f., 62, 70, 77, 79, 92f., 100, 105ff., 111, 117, 120ff., 124f., 129, 141, 145, 147, 151f., 157f., 162, 164f., 176, 180, 189, 191, 213, 215, 225, 230, 239, 243, 245, 254, 259, 264f., 281

Vereinte Nationen 22, 32ff., 38ff., 67, 94, 103, 116, 122, 128, 155f., 163, 167f., 178, 186, 196, 224ff., 242, 259, 286
Versickerungseffekt 71ff.
Viehzucht 113, 197ff., 202f., 205, 221, 261
Vietnamkrieg 30, 162f.

Waffen, biologische 42f.
Währungsspekulationen 15
Walt Disney 80, 86
Washington 30, 36, 38f., 43f., 47, 51f., 111, 129, 152, 161f., 168, 178, 180, 182f., 186, 191, 210, 212, 214ff., 264f., 280
Weltbank 51, 67, 116, 118, 122, 127, 143, 160–176, 178, 188, 191ff., 213, 216, 221, 225, 241, 245, 281
Welthandel 12, 45, 65, 141, 143ff., 157ff., 162
Welthandelskonferenz 45
Welthandelsorganisation s. WTO
Weltsozialforum 15, 238f., 255, 285
Weltsozialprodukt 12
Weltwirtschaftsforum 98, 253, 285
WHO 61, 149, 194, 224
World Trade Center 44
WTO 30, 45, 66, 68, 100, 130, 141–160, 167f., 193, 199f., 225, 254f., 281f., 285
Wüstenbildung 114ff.

Zucker 23, 133
Zweiter Weltkrieg 13, 103f., 186, 249

GOLDMANN

*Das Gesamtverzeichnis aller lieferbaren Titel erhalten Sie
im Buchhandel oder direkt beim Verlag.
Nähere Informationen über unser Programm erhalten Sie auch im Internet unter:*
www.goldmann-verlag.de

★

Taschenbuch-Bestseller zu Taschenbuchpreisen
– Monat für Monat interessante und fesselnde Titel –

★

Literatur deutschsprachiger und internationaler Autoren

★

Unterhaltung, Kriminalromane, Thriller
und Historische Romane

★

Aktuelle Sachbücher, Ratgeber, Handbücher und
Nachschlagewerke

★

Bücher zu Politik, Gesellschaft, Naturwissenschaft und Umwelt

★

Das Neueste aus den Bereichen
Esoterik, Persönliches Wachstum und Ganzheitliches Heilen

★

Klassiker mit Anmerkungen, Anthologien und Lesebücher

★

Kalender und Popbiographien

★

Die ganze Welt des Taschenbuchs

★

Goldmann Verlag • Neumarkter Str. 28 • 81673 München

Bitte senden Sie mir das neue kostenlose Gesamtverzeichnis

Name: _____

Straße: _____

PLZ / Ort: _____